A STUDY ON
DISTRIBUTED MORPHOLOGY

分布式形态学理论研究

安丰存 赵 磊 著

复旦大学出版社

本书为教育部人文社会科学一般项目（项目编号：19XJA740001）和延边大学外国语言文学世界一流学科建设科研项目的研究成果

前言

分布式形态学（Distributed Morphology，DM）理论是 20 世纪 90 年代开始出现的生成语法语言学理论下的分支流派，其标志是 Halle Morris & Alec Marantz 于 1993 年发表的《分布式形态学和屈折组块》(Distributed Morphology and the pieces of inflection)。该篇论文与 Chomsky 的《语言学理论的最简方案》（A minimalist program for linguistic theory）出自同一论文集。DM 与最简方案在语言观、理论目标、研究方法、操作手段等方面具有较多的相似性。事实上，DM 在句法分析部分是完全依据最简方案的研究思想和理论成果进行改进的，如合并操作的应用和构词语段的提出等。作为生成语法理论的主要分支之一，DM 最主要的特点就是取消了词库的地位，转而秉承"词句同构"思想。针对构词问题，DM 主张"单引擎"假说，将词的生成与"造句"等同对待，均视为句法操作的结果。因此，在研究领域方面，最简方案主要针对短语及以上的语言单位构造层级开展研究，而 DM 则偏重于词内结构的构造研究。经过近三十年的发展，DM 理论无论是在理论建构还是语言事实分析等方面均取得了一定突破，学术影响力也获得了较大提升。该理论提出的许多理论概念与操作手法在当下的形式语言学分析中得到了较为广泛的借鉴应用。

本书旨在全面系统地介绍 DM 理论，并在对其各个理论模块系统开展介绍的同时，阐述其存在的问题，并给出我们自己的理解和分析。主要内容涉及 DM 的理论背景、理论架构、各语法模块（音、形、义）

的具体操作手段、构词分析以及对当下汉语词汇研究的启示等。

第一章主要介绍了 DM 产生的理论背景以及理论思想。整体来看，DM 整合了词位形态学的分离主义思想以及词汇主义形态学的语素构词思想，取消了生成语法理论所设置的词库这一语法模块，将词的生成与小句等同，展现了句法构词的理论优势。

第二章主要是对 DM 的基本理论框架进行阐述，包括其与生成语法 Y 模型的异同以及其组块模式和循环性。DM 将原属于词库的功能分布于语法模型的三个列表，即句法终端列表、词汇列表和百科知识列表。词语的生成是由这三个列表共同完成的。同时，由于秉承了分离主义的思想，DM 具有词项晚插入、特征不详标等特点，这些均在构词过程中起到了重要作用。

第三章主要对 DM 中的句法运算基本成分进行详细阐释。在以往结构主义语言学背景下，构词语素是音形义的结合体，语素构成词，词构成短语，进而再构成小句。但在实际的构词分析过程中，无论是词根还是词缀的界定都存在一定的问题，例如存在一些无法确定意义的成分、语音不确定的成分以及一些词语的兼类现象等。在 DM 理论中，构词语素均是音义分离的成分，遵循词项晚插入原则，这样可以解释很多以往形态学研究中难以解决的问题。此外，词根这一构词语素在 DM 理论中的属性特点一直未达成共识，因此，本书专门对词根的相关研究进行了介绍和分析。针对词根理论和实践分析之间存在的矛盾，本书主要采取了词根晚插入的观点。

第四章是对最简方案背景下 DM 中狭义句法部分的操作进行阐释。在最简思想指导下，DM 中狭义句法部分的操作以合并为主，操作对象主要是词根语素与功能语素。同时，基于语段理论，DM 理论提出了构词语段的设想，将与词根语素合并的第一个定类语素视作语段中心语，其所形成的最大投射为一个构词语段。构词语段在结构上与一般的语段相同，均遵循语段不可穿透原则，同时在语义上也具有特质性，不受后续合并成分的影响。在狭义句法模块生成的词语经过拼读操作，移交给其他语法分支模块。

第五章和第六章主要是对输入到 PF 分支模块的词语结构进行形态

操作处理过程展开了相关的解释。首先是在形态结构模块，通过特征的融合、分裂和删除等操作，对输入的词语结构进行微调，以输出正确的词语。此外，由于语言的实际情况还存在形态语义之间的错配现象，因此，DM 理论提出了装饰性形态这一概念，它是指词语在狭义句法操作完成后，应语言的特有要求而插入词结构的节点或特征。这一操作不影响词语的结构及语义解读。在对词结构进行形态调整后，在 PF 模块对句法终端进行音系内容的填充，即词项插入。词项带有的特征遵循子集原则，体现了特征不详标的特点，带有最多且不超过终端节点总体特征数量的词项是词项竞争的胜出者。在词项顺利插入后，已经完成的词语层级结构需要进行线性化成分排列，并在线性化后通过局域换位机制对词语的语音表征进行最后的调整。

第七章对 DM 框架中 LF 模块进行说明，主要分为组合意义和非组合意义两部分进行语义解读。一般情况下，语言结构的语义解读具有组合性特点，无论是词语还是小句，其语义内容基本为组构元素的语义以及形态句法规则所包含的意义，因此，DM 对此类成分和结构的语义解读与传统生成语法相同。但是对于非组合性意义的解读，DM 将其归为百科知识列表负责，该列表不仅存储了语言中的组合性语义成分，同时也涵盖了所有非组合性的意义。此外，DM 对于词语语义认识最突出的一点就是将简单词的语义也视作非组合性意义。词语作为需要单独记忆的语义单位，其本质与其他非组合性意义结构具有同质性，因此，在 DM 中，简单词的语义解读也是非组合性的。

第八章综合了前文各章节对 DM 的梳理与阐述，综合阐释了 DM 框架下的构词研究，包括单纯词、派生词以及复合词的生成。在 DM 中，即使是以往最简单的单纯词也是由一个词根与一个功能语素组合而成，因此对以往单纯词的构成需要给予重新认识。由于 DM 改变了对语素和词的定义，那么对于派生词中词缀的认识就出现了许多矛盾之处，因此，对于派生词的构成还需要进行更为深入的探讨。本书也对复合词的生成进行了分析说明，主要包括复合词的类别及构造方式等方面。

第九章概述了现有汉语词汇研究所面临的三个主要问题：词的界

定、词类的划分和词与短语的界限等问题。本章分别阐释了造成现有汉语词汇研究困境的理论和实践因素，并通过结合DM的理论优势，揭示了该理论为汉语词汇研究带来的启示与新的研究思路。

　　第十章对全书进行了简要的总结概括，并说明了本书的成书背景以及现有不足及展望等。

目录

缩写列表 ……………………………………………… 1

第一章　绪论 ………………………………………… 1
　　第一节　传统生成形态学 …………………………… 2
　　　　一、词位形态学与分离主义 ……………………… 2
　　　　二、词汇主义形态学 ……………………………… 5
　　第二节　生成语法的词库论 ………………………… 8
　　第三节　分布式形态学理论建构的思想基础 ……… 12
　　　　一、反词库论 …………………………………… 13
　　　　二、分离主义思想 ……………………………… 15
　　　　三、语素组构模式 ……………………………… 17
　　　　四、词句构造同质思想 ………………………… 19
　　第四节　小结 ………………………………………… 21

第二章　分布式形态学的基本框架 ………………… 23
　　第一节　理论模型及组构思想 ……………………… 23
　　　　一、理论模型 …………………………………… 23
　　　　二、组块模式 …………………………………… 25
　　　　三、循环性 ……………………………………… 25
　　第二节　分布式形态学的列表分布 ………………… 30
　　　　一、列表分布 …………………………………… 31
　　　　二、句法终端列表 ……………………………… 32

　　　　三、词汇列表 ·················· 33
　　　　四、百科知识列表 ··············· 34
　　第三节　分布式形态学的基本特征 ··········· 35
　　　　一、词项晚插入 ················ 35
　　　　二、特征不详标 ················ 38
　　　　三、词汇结构的句法生成模式 ·········· 40
　　第四节　小结 ······················ 42

第三章　分布式形态学的句法操作基本单位 ······ 43
　　第一节　结构主义形态学构词单位 ··········· 43
　　　　一、语素 ···················· 44
　　　　二、词根语素 ················· 45
　　　　三、词缀语素 ················· 46
　　　　四、现有界定的不足 ·············· 47
　　第二节　分布式形态学中的语素 ············ 48
　　　　一、词根 ···················· 49
　　　　二、功能语素 ················· 51
　　　　三、语素变体 ················· 52
　　第三节　词根的插入模式 ··············· 54
　　　　一、词根的自由插入模式 ············ 54
　　　　二、词根的早插入模式 ············· 56
　　　　三、词根的晚插入模式 ············· 57
　　　　四、小结 ···················· 60
　　第四节　分布式形态学的句法构词优势 ········· 61

第四章　分布式形态学框架下的狭义句法 ······· 63
　　第一节　最简思想 ··················· 63
　　　　一、最简方案 ················· 63
　　　　二、分布式形态学中的最简思想 ········ 66
　　第二节　分布式形态学中的句法操作 ·········· 67
　　　　一、句法合并 ················· 67

目录

　　　　二、分布式形态学中的合并 …………………… 69
　第三节　语段理论与分布式形态学 ……………………… 70
　　　　一、语段理论 ………………………………… 70
　　　　二、构词语段 ………………………………… 73
　第四节　小结 …………………………………………… 76

第五章　分布式形态学的形态操作 ………………………… 77
　第一节　融合 …………………………………………… 78
　　　　一、融合操作 ………………………………… 78
　　　　二、词根的异干语素变体 …………………… 79
　第二节　分裂 …………………………………………… 83
　第三节　删除 …………………………………………… 88
　第四节　降位 …………………………………………… 93
　　　　一、英语 T 的降位 …………………………… 94
　　　　二、保加利亚语名词性短语中的降位 ……… 96
　　　　三、降位存在的问题 ………………………… 98
　第五节　装饰性形态 …………………………………… 99
　第六节　小结 …………………………………………… 102

第六章　词项插入与形态音系调整 ………………………… 104
　第一节　词项插入 ……………………………………… 104
　　　　一、词项竞争 ………………………………… 105
　　　　二、子集原则/其他原则 …………………… 107
　　　　三、次要表征 ………………………………… 109
　　　　四、阻断效应 ………………………………… 110
　第二节　线性化 ………………………………………… 117
　　　　一、形态句法词与子词 ……………………… 117
　　　　二、线性化过程 ……………………………… 119
　第三节　局域换位 ……………………………………… 123
　　　　一、局域换位的定义 ………………………… 123
　　　　二、局域换位的机制 ………………………… 125

三、局域换位实例 ·················· 126
　第四节　重新调整规则 ·················· 130
　第五节　小结 ························ 135

第七章　分布式形态学的语义解读 ············ 136
　第一节　意义的分类及语义组合性 ············ 136
　　　一、意义的分类 ···················· 137
　　　二、语义组合性 ···················· 139
　第二节　语素变体及语义解读的局域性 ········· 143
　　　一、语境语素变体 ·················· 144
　　　二、语境义位变体 ·················· 144
　　　三、语境语素变体/义位变体的局域性 ······ 146
　　　四、词根语义 ····················· 149
　第三节　非组合性意义解读 ················ 153
　　　一、习语的特性与分类 ··············· 154
　　　二、习语的语法地位 ················ 158
　第四节　分布式形态学与语义解读 ············ 161

第八章　分布式形态学的构词手段 ············ 165
　第一节　单纯词的结构分析 ················ 165
　　　一、"异根同类"与"异根异类" ········· 166
　　　二、"同根异类"与"同根派生" ········· 167
　第二节　派生词的构成 ··················· 170
　　　一、结构主义形态学对派生词缀的认识 ····· 170
　　　二、DM框架下派生词缀的理论地位 ······· 172
　　　三、派生词缀再认识 ················ 186
　　　四、派生构词过程 ·················· 198
　第三节　分布式形态学框架下复合词的分类及构成
　　　························ 203
　　　一、复合词的主要特点 ··············· 203
　　　二、复合词的分类及其生成 ············ 205

第四节　小结 …………………………………………… 216

第九章　分布式形态学对汉语研究的启示 ………… 218
　　第一节　词的界定问题 ………………………………… 218
　　第二节　汉语词类划分问题 …………………………… 225
　　　　一、以意义为标准的词类划分 …………………… 226
　　　　二、以形态结构为主要标准的词类划分 ………… 227
　　　　三、以功能为主要标准的词类划分 ……………… 228
　　　　四、认知视角下的词类划分 ……………………… 229
　　第三节　汉语词和短语的界限问题 …………………… 231
　　　　一、汉语词和短语区分研究 ……………………… 231
　　　　二、词和短语混淆的原因 ………………………… 233
　　第四节　分布式形态学对汉语词语研究的优势 …… 234

第十章　结语 ………………………………………………… 239

参考文献 ……………………………………………………… 248

后记 …………………………………………………………… 265

缩写列表

Adj	adjective	形容词
Agr/AGR	agree	一致
aP	adjective Phrase	形容词
AP	Adjective Phrase	形容词短语
C	complementizer	标句词
CI	Conceptual-Intentional System	概念意向系统
CP	Complementizer Phrase	标句词短语
D	determiner	限定词
Deg	Degree	比较级节点
DM	Distributed Morphology	分布式形态学
DP	Determiner Phrase	名词性短语
DS	Deep Structure	深层结构
GB	Government and Binding	管辖与约束
HPSG	Head-driven Structure Grammar	中心语驱动结构语法
LD	Local Dislocation	局域换位
LF	Logic Form	逻辑式
MP	Minimalist Program	最简方案
MS	Morphological Structure	形态结构
MWd	morphosyntactic words	形态句法词
Neg	negation	否定
nP	noun Phrase	名词
NP	Noun Phrase	名词短语
NS	Narrow Syntax	狭义句法

OT	Optimality Theory	优选论
PF	Phonetic Form	语音式
PIC	Phase Impenetrability Condition	语段不可渗透条件
SM	Sensorimotor System	运动感知系统
SS	Surface Structure	表层结构
SWd	subwords	子词
T/Tns	Tense	时态
TAM	Tense、Aspect、Mood	时体态
TH	Theme	主题
UFI	Universal Feature Inventory	普遍特征清单
UG	Universal Grammar	普遍语法
VI	Vocabulary Item	词项
vP	light verb phrase	轻动词短语
vP	verb Phrase	动词
WFRs	Word Formation Rules	构词规则

第一章 绪论

分布式形态学（Distributed Morphology，下简称 DM）是生成语法理论的分支理论学派，最早由 Morris Halle 和 Alec Marantz 提出（Halle & Marantz, 1993①）。DM 是在原则与参数思想指导下，针对句法（syntax）和形态（morphology）的界面（interface）问题而展开的理论探索，它将传统形态学问题与句法研究相结合，进而将二者纳入统一的理论框架中进行解释，并试图以句法手段来分析词语的内部构成成分及生成推导。

DM 是在反对生成语法词库论的基础上，结合不同理论流派的思想发展而来的句法理论框架。该理论不仅为形态学研究提供了新的思路，同时也推动了句法学的相关理论原则在构词层面的拓展。本章首先对相关形态学理论进行简要介绍，并对比 DM 与其他形态学理论在理论思想上的差异，进而对 DM 的提出进行概括说明，以帮助读者加深对 DM 理论思想建构的理解。

---

① 因涉及文献较多，为保持读者阅读过程的顺畅，本书基本采用随文注释方式，且以简注方式标明相关文献。相关文献的具体信息，读者可查阅书后的"参考文献"。如"Halle & Marantz, 1993"是指"参考文献"中的"Halle, M. & A. Marantz. 1993. Distributed Morphology and the pieces of inflection. In Hale, K. & S. J. Keyser (eds.), *The View From Building 20: Linguistics Essays in Honor of Sylvain Bromberger*. Cambridge, MA: The MIT Press, 111 - 176"这一文献；"Halle & Marantz, 1993: 126"是指这一文献的第 126 页。"卞觉非, 1983"是指参考文献中的"卞觉非. 1983. 略论语素、词、短语的分辨及其区分方法. 《语文研究》(01)"这一文献，即卞觉非：《略论语素、词、短语的分辨及其区分方法》，《语文研究》1983 年第 1 期。依此类推，以下不再注明。

第一节 传统生成形态学

生成语法理论对形态学的研究主要有两个派别。一是词位形态学（Lexeme-based Morphology），代表人物有 Beard（1991），Anderson（1992），Aronoff（1994）等。在词位形态学中，只有词汇语类（lexical category）的词干（stem）才是具有语音特征和语义特征的语素组件（morpheme pieces），而词缀（affix）仅是形态音位规则或构词规则（word formation rules，WFRs）的副产品（by-product）。在该学派中，词汇语类被称为词位（lexeme），构词规则只对与词位相关的特征敏感，而词缀不具有语素地位，甚至不具有形态地位，因此，词位形态学又被称无词缀形态学（Affixless Morphology）。

另一个学派为词汇形态学（Lexical Morphology），代表人物为 Lieber（1992）。该学派遵循结构主义语言学对语素（morpheme）的界定，将词缀与词干均视作语素组件，通过各自对应的词汇条目（lexical entry）把音系形式与语义及功能联系在一起。这样，词汇项（lexical item）的最终组合就形成了句法可以操作的词。

这两种形态学理论派别的共同之处在于均承认句法语义特征与音系特征之间存在联系，而差异则体现在词位形态学是以词位作为形态分析的基本单位，而词汇形态学仍以语素（包含词缀）作为词语的基本构造单位。这两类形态学理论对 DM 的提出具有重要作用，因此，下面将对这两类形态学派别的主要思想进行阐述。

一、词位形态学与分离主义

词位形态学源于 Beard（1966）和 Aronoff（1976）的研究，他们认为词的形态分析应以词为基础，而不是以语素为基础。Aronoff（1976）指出，词是形式和意义结合的基础，词的形式和意义具有各自的结构，二者均可以再分且不具有一一对应关系。因此，词的分析无法建立在

第一章　绪论

语素层面上，必须以整个词为基础。在词位形态学中，词位（lexeme）是与词相对的概念，尽管这一概念来自结构主义语言学，但词位形态学将词位视作一个高度抽象的语法概念。根据 Aronoff（1994），词位的抽象性主要体现在以下三个方面：

（1）与词的声音形式（sound form of a word）或韵律词（prosodic word）相比，词位不是一个形式，而是形式、句法和意义结合的一种符号或一组符号。

（2）至少存在一些潜在词位。词位不必是词库（lexicon）中列出的成分，所有词汇语类，无论是现有的还是潜在的，均为词位。因此，对于某些语言，词位可能是一个无限集合。

（3）词位是句法外无屈折变化的成分，既没有实现屈折形态的特有形态句法特征，也不带有标示形态句法特征的音系成分。这一特征在屈折语中尤为重要，例如名词 book 和 books 的词位均为 BOOK；动词 work、works 和 worked 的词位均为 WORK。

根据 Matthews（1991）对词的论述，Aronoff（1994）通过词的声音形式、语法词（grammatical word）以及词位三个与词有关的术语来进一步加强对词位这一概念的认识和理解。Aronoff（1994）指出，词的声音形式只是声音的延续，与其意义无关，如 PARE，PAIR 和 PEAR 三个词位的语音形式都是 [per]，这种现象在传统形态学中被称为同音异形异义词（homophone）。可见，词的声音与意义并不存在绝对的一一对应关系。实际上，与词的声音形式密切相关的是韵律词（prosodic word），是指一个含有词的声音形式以及所有音系独立成分的韵律层级单位（Nespor & Vogel, 1986；Goldsmith, 1990）。韵律词与 Bloomfield（1933）所提出的"最小自由形式在音系上的表现形式"这一定义极为接近。相比语音词或韵律词，声音形式对于词位并不重要，重要的是什么样的声音形式可以用来体现词位及其变体。正如句法有形式，进而用来表达意义一样，词位也是一个带有意义的符号。

然而，并不是所有语言学意义上的符号都是词位。词位可依据传统语法中的词汇词（vocabulary word）进行分类。Chomsky（1965）把实词确定为主要词汇语类（major lexical category），通过名词、动词、形容词的分类方式来进一步确定名词词位和动词词位等。实词词位独立于句法语境之外,因为句法语境会对词位进行特征说明并规定其语类属性。因此,词位内部并未标明详细特征,其目的就是要满足那些可以通过屈折变化来体现语境里可变的句法、语义、语用等限制内容的语类特征。尽管这些词位自身具有足够的信息,并可以通过形态音系来标明其具体语类,但用于处理句法和语义的形态与用于处理声音的形态之间却没有直接的联系,如 sheep 表示单数还是复数的语义与其声音形式无关。

概括来讲,只有词汇语类的词语才属于词位,包括现有词汇和一些潜在的词汇。词位是"有形、有义"的形态构造成分,且不受任何特定句法语境的限制。在实际使用中,词位受语法和语用条件制约,通过语法词来具体呈现词位的最终表现形式。语法词是特定句法语境下的词位变体形式,带有形态句法特征。这些形态句法特征以某种依附成分的方式,通过形态/音系加以实现,可以说语法词就是特定词位的词形变化形式。

形态驱动的音系转换（alternation）一般被认为是词位形态学建构的理论依据。词位形态学认为,只有传统形态学中的词干部分才是语素,即音义结合体,而词缀不具有语素地位,只是构词规则（WFRs）的产物。因此,词位形态学把句法结构中终端节点（terminal nodes）的音系特征分离出来。这样,词干和词缀所具有的形态句法特征在与音系特征对应时,并非形成一一对应关系。

这种把形态与音系分开处理的研究思路被称为分离假说（Separation Hypothesis）（Beard, 1987）。分离主义将词的声音和意义视为各自独立的系统。理论上讲,只要融入该思想的形态学理论均可视为分离主义形态学。分离主义视角下的形态学研究是将语言单位的句法、语义与音系相分离,与以往结构主义语言学下的"音义结合体"这一语素的定义完全不同。因此,比起基于语素（morpheme-based）的形态学理论,分离主义与基于词位（lexeme-based）的形态学理论更为契合。词位这一概念就是对词形变化高度抽象的结果,无论词形以何种形式体现,均被视为同一词位的语境变体,这体现的正是分离主义思想。

显然，词位形态学不但与以往的形态学研究相悖，与生成语法现行的技术操作也不一致，如生成语法理论一般把英语的"时"和"体"等屈折标记看作是功能性语类的中心语，是句法终端成分。Anderson（1992）则认为，在形态或音系中，不存在词缀性语素，这些屈折语素在向形态输入的过程中被删除了，并将其形态句法特征移交给了词干词位。因此，词汇插入规则应用时，终端节点允许词干单独插入。

综上，词位形态学的建立基础与结构主义不同，并不认可语素是语言的基本单位。在词位形态学中，形态不是语素串联问题，而是抽象形态句法表征在形态音系上实现的复杂过程。

二、词汇主义形态学

词汇主义（Lexicalism）形态学是基于结构主义形态学发展而来，因此，该理论学派也将语素视作语言构造的基本单位，也是一种基于语素的形态学（morpheme-based morphology），即词缀和实词语类均被视为语素，都是构词的基本成分。Lieber（1991）详细论述了词缀作为语素的观点，并对词干语素和词缀等传统概念进行了修正，将词缀和词干的音系、语义及功能联系在一起。根据 Lieber（1991），词缀与词干均是包含音系和形态句法特征的词项，语素这一概念就是基于"音义结合"的思想而提出的。在句法运算中，语素结合在一起产生了供句法操作使用的词。这样，词干和词缀均为形态句法特征和音系特征结合的语言单位。

Chomsky（1970）通过分析英语动名词（gerund）和名物化（nominalization）之间的句法差异，指出名物化的成分带有名词性特征，如 growth，属于在词库中构成的词；而动名词的生成则仍带有动词特征，如 growing，是句法层面操作的结果。二者的区别主要可以概括为以下两点：

第一，动名词是完全能产的，而名物化则不是。例如：

(1) a. the barbarian's destroying of the village
   b. the barbarian's destruction of the village

（1）中的两种表达均符合语法。然而，有些词语却只有动名词形式，并不存在对应的名物化形式，如"sacking"（*sack-tion/*sack-th/*sack-ity）。

第二，动名词短语与其相对应的动词词组通常具有完全一致的意义，但名物化却不具有这样的特点，而会产生特殊的语义。例如：

(2) a. John's growing of tomatoes
   b. John grows tomatoes
   c. #John's growth of tomatoes

（2a）中的 growing 和（2b）中的 grow 具有相同的语义；而（2c）中名物化的 growth 则产生了不同的意义。基于上述对比，词汇主义将动名词的生成归为语法框架中的句法部分，而名物化形式则由词库负责，是词库中形态操作的结果。

在大多数语言学理论中，词在语法中具有重要且独特的地位，例如在词汇功能语法（Lexical Functional Grammar）和中心语驱动短语结构语法（Head-driven Phrase Structure Grammar）中，语法就是受到词的驱动。在语言学理论中，词是一个难以严格定义的语言单位，如果不考虑从词形方面对词的定义，那么，主要还存在三种可能的定义角度：句法的、语义的以及音系的。这三种不同的定义难有重合之处，例如，can't 只是一个音系词，却包含两个词的语义并占据至少两个句法节点（T 和 Neg）；而 buy the farm（阵亡）则包含多个音系词和句法词，但却只表达一个意义。

根据 Chomsky（1970）提出的词汇主义假设，词的以下特点决定了其特殊地位：特殊的声音过程、特殊的结构过程、特质性的非合成性意义。然而，对于词的上述特殊性，Marantz（1997a）并不赞同。首先，Marantz（1997a）指出，形式音系学理论所使用的音系词（phonological

第一章 绪论

word)（即韵律词—重音分配的域）与句法学家所认定的词是不同的。在句法中，一些句法中心语对于词汇音系学来讲太小了，而其他一些句法单位又包含了复杂的韵律结构。此外，如果韵律词和句法中心语碰巧一致时，也并非说明韵律词的形成一定会在语法中句法模块之前发生。

其次，对于词的特殊组构过程，虽然超出了"动名词—名物化"本身的讨论，但也可以发现复杂词的构成实际上包含了一个与句法结构非常相似的基本层级结构，这也是 Baker（1985，1988）提出镜像原则（Mirror Principle）的语言事实依据。镜像原则认为，形态推导必须直接反应句法推导，反之亦然。从跨语言角度讲，形式意义的句法顺序（如时态、体和语气等）与实现形式意义的形态手段的词缀是平行的。这就表明语言的形态需要按照句法的方式来分析。这也正是 Marantz（2007）指出词并不具有特殊结构过程的原因所在。形态与句法之间的这种平行关系看起来似乎与词汇整体原则（Lexical Integrity Principle）（Chomsky，1970；Jackendoff，1997；Bresnan & Mchombo，1995）相悖，因为词汇整体原则认为词内结构对句法不可视（invisible）。这一观点认为词中的语素呈线性排列，语素之间不存在交叉关系，但这种线性分析方法忽略了词内成分之间的结构层级关系。

最后，词汇主义认为词库是贮存"声音—意义"对应体的位置。Chomsky（1970）认为词是最大的具有特质意义的语言学单位（语素是最小的）。所有比词大的语言单位都是由句法构建，进而它们的意义都是可预测的。然而，Jackendoff（1997）则指出，词的特质意义和习语（如 kick the bucket）的特质意义之间不存在实质性差异。Marantz（1997b）也赞同该观点，指出特质性意义应该存在于语言单位的任何层面。因此，从概念上来讲，"习语"不仅包括非组合性意义的复杂短语和词汇，还包括全部单纯词，如 cat，table 等。从本质上讲，单纯词 cat 和短语 kick the bucket 在形式与意义的对应上并不存在本质差别。

随着生成语法理论的发展，Marantz（1997b）指出，Chomsky（1970）得出以上结论的理由是基于当时生成语法的标准理论所遵循的转换性这一句法原则。如果假定动名词和对应的动词词组是由转换或直接推导而成，那么名物化结构与其对应的动词性分句之间的语义对应就只能由句法负责解释。由于目前的生成语法理论并不认为在两种形式之间有一个共同的深层结构，因此，没有必要再去争论动词词组的意义、动名词的意义和派生名词的意义之间是否具有质性区别等问题。现代句法理论也不会用同一种句法机制把动名词和名物化处理为相同的研究问题。

第二节　生成语法的词库论

　　生成语法理论对词语形态结构的分析同样采取的是结构主义语言学基于语素的分析方法，并把词语形态部分归于词库（lexicon）来负责。早期的生成语法理论模型（Chomsky，1965）并未包含形态这一独立的语法模块，而是沿用了结构主义语言学的观点，将词库视作不规则成分列表（list of irregularities），与句法模块地位相同，均属于独立的语法模块。Chomsky（1970）就曾指出动名词变化形式是由句法规则来完成的，而名物化形式则发生在词库中。词库被赋予了生成性和规律性特征，而负责解释这种生成性和规律性的语法模块即为形态。生成形态学和词库论同时产生，词库论也归为生成形态学的领域。

　　在生成语法理论提出之初（Chomsky，1957），语素和词都是句法操作的对象，进而，复杂词是通过转换的方式生成（Lees，1960），因此，这一时期并不需要具有生成性的词库。至于语素变体（allomorphy）或同一语素的表层替换形式则是音系模块（phonological component）的操作结果（Chomsky & Halle，1968）。"词库"仅仅是短语结构终端的规则，具体通过音系内容来替换。终端节点上只包含具有非组合性意义的符号，那些构成可预测的结构及语法关系均由转换语法来负责构成。

　　随着生成语法理论的发展，Chomsky（1965）开始把词库引入语法分析中，但此时的词库还不具有生成能力。替换规则所产生的结果说明词不是句法内的派生成分，而是来自不同的储存模块。这样，生成语法把与句法没有直接关系且具有特殊属性的"构词语法"从句法中移出，进而使句法更加简洁。此时，词库开始与句法分离，成为一个独立的语法模块。词库具有一个复杂的次范畴分类机制，该机制允许词语带有影响其句法表现的特殊形式特征。这些特征构成了更为复杂的特征体系，主要用于完成两个任务：（1）规定了词可以选取的论元及数量特征，如[+___ NP NP]表明动词为双及物动词；（2）列举了可以由其他词选择的特征，如[+/- COUNT]表明可数性特征。这些特征体系与驱动句法操作过程相同，可以驱动形态操作过程。

然而，这种分析方法依旧难以解决形态领域内的两个问题：即派生结构的能产性问题以及复合词的非组合性语义问题。派生构词的能产性是相对的，英语中只有少数派生词缀具有完全能产性，而更多的是受到词汇限制（如 width vs. *height）。即便根据规则可以派生相应的形式，但也会产生不可预测的特质性意义结果（如 transmission 除"发送、传递"外，还有"汽车部件"的意义），有的还会产生词位变体（如 receive+tion=reception）。复合词存在的问题在于，尽管复合词具有完全能产性，但许多复合词内部成分间的语义关系却难以预测，有些甚至十分模糊，例如 nurse shoes 和 alligator shoes 虽然都为偏正式复合词，但语义关系却不同，分别表达"护士的鞋"和"鳄鱼皮鞋"；再如 toy box 同时具有"玩具箱"和"机舱"两种意义，但却无法从内部成分的构成关系来区分。

Chomsky（1970）对于形态句法界面认识的转变使其对词库的认识也发生了变化，开始直面派生形态潜在的能产性受限以及复合词产生的特质意义等问题。对于名物化和动名词之间的区别，他认为通过转换而生成的句法结构，具有透明性、规则性、语义可预测性及完全能产性，而派生形态一般不具备这些属性。Chomsky（1970）认为，动名词总是规则的，而名物化派生词却并非如此。因此，不规则性、非能产性以及特殊形态转换在语法中一定是存在的，这应该是词汇规则（lexical rule）所导致的派生形态不规则变化。那么，语法中理应存在一个独立的模块用来生成词语的形式，这样才能保持句法模块的规则性以及完全能产性。这样，从句法中移出的非能产性负担也就归为了词库。可见，由于对派生变化和屈折变化存在认识上的差异，词库论背景下的生成语法理论认为这两种类型的形态分别由不同的语法模块来处理：词库负责派生形态，其能产性弱，生成的结构具有非组合性的习语意义；而句法负责屈折形态，其能产性强，生成的结构可以预测，语义透明（Chomsky，1970；Wasow，1977）。词库论与生成形态学是同步发展而来的，词库论认为词和短语由不同的语法模块来完成，词的构成是在词库中完成的，句法无法参与其中，因此，"词"具有独立性和特殊性。

在词库论提出不久，Halle（1973）简要概述了词库论的模式以及词库的功能，并提出词库包括四个方面的内容：消极语素清单（a passive list of morphemes），生成性构词规则，完整词储存的消极词典（a passive dictionary）以及一个具有争议的语法构成部分——过滤器（filter）。构词规则由语素清单、词典以及后续句法和音系成分共同来完成，并可以循环使用。过滤器的任务有两个：（1）负责阻断一些词语的生成（如 glory 阻断*gloriosity）；（2）为复杂词提供非组合的特质性语义。过滤器所具有的基本阻断能力通常会使一些特殊的形式阻断具有能产性的规则形式，而句法却不可能具有这一功能。因此，Halle（1973）认为词库是独立于句法之外的形态模块，负责所有的形态过程。这样，词库论最初的争议问题，如 destruction 和 destroying 之间的差异，在 Halle 的模型中就不存在了。

在 Halle（1973）之前，生成形态学大多基于串联（concatenation-based）或词项及配置（Item-and-Arrangement）模型（Hockett，1954），而 Halle（1973）的形态学理论则是基于规则（rule-based）或词项及过程（Item-and-Process）模型。该模型并不受到特别的限制，甚至对于那些基于转换（transformation-based）的模型也是如此，因为对于过滤器能阻断什么以及如何将意义词汇化这两个方面并没有受到任何限制（Siddiqi，2014）。

在随后的研究中，Aronoff（1976）首次提出了词库的完整模型，为词库论的研究奠定了基础。他把能产性规定为某一范畴的特质属性，而不是由规则生成的，且不具有分级性。他为构词规则引入了许多限制条件，如二分法假说（Binary Branching Hypothesis），右向中心语规则（Righthand Head Rule）等，并进一步发展了阻断模式。Aronoff（1976）提出的词库论属于弱词库论模式，因为他认为屈折和复合是句法现象，而非由词库生成；同时，该模式引入了基于词的（word-based）形态理论模型，完全拒绝语素作为语法操作单位的观点（Siddiqi，2014）。弱词库论取得了进一步的发展，例如 Anderson（1982、1992）提出了晚插入语法的弱词库主义模型，其中指出满足形态句法界面的是句法而非形态（分布式形态学和纳米句法是最新的理论模型）。

与 Aronoff（1976）不同，Halle（1973）所主张的强势词库论观点最终演化为词汇完整性原则（Lexical Integrity Principle），即"句法规则不能用于形态结构成分"（Lapointe，1980）。随后，Falk（2001）重新把这一原则表述为"句法规则不能创造词也不可指向词的内部结构"。大多数句法模型，如词汇功能语法和中心语驱动短语结构语法以及后来的最简方案都接受了强势词库论。

生成语法偏重短语结构推导，而词库是一个相对独立的语法模块，负责词的构成及特征解读，是句法操作基本成分（syntactic primitives）的来源。词库论认为人类语言中存在词库，词的构成是由一系列有别于句法规则的词库规则来完成的，语法具有词库和句法两个生成模块。语言知识一定包括句法组成所需的原子成分清单。词的音系与结构及意义间的连接是在词库中产生的，而其他相关内容则是在句法或后句法中生成的。

词库中存在一个声音和意义的结合体清单用于表征语言建构的原子语块（即语素）以及一个与建构语块相关的特质属性清单，建构语块的音义结合存储库与其特质信息存储库都在词库中。存储库与句法运算系统间的差异可以描述为：非句法 vs. 句法，词汇音系规则 vs. 短语音系规则，不可预测意义 vs. 可预测意义等。可见，句法是有规则的，而词库是无规则的（Di Sciullo & Williams，1987）。

Halle（1973）对词库的构造和工作原理做了假设，为词库论的发展奠定了方向。一是构词规则的形式与功能不断被明确，构词规则先后被发展为冗余规则（redundancy rule）（Jackendoff，1975）、词缀附加规则（affix attachment）（Aronoff，1976）、词内短语规则（Selkirk，1982）以及指称规则（referential rule）等（Anderson，1992）；二是词库被赋予了解释力，例如词库音系学（Kiparsky，1982a；Mohanan，1982）认为词缀有层级次序，不同层级的词缀添加以及词语的复合等构词过程说明在不同的词库层面完成。

然而，也有一些研究认为规则性及能产性的构词过程和句法之间联系密切，甚至词的结构在一定程度上也受到句法规则的制约（Bresnan，1982），句法也能够作用于词库，随后词句法（word syntax）（Selkirk，1982）和词汇句法（lexical syntax）（Hale & Keyser，1993）等概念相继被提出，使得形态模块的独立地位变得越来越不确定。有些句法学家，例如 Sproat（1985）和 Lieber（1992）等，甚至主张取消形态学。在这样的背景下，Halle & Marantz（1993）基于生成语法管约论（Government and Binding）的基本理论模型，重新思考了词库的地位与功能以及其与句法的联系，提出了取消词库，保留形态模块的分布式形态学理论。

第三节　分布式形态学理论建构的思想基础

Halle & Marantz（1993）以生成语法理论为理论建构整体框架，在对现有生成形态学理论扬弃的基础上，提出了分布式形态学理论。在对形态问题的认识上，DM 认为传统的形态运作机制并不集中体现在语法系统中的某个单一模块，而是分布于整个语法系统之中。DM 吸取了词位形态学理论中句法终端成分与其语音实现相分离的思想，同时还采用了词汇主义形态学对词条（lexical entry）的认识，即词条将形态句法特征与音位特征相联系，而句法终端成分的语音实现受到该词条的管辖。对于词缀地位这一问题，与词位形态学理论不同，DM 认为词缀也是语素，是独立的构词成分。

词位形态学理论认为所有屈折变化的表现形式是支配词干的句法节点上所具有的形态句法特征的具体体现，并把屈折词缀看作是用于这些词干的构词规则所带来的副产品（Anderson，1992）。这一观点是基于异干互补（suppletion）现象而提出的，例如英语时态或所有格标记等成分在生成语法理论中被定义为是具有功能语类（functional category）属性的中心语，必须占据终端节点位置。DM完全赞同这些屈折成分占据不同的句法终端节点，但不同之处在于DM将词缀也归于语素，给予了词缀独立的语言地位。

在对词缀的认识上，DM与词汇主义形态学持有相同的观点，均认为词缀和词干地位相同，均为可在形态句法语义特征束与音位特征束间建立联系的词条。DM认为音位特征与形态句法特征的结合是在句法推导以后发生的，因此，DM与词汇形态学存在两点不同：第一，DM中的句法操作与终端节点结合并产生词的过程先于终端节点的语音实现，词内结构中词缀的层级位置是由句法决定的，而非由词缀所携带的次范畴特征决定；第二，在DM中，词项（vocabulary item）不提供形态句法特征，相比于句法终端，词项在特征上可以不完全标记（underspecified），即词项所携带的特征可以小于或等于终端节点上的形态句法特征。

综上，DM吸收了词位形态学的终端句法成分缺少音系特征这一核心观点，同时也吸取了词汇形态学语素构词的思想。下面将对DM的核心思想进行概述。

一、反词库论

与其他句法或形态理论模型相比，反对词库论是DM的立论基础。Di Sciullo & Williams（1987）虽然与Chomsky（1970）有所不同，却也是词库论的主要支持者。他们指出，词库论的存在主要有两个方面的理据：（1）句法和形态是根本不同的过程，如句法中独有长距离依存（long-distance dependency）和中心语性（headedness），而形态则不具备；（2）词是句法运算过程的原子（atoms），词内结构对于大多数句法运算过程是不可视的。Chomsky（1970）提到词的句法表现是非系统性的，这源于词库；而Di Sciullio & Williams（1987）认为这种无规则性（unruliness）不仅局限于词内，在语法的各个层面均存在，属于列表性（listedness）而非形态操作导致，某种对应（特别是形式和意义的对应）只是单纯记忆而已。

然而，Lieber（1992）提出了一些可以证伪词库论假说的证据。对于强词库论所提出的句法既不会影响也不会看到词语内部结构这一观点，Lieber（1992）给出了两点证据予以驳斥：一是词内构成成分的同指现象，句法上的照应同指成分内嵌于句法不可视的形态结构内部，如 I$_i$ still consider myself$_i$ a Californian though I have not been there for years；二是短语复合词内的独立成分不是单纯的词位，而是完整构造的句法短语，如 off-the-rack look，而如果确实由词库来为句法提供成分，那么短语复合词就不应该存在。

Lieber（1992）还列举了英语中附着成分和包含小品词的动词短语。例如，英语属格标记就是最具有代表性的附着成分，该成分在音系上黏附于左侧邻接成分。然而，属格标记的句法分布却表明自身是一个句法中心语，其补足语为名词短语，标志语是另一个名词短语（例如 the mayor of New York's office）。属格标记与其他限定词互补分布，它们在音系上的附着性特征表明附着成分应属于词缀，但却更像一个句法成分。小品动词，如 give up，在语义上具有特质性，在句法上可以在词中插入成分形成 give it up，其兼跨形态和句法两个领域。这些现象表明，附着成分和小品动词的生成均不能归于词库。

Marantz（1997a）在介绍 DM 理论时，也列举了两点证据来反对词库论：一是词的不可定义性；二是词库论所主张的语法规则（如转换语法）不再具有可操作性。首先是词的地位问题，Marantz（1997a）指出，词所具有的三个典型特性一方面可以用来证明其具有独特地位，另一方面可以保证其能够作为语法的独立成分而存在，即特定的声音、特定的意义和特定的结构。在声音层面，句法中词的范围与音系中词的范围并非绝对地一一匹配；在语义层面，特质意义并不局限在词内，在短语层面也存在；在结构层面，复杂结构可能具有多重解读等。

其次是词库论的理论基础问题，Chomsky（1970）对于动名词的关注点主要在于通过转换规则从一个短语推导出另外一个短语，如 VP 转换为 NP。然而，最简方案（Minimalist Program）取消了转换规则，因此 Marantz（1997a）指出，由于句法理论不再使用转换规则，以往所关注的大部分问题也就没有实际意义了。DM 取消了词库论，认为词也具有生成性，其生成过程与短语结构和句子结构的生成过程相同，均是由不同的句法操作而生成的结果。因此，DM 实际上是从句法角度入手来分析词的结构及构成过程的理论，而传统意义的形态实际上是句法、音系以及语义共同作用的结果。形态操作只是针对句法推导的终端节点进行操作，而不能跨越形态句法界限进入句法结构。

DM 消除了屈折形态和派生形态非此即彼的界限，也摒弃了词库和句法作为不同模块来负责屈折和派生构词的设想，转而认为这两类形态差异的根源在于结构上的位置以及在推导中所处的局部区域，即语段（phase）。语段是 Chomsky（2000、2001）在最简方案时期提出的一个重要概念，其基本含义是结构树上的某些节点构成封闭的局部区域，触发向 LF 和 PF 的移交（transfer）操作，进而整个句法推导形成"多次拼读"（multiple spell-out）效应和推导-诠释互动[①]。

分布式形态学从根本上否定了生成语法的词库，并把词库的功能分布于语法的不同模块。"分布"具有两层含义：一是将以往的构词系统重新分析为句法和形态-音系两部分；二是将词汇（即词的集合）所包含的不同信息特征（音形义）分布于三个项目列表：句法终端列表（the Syntactic Terminals）、词项列表（the Vocabulary）以及百科知识列表（the Encyclopedia）。对于分布式形态学语法模型及列表的分布情况，将在第二章进行详细阐释，下面首先对分布式形态学理论框架建立的主要理论思想进行阐述。

二、分离主义思想

分离假说（Separation Hypothesis）（Beard，1987、1995）将语言

[①] 对语段理论的介绍以及 DM 与语段思想的结合见后文章节。

单位的音系表征形式和决定该单位的形态句法特征分离。DM 理论接受了分离主义的这种主张，认为语素并不同时包含句法、语义和音系等全部信息，并将语素的音系表征成分分离出来。在 DM 框架下的句法推导中，句法操作的成分范畴是纯粹抽象的、没有语音内容的句法单位，其形态音位成分在句法语义环境下没有具体的表达内容。DM 将具有音系特征的成分称为词项（vocabulary item），储存于词汇列表中。句法成分只有在狭义句法（Narrow Syntax，NS）推导之后，才能在 PF 阶段插入带有音系特征的词项，并且词项不需要提供或体现所要插入的句法终端节点上的全部形态句法特征。在 DM 理论中，无论是句法内部成分还是语音形式层面上的形态成分，均要通过二分方式建构不同层级的句法结构单位，以体现句法阶层结构具有的一致性。

根据分离主义思想，传统意义上的语素组成部分彼此之间是相互分离的，这种思想在 DM 中体现在对句法构造单位的认识上。DM 将语素视作句法操作的基本元素，但并不认为语素是音义结合体，而认为语素的句法语义信息与音系对应成分是分离的。在 DM 框架下，语素分为词汇语素和功能语素两类。在句法运算过程中，决定词语获得不同语法范畴特征的是抽象的功能语素，在音系上与其对应的语音内容依据终端节点与词项所携带的形态句法特征的匹配程度来决定具体语音表征形式。DM 所主张的音系表征形式晚插入这一特点就相当于接受了分离主义的思想。

简言之，分离主义形态学理论认为，句法-语义复杂表达式的生成机制和与之对应的音系表达的生成机制是分离的，不是简单的对应关系，其理论优势主要体现在以下两点：（1）允许句法-语义形式可以通过不同音系表达形式来实现；（2）支持音系表达形式的多功能性，即一个音系组块可以对应不同且不相关的句法-语义功能的表达形式，如英语词缀-s 可以对应动词的屈折变化形态，也可以对应名词的复数形态。实际上，分离主义形态学的不足也体现于此，当不受限制时，分离主义无法预测句法-语义与音系形式之间的可分离限度。关于这一点，可参考 Embick（1997，1998）对 DM 中分离主义的相关论述。

三、语素组构模式

现有形态学理论主要在形态操作的基本单位以及操作过程两方面持有不同认识。形态学理论在形态基本构造单位的认定方面有基于词（word-based）和基于语素（morpheme-based）两类；形态分析模型则分为词项及配置（Item-and-Arrangement）或词项及过程（Item-and-Process）这两个模型。

首先来看形态分析的基本单位。基于词的形态学理论把词作为形态操作的输入项，其他形式的输出结果均为不同的变体形式。例如，对于复数规则来讲，输入项为 cat，而输出项为 cats。在这一模型中，用于区分 cat 和 cats 两种形式的音位成分-s 不具有实际地位。也就是说，词缀不是独立于词形之外的成分，仅仅是在单数和复数两个形式上聚集的不同声音而已，两者均为构词规则应用的结果。相比之下，基于语素的形态学理论的主要代表是结构主义，也是目前被普遍接受的形态学理论。该理论注重词语的内部结构分析，认为语素是构词的基本单位。基于语素的形态学的主要优势体现在其允许形态的串联（concatenation）模式，语素的内部边缘具有不同的音系和音系结构限制。例如，在 unnatural 的边缘重复 un 是可以接受的，而在 banner 中重复 er 却是不可以的。因此，基于语素的形态学最重要的一点就是识别复杂派生词中的内部语素。但是，有些情况下对语素组件的识别存在一定困难，如英语不规则的复数变化 feet；再如，werewolf 和 cranberry 中的 were-和 cran-等语素的语义也无法确定。

对于形态分析的基本单位这一问题，DM 显然采用的是基于语素的形态学观点。在 DM 中，语法操作成分要比传统形态学的语素更小，还可以操作那些抽象的形式特征，即句法语义特征束（feature bundle）等。事实上，DM 不是语素分析模型，而是"次语素"（submorphemic）分析模型，因为 DM 中的语素并非结构主义形态学中的音义结合体，而是不具有音系表征形式的语法特征束。在 DM 中，"最小音义对应形式"是词项，也被描述为列项（listeme），并不存在于狭义句法模块中。

"词项及配置"与"词项及过程"是在现有形态学理论中应用的两种主要分析模型（Hockett，1954）。词项及配置模型假定形态受限于串联模式。在词项与配置模型中，形态推导过程将两个语素粘合起来，创造出一个复杂实体，如词缀与词干串联在一起造出一个词或将两个词串联在一起构成一个复合词等。而在词项及过程模型中，形态推导则把一个输入项的音系成分替换为另一个不同的音系成分，以此来表征所增加的意义，这种形态推导也被描述为一种替换算法（replacement algorithm）。

词项与配置模型可以预测出复杂词应该有一个可明确切分的词缀，该词缀附着在词干的左侧或右侧。而词项及过程模型可预测那些看似串联的形态而实际上具有其他形态操作的可能，如中缀（infixation）、截断（truncation）、词干自由变体等。事实上，非串联形态在语言中是存在的，但只占形态中极少的一部分。词项及配置模型在形态（串联）中采用的生成过程为高度受限的过程，同时，该模型假定了串联是形态和句法的唯一过程，进而语法中只存在一个语法生成性模块，同时对句法和形态起作用。这种假说使整个语法模型变得更加简洁。

如果采用词项及配置模型，就必须为那些非串联形态寻求解决方法。例如，转换（conversion）这一传统的构词手段在该模型中被认为是在词干上添加了词缀或零形态语素的过程。同理，词干自由变体，如mouse/mice，'produce/pro'duce也被认为是制约音系改变的零词缀的结果。DM就是在词项及配置模型下对构词过程进行分析的形态学理论，自然要承袭该模型的优点及缺点。

Baker（1985、1988）提出的镜像原则表明，形态推导必须直接反映句法推导，反之亦然。也就是说，语素的序列必须通过句法得到解释。例如，如果句法推导涉及被动并伴随使役化，那么动词上一定表现为使役-被动这一形态顺序。镜像原则表明形态和句法是同一个语法模块作用下的结构分析机制。在该原则提出后，Lieber（1992）也认为形态能够以句法模型的方式进行分析，并提出将X-bar图式延伸到词内，使得多数形态可以通过句法原则得到解释。同时，Lieber（1992）还列举了很多反例用于驳斥词库论，并立即得到DM理论的支持，进而在原则与参数框架下建立了一套用于分析构词构造的语法分析模型。

语素形态学与 DM 的相同之处在于二者均将"语素"视作句法推导初始成分，但二者的差异在于，语素形态学认为无论是词干还是词缀均是音系特征和形态句法特征的结合体（与 DM 中的词项类似），正是这些成分组合构成了词。DM 则认为，音系特征是形态句法特征推导之后获取的，是对运算后的句法终端成分的形态句法特征所赋予的语音实现方式。另外，对于 DM 来讲，所谓的词恰恰是句法终端节点在句法推导过程中获得的特征集合。因此，对于某一句法终端成分，不能先有语音形式，必须在整体特征确定后，再根据形态规则进行局部调整，最后对其插入相应的语音内容。

综上，通过句法手段推导出的词是句法终端成分，其内部结构存在层级性。词根和词缀在结构中具有不同的位置，完全是句法操作的对象。DM 中，句法终端的形态句法特征并不是由词项插入来直接表现，词项不必具有终端形态句法特征——对应的完整形式，这与词汇主义形态学要求词项必须带有完整特征的观点完全不同。

四、词句构造同质思想

分布式形态学（DM）与最简方案（MP）均是在对管约论修正的基础上对生成语法理论思想的发展与创新，两者在语言观、研究方法和理论目标等诸多方面具有许多一致之处。在句法分析方面，DM 主要参照的是最简方案的研究成果（Harley，2008：6），但两者在对待句法和形态的关系问题上具有不同的主张，研究内容也各有侧重。MP 将形态部分完全交给词库负责，而 DM 则主张形态和句法均由句法操作来完成，即秉承了"词句同构"的思想。在研究问题方面，MP 主要关注短语结构及更高层级的语言结构构造单位，而 DM 则着重探讨词的内部结构问题。因此，DM 和 MP 既属于同一语言学派，但又存在一定的差异。

DM 认为词的结构与句子的结构具有相同的本质，均可通过句法机制来分析，因此，这一核心思想也被称为"单引擎假说"（one engine）。首先，词和短语均对一些相同的形式特征进行操作，例如"格、时态、人称、体"等语法范畴通常由形态来实现。另外，从类型学角度看，形式特征的具体表现手段以不同的方式分布在不同语言的句法和形态中，比如拉丁语和希腊语这样高度融合的语言极大地依赖形态手段，而像现代汉语和英语这样孤立程度较高的语言则更多地依靠句法来体现上述特征。在多式综合（polysynthetic）语言中，如莫霍克语（Mohawk）和斯瓦西里语（Swahili）等，句法和形态的界限已基本模糊。

当然，从术语的使用来看，形态和句法并不完全等同。首先，语素选择和形态操作经常受制于音系条件，而在句法上似乎没有这样的限制；其次，形态操作对于说话者而言，其能产性会发生改变，而句法并不会有这样的变化；最后，句法中存在的一些移位和其他长距离关系现象，这在形态上通常是不存在的。

由于这些特点，形式形态学理论与形式音系学理论经常被放在一起共同探讨，如优选论（Optimality Theory）和词汇音系形态理论（Lexical Phonology and Morphology）等，然而形式形态学理论通常不会并入到形式句法理论中。事实上，造成这一现象的主要原因在于，主流句法理论关于形态的绝大部分内容均被归入了词库。根据 Siddiqi（2010），词库被赋予了以下几种功能：

(3) a. 储存形式意义；
    b. 储存与声音对应的特征的任意对应成分；
    c. 构建复杂词的语法部分（如复合、派生）；
    d. 形态化构成发生的部分（如屈折变化）；
    e. 是一些理论中音系化过程发生的位置；
    f. 存储人们真实世界的意义知识和词语指称的地方。

由于 DM 取消了词库，因此其语法模型中不再单独存在一个语法模块用以解释上述内容，相反，词库中的这些成分以及原有的操作被分散到了整个语法模型中。声音和意义的任意对应形式称作词项，被存储在语法中的词汇列表中。词项从该列表中提取并参与词项插入，而后在 PF 层面插入句法推导的终端结构中。对于词汇的语义内容（即我们所知道的关于词汇的真实世界的知识，如它们的所指、特殊的意义或在习语中的关系等）被存储在另一个区域中，即百科知识列表。百科知识列表在句法推导过程中是不可及的。

大部分 DM 研究都假定句法部分的一些操作过程实际上是属于形态（如中心语移位），并且发生在拼读之后，进入 PF 之前。也有学者持不同意见，如 Julien（2002）认为，语法中没有纯粹形态的句法过程。另外，DM 还假定在 PF 层面存在形态过程改变音系形式的情况。尽管相关研究将许多语言现象，如中缀对齐（infix alignment），归为音系理论的研究范畴，但在词项插入后的重新调整规则也是分布式形态学的重要组成部分。

第四节　小结

本章从传统形态学研究入手，简要介绍了形态学理论的两种主要研究范式：词项与配置和词项与过程。基于此，对词位形态学和语素形态学这两个主要的形态学理论流派进行了阐述。其中，词位形态学采用分离主义思想，将语言单位的句法语义与音系分离，即词的形式与意义均可分离，词的形式和意义并非是一一对应的关系。同时，词的分析必须以词为整体进行分析。相比之下，语素形态学则采取了词汇主义思想，所有将语素视作形态学分析基本单位的形态学理论均可以被称为语素形态学。语素形态学的研究遵循结构主义语言学对语素的认识，将语素视作"音义结合体"，这就与词位形态学所主张的分离主义存在本质性差异。

在目前的研究中，生成语法词库论秉承的也是语素形态学的观点及理论思想。词库论认为，形态与句法是完全不同的两个语法模块，语言的形态部分属于词库管辖的范畴，包括词的存储与生成；而句法部分则将词库的输出成分作为输入成分，以词作为句法操作的基本单位，进而推导出更高层级的语言单位。

  分布式形态学理论基于上述两种形态学研究范式，综合了词位形态学的分离主义思想以及词汇主义形态学对于语素以及词项的观点发展而来。DM 理论取消了词库这一语法模块，将原属于词库的语言成分及功能分布于整个语法模型中，并将词的生成也视作句法操作的结果。这样，在分离主义思想指导下，DM 同时采取了语素组构模式，主张"词句同构"思想，通过句法推导的方式来构词。下面，我们将对分布式形态学理论的基本框架与理论特点进行详细介绍。

第二章　分布式形态学的基本框架

在生成语法词库论中，词库是句法推导所需成分的来源，被赋予了许多功能。例如词库储存了语法操作的形式意义以及特征与声音之间的关联性，同时词库还是构词的语法模块，储存着词汇的概念意义和其在现实世界中的指称等信息，还包含我们对这些意义和指称的认识（Siddiqi，2010：525）。即使在最简方案中，词库不仅没有得到简化与分解，反而其内容与地位得到了提升，近乎是与句法同等重要的语法地位（程工，2018）。

分布式形态学理论在建构过程中取消了词库的地位，将原本包含在词库中句法运算的初始成分及词库自身所具有的功能分布于整个语法模型中，并将词的生成诉诸于句法操作。因此，词库中所涉及的构词在 DM 框架下是由各个语法模块共同完成的。本章将对 DM 理论整个架构模块及其基本特点进行说明。

第一节　理论模型及组构思想

一、理论模型

Halle & Marantz（1993）提出 DM 理论时，仍沿用了生成语法理

论原则与参数时期的基本模型①,两个模型的对比如下:

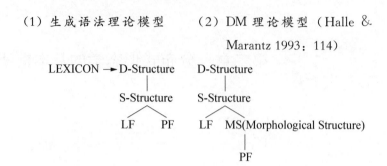

(1) 生成语法理论模型　　(2) DM 理论模型 (Halle & Marantz 1993: 114)

通过对比,(2) 中的语法模型是基于生成语法的 Y 模型发展而来的。DM 在取消词库这一语法模块的同时,增设了形态结构 (Morphological Structure, MS) 这一模块。在 DM 理论中,MS 本质上是句法表征形式,同时也服务于音系表征,是实现音系表征的重要语法组成部分。MS 层面的形态操作用于完成词项特征的排布以及内在成分的序列关系,并进一步通过词项插入的方式将句法终端结构实现为相应的音系表达 (Halle & Marantz, 1993)。在 DM 框架下,词语推导过程中句法和形态部分均是能够通过树形图来表示各项句法单位的层级结构,且终端成分是由语法特征复合体 (complexes) 组成,不具有音系特征。这些终端成分只有在词项插入后才能获得音系特征。

Halle & Marantz (1993) 在 DM 理论提出之初,主要从整体上论述了 DM 的基本理论框架及主要目标,并从句法-形态错配 (mismatch) 的角度引入了 DM 理论的主要操作手段。而后,Halle & Marantz (1994) 进一步确定了 DM 理论模型的三个关键性特征:词项晚插入 (late insertion)、特征不详标 (underspecification) 和句法层级结构一路向下

---

① 分布式形态学理论与最简方案出自同一论文集,因此最初建立的模型是以管约论时期的理论模型为基础,故而仍然带有 D-结构和 S-结构。随着最简方案的发展 (Chomsky, 1993、1995),DM 语法模型也发生了变化,偶尔会出现用句法 (Syntax) 或句法操作 (Syntax Operations) 等术语来替代狭义句法 (Narrow Syntax) 的标示。对于 DM 语法模型中各列表情况的说明,详见后文介绍。

(syntactic hierarchical structure all the way down)。本章将在第三节详细介绍 DM 理论的上述三个特征。

二、组块模式

在 DM 理论框架下，无论是小句、短语还是词，都可以划分成为相应的层级结构。也就是说，可以认为 DM 中不存在"过程语素"(process morpheme) 这一概念。同时，"语素变体"规则（改变音系表征的音系属性）和词项插入（只负责提供音系表征）之间存在严格的区分。例如，英语中 feet 的推导包含了词项/fut/插入句法终端的过程，此时该节点出现在具有复数语素的环境中，需要对插入的词项通过形态音系规则进行调整。可见，DM 对于构词成分的分析是"基于组块"(piece-based) 的分析模式，并结合了音系表征存在过程规则这一观点。DM 与某些词汇主义形态学理论（如 Lieber，1981）在这些方面具有一致性。

由于 DM 中的词项被认为是离散的（discrete）音系内容的集合，而非 Anderson（1992）所说的音系过程的结果，那么就可以说 DM 采取的是基于组块（piece-based）的分析模式。同时，对于词语音系表征方面，DM 认为在某些情况下，重新调整规则能够改变单个词项的形态。因此，概括来讲，以下两点能够体现 DM 与基于过程（process-based）的形态学理论之间存在的差异：(1) 重新调整规则只能够影响单独的词项而非词项组成的字符串，而过程形态学理论经常采用语素变体的方式来解释存在的变化；(2) 由于过程形态学产生的语素变体不直接释放特征（discharge features），因此一个语素变体拥有多个使用语境是很普遍的情况。

三、循环性

循环性（cyclicity）是生成语法理论中十分重要的一个概念，这一概念的提出源自 Chomsky 等（1956）。在这里，Chomsky 提出了循环条件（cyclic conditions），用来解释英语的词重音分布，并提出操作要在一个局部域内（local domain）进行。自此，循环（cycle）的概念应运而生，并在后续的语言学研究中得到了发展（早期对循环概念的研究见 Halle & Vergnaud，1987a、1987b；Mascaró，1976 等）。

Chomsky 等（1956）根据英语词重音的分布模式指出词的重音位置具有循环性，并通过使用转换性循环（transformational cycle）规则来解释词重音的循环现象，具体如下所示：

(3) a. [$_N$ nation] → [$_A$ [$_N$ nation] + *al*]
b. [$_A$ [$_N$ nation] + *al*] → [$_V$ [$_A$ [$_N$ nation] + al] + *ize*]
c. [$_V$ [$_A$ [$_N$ nation] + al] + *ize*] → [$_N$ [$_V$ [$_A$ [$_N$ nation] + al] + iz(e)] + *ation*]

(3) 为重音指派规则在具体应用中所体现出的循环性。首先，重音规则在第一个最小成分上应用，该词获得重音，即为一个循环；在与词缀 al 合并后，该规则继续产生作用，使重音向后移至 al，即为第二个循环；再与词缀 ize 合并，同样使重音移至 ize，即为下一个循环。这一现象表明，词重音的指派在构词过程中存在一定的操作域，在该域内可以使用某一操作，但如果超出这个域，重音的循环将进入到下一个模式。这一循环过程几乎可以无限延续下去，每个域都遵循同一规则，直至进入下一个域。这种重音指派的循环模式是语言学家首次对语言单位的循环性进行阐述，后续研究则逐渐从音系领域延伸至句法领域。

句法循环（syntactic cycle）是出于方法论的考虑而提出的。在二十世纪六十年代所形成的语法理论体系中，句法规则所应用的循环性原则能够使得理论自身得到根本性简化。尤其是一些有效的理论机制，如广义嵌入性转换（generalized embedding transformation）和转换性标记（transformational markers）等，都可以用递归的基础规则和循环来消除（Freidin，1978）。循环性概念的应用形成了一个结构更加严密的语法理论。

循环性这一概念在生成语法中占据十分重要的地位，即使是在最简方案提出后，尽管取消了许多句法操作规则，但对于循环性的认识一直未变。正如 Uriagereka（2011）指出，尽管相关的结构单位一直以不同的术语形式存在（如"域、约束节点、语障、语段"等），但在生成语法框架下，句法运算一直都是以循环模式进行的。简单来讲，"循环在系统中表示一个特定的周期（periodicity），它与从节奏模式（rhythmic pattern）到解释性规则的经验现象相关。"（Uriagereka，2011：210）

Lasnik（2006）指出，最简方案下的循环原则，即扩展条件（Extension Condition），要求已经在结构中存在的移位成分（单一转换）和尚未出现在结构中的词汇项之间的合并都要以现有的句法树的顶端为目标。也就是说，当新的规则应用时，现有的结构仍然作为新结构的子结构而存在。从另一个角度讲，当新的规则应用于该结构中较低的位置时，原有的结构自身要发生改变。这两种情况如（4）—（6）所示（Lasnik，2006：150）：

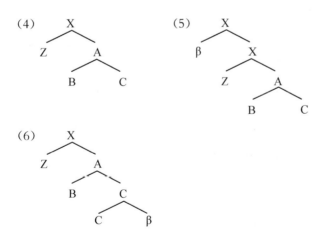

（4）为原有的树形结构；（5）中 β 附加于整个结构；（6）表现的是 β 附加于原结构的底部位置。所有与句法相关的操作域要遵守（4）中的基本情况，即一些句法规则在一定范围内适用，但超出这个域的界

限时,这些规则便不再适用,而必须遵循新的规则或在原有基础上引入新规则。据此,Chomsky(1973)提出了严格循环限制条件(Strict Cycle Condition):

(7) **严格循环限制条件 (Chomsky, 1973: 243)**
对于两个循环节点 A 和 B 而言,如果 A 受到 B 的支配,那么适用于 A 的规则必然不能够适用于 B。

该条件确保一旦在推导过程中传递了一个循环,任何不将其作为子域分析的规则都无法访问该循环。根据循环条件,当第一阶段循环结束后随即实现移交,运算系统进入下一个运算阶段,不同阶段的运算遵循不同的规则。实际上,正如 Uriagereka(2011)指出,最简方案下的一些研究都试图表达循环性(cyclicity)和连续循环性(successive cyclicity)等相关概念,例如:

(8) a. **扩展条件**(Extension Condition)(Chomsky, 1993: 22)
语法操作将 K 扩展到 K',K' 包含 K 作为一个适当的部分。
  b. **病毒理论**(Virus Theory)(Chomsky, 1995a: 233)
假设推导 D 已经形成了 Σ,Σ 包含了具有强(现为"不可解读的")特征 f 的 α。那么,如果 α 是一个不以 α 为中心语的语类,D 就会被取消。
(9) a. **最小连接条件**(Minimal Link Condition)(Chomsky, 1995b: 311)
K 只在没有 β 的情况下才能吸引(现为一致)α,若 β 比 α 更接近 K,K 则吸引 β。
  b. **语段不可渗透条件**(Phase Impenetrability Condition)(Chomsky, 2000: 106)
在一个语段(循环)完成后,它的中心语不能触发任何进一步的操作。

(8a) 要求句法操作要以短语标记（phrase marker）的根部（root）为对象；(8b) 表明，一旦在推导过程中检测到外来特征（extraneous features）则立即予以消除。这些约束条件实际上存在一定的重叠之处。Bošković & Lasnik（1999）的研究表明，如果（8b）迫使句法运算通过一致操作删除了不可解读特征，且这个过程是在外部成分被引入时就立即发生，那么它就会以该多余特征所在的位置为目标，即（8a）中短语标记的根部。

(9a) 则修改了 Rizzi（1990）提出的"相对最简"（Relativized Minimality）的概念，阻止了更多可能发生的局域操作；而（9b）定义了循环域并阐明了其不可渗透性。Rizzi（2009）曾试图厘清（9b）中所说的"不可渗透"是否能从（9a）中推导出来。实际上，"上述限制条件并不存在哪一个表述比其他更自然的倾向，这些原则之间反而体现微妙的依存特点"（Uriagereka, 2011: 214）。

我们知道，派生构词规则的应用往往具有循环性，如前面例（3）中的 nationalization 的构造过程。除了重音变化，从形态学角度来看，这一构词过程在理论上具有无限延展的可能。Marantz（2001、2007）根据对构词过程的观察，提出了词结构的内外区分（inner vs. outer）形态。这一区分并非等同于 Wasow（1977）和 Dubinsky & Simango（1996）等人所提出的词汇词与句法构词，而是在 DM 框架下提出的对词内结构的一种区分方式，并以词的组构成分作为区分标准。词的内部域主要是指词根与定类语素的组合域；而词的外部域主要指功能语素与已经定类的词语结构进行合并的域。所谓的词汇构词信息指的是第一个定类语素中心语及其内部的未定类的词根，而句法信息指的是全部的更高层级的构词中心语。整个构词域的划分如下所示：

(10) Marantz（2007: 5）

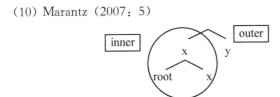

根据 Marantz（2007），内部形态（inner morphology）直接附着于词根或是第一个定类语素 x 节点（语段中心语）下和词根之上的复杂成分。在第一个定类语素 x 节点之上的全部形态都是外部形态（outer morphology），包括所有改变语类特征的形态变化。从 Marantz（2007）的区分可以看出，DM 框架下的循环性概念实际也是最简方案中语段概念在形态层面的扩展。

这种词内结构的内外形态划分可以区分生成语法理论初期词库构词和句法构词的本质差异。此外，这种划分注意到了词汇属性（lexical properties）和决定语类的形态之间的相关性，扭转了传统认识中将语类属性的变化归为派生（也即词汇构词）的标志。只有整个词语最内部的决定语类的部分才对应早期形态学理论中的词汇部分。

因此，Marantz（2007）指出，词根与第一个定类语素合并形成的结构实际上是一个语段，只要定类语素作为语段中心语，词语就能够以语段为手段进行循环性解读。从结构上来看，由第一个定类语素所封闭的词根域构成了 Ramchand（2006）提出的第一语段句法（first-phase syntax），大致对应 Hale & Keyser（2002）的 l-句法（Marantz，2007）。

第二节　分布式形态学的列表分布

前面已经提到，DM 将词库中的成分及功能分布到整个语法模型中，因此，DM 具有如下特点：第一，词库中的词的表征形式被拆分到三个列表，一个词的组构需要三个列表共同起作用完成；第二，整个词语的构成除了句法这一内在的生成性引擎（generative engine）之外，还包括多种后句法操作，如融合（fusion）、删除（impoverishment）、降位（lowering）和局域换位（local dislocation）等形态操作。这些操作负责对由句法部分拼读出的语言结构进行调整，并根据词汇列表和百科知识列表提供的信息对该结构进行音系和语义内容的填充和解读。本节主要针对 DM 的列表属性进行介绍。

一、列表分布

根据 Embick（2015：20）的概括，DM 中三个列表的分布如（11）[①]：

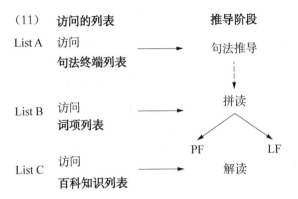

在（11）所示的语法架构中，三个列表（即 List A、B、C）负责为构词的不同阶段提供成分和解释。这些列表中的成分不具有生成性，整个模型中只有句法具有生成性。在句法推导中，句法操作（合并和移位）以列表 A 中的语素为操作对象，根据句法规则生成合法的结构，而后向 PF 和 LF 移交。

在向 PF 拼读的过程中，会经过 MS 模块，这正是 DM 与生成语法 Y-模型最具有区分性的那部分内容。在 DM 中，尽管 MS 中包含复杂的后句法操作，但其本质也是句法操作。在一些限制条件下，这些操作能够对句法部分运算结果所拼读出的结构进行调整，如改变句法终端的特征内容，将临近的终端节点连结为一个复杂的终端节点，或根据特定语言而设定的形态音系规则进行相应调整，重新排列或在结构中添加新的语素（终端节点）等。由于这些操作是在句法拼读之后发生的，因此只能对句法结构进行微调，并不会在本质上改变句法部分已

---

① 随着生成语法理论的发展，已经取消了 D-结构、S-结构等许多原有的概念术语，因此（11）中对句法部分的标注已由句法推导（Syntactic Derivation）来替代。

经拼读的结构。

在 PF 部分,最重要的操作是词项插入,即为句法终端成分进行填音操作。此时,从列表 B 中提取带有音系特征的词项,根据终端所带有的形态句法特征,不同的适配词项之间竞争插入相对应的句法终端节点。这些词项的插入能够释放终端节点所具有的可解读特征,例如一些不具有语音表现的形式特征等。此外,在词项插入后,根据语言的特定要求,还可能需要进行重新调整(readjustment)来改变词项的音系组合形式。同样,从语法模型上来看,这些形态音系操作都发生在句法拼读后,因此不会影响原有的句法结构关系和语义解读。

LF 部分主要负责对输入的句法结构进行语义解读,包括句法结构的组合意义以及一些非组合性的习语意义。拼读后的两个分支最终都会在概念界面(Conceptual Interface)汇合。百科知识列表负责为这些成分及结构提供语义信息解读。下面我们进一步说明各个部分所涉及的列表内容。

二、句法终端列表

句法终端列表负责为句法运算提供原始素材,即语素。这些语素是普遍语法可及的句法语义特征,具有高度抽象性,因而都是一组复合特征的集合体(complexes)。语素不仅是构词的基本单位,也是句法操作的最小单位。供句法推导的原始语素分为实词语素(l-morpheme)与功能语素(f-morpheme)两类:实词语素主要指不具有语法特征的词根;功能语素则包含各类语法特征,包括时态、人称、数特征以及一些具有决定词根语类范畴的定类语素(category-defining morphemes)等。功能语素的语法特征是由普遍语法(Universal Grammar)和具体语言原则共同决定的,它可以自由生成不同的集合体,因而是生成性的。

各个句法终端都需要在句法操作完成后,在音系部分插入词项来实现其语音表达。从成分的划分来看,DM 对句法终端成分的区分与传统语言学理论对功能语类和实词语类的区分相似,因为功能语类大都是封闭性的,而实词语类大都是开放性的。但需要注意的是,DM 中词根与通常所说的实词（content word）或词汇主义语言学中的词根有所不同。DM 中的词根是与概念相关联的语素，例如名词"书"的词根通常被表示为"√书"。"目前对于词根包含什么内容并未完全统一，但普遍都认同词根是不具有任何语法特征的成分，其功能不是传达信息和表达意义，而是区分概念。"（程工，2019：64）新的词根随时都可能产生，但词根不能以光杆形式出现，需要由该词根在同一结构关系内的抽象语素来决定其语类特征。功能语素是语法特征的丛集，一定不具有音系特征，因此需要在句法拼读后在音系部分插入语音内容。

Siddiqi（2009：18）指出，DM 的初期设想中并不包括词根的不同变体，也就是说"√书"和"√本"在句法模块的运算过程中并不具有区分性，存在的唯一句法成分就是"√"。词根的符号表明包含该成分的终端节点需要被某些实词语素实现，而对于具体由哪些实词语素来实现则与句法模块无关。简言之，句法模块并不负责区分"书"和"本"的不同音系表达，这也正是 DM 分离主义思想的体现。对于 DM 中构词成分所具有的属性特征，现有研究并未达成共识，我们将在第三章详细介绍。

三、词汇列表

词汇列表是储存词项的列表，它包含词项序列以及为终端节点提供音系信息的规则，即一串音位符号列或语音元素与其所插入位置的语法信息特征之间的关系。词汇列表中的词项通过与句法终端的语法特征相匹配，经过词项之间的竞争，最终插入句法终端，以此来为词根和功能语素提供音系表征。一个词项的音系信息可以是一个语音符号列，也可以表现为零形态。词项的插入不仅为句法终端提供音系，还为该词汇项提供标示其特点的形态特征。当词项为零形态时，此时词项没有音系特征，不具有插入环境或语法特征信息，此时的词项被称为默认词项（default/elsewhere vocabulary item）。"我们可以把词汇列表看作是说话者有关形态句法特征和音系特征相匹配的知识，它是非生成性的，但却是可扩展的。"（Marantz，1997a：204）

四、百科知识列表

百科知识列表是一个语义信息库，位于概念接口的终端，负责终端成分及句法结构的意义诠释。在语法推导进行到百科知识列表之前，句法操作针对的终端节点只是特征的集合体。百科知识列表同样是可以扩展的，也可将其看作人类语言知识的一部分，是储存词汇及结构意义的地方。

百科知识列表对意义的解读分为两类：一是组合性意义，二是非组合性意义。对于组合性意义，百科知识列表负责表征终端节点成分的个体性语义信息，进而形成最终的意义诠释。例如，百科知识列表既可以提供动词 like 的词汇语义内容，也可以解读"I like apples."这一句子的结构语义。同时，百科列表还为一些特殊词项及习语提供意义解释，如"kick the bucket"（死）和 it rains cats and dogs（下倾盆大雨）等结构在语境中的特殊意义。

在词库论背景下，语言中词和短语的特殊意义被认为储存在词库中，而不是由结构中的成分组合而来，例如英语 a lot (of) 为名词性短语，但却表现出形容词和副词的功能。正如程工、李海（2016：109）所指出，在以往词库论背景下，这些具有非组合意义的习语是否也被收录进词库？又该如何确定收录的标准？这些都不明确。然而，在 DM 理论中，传统意义的词与短语都可以同时具有组合意义和非组合意义两种类别。这在一定程度上表明，对于词和短语的语义解读往往具有相似的规律，因此，二者在语义的解读上是同等的。固定表达式并非存储在一个特殊的语言词库里，词根的组合及非组合意义都应该在概念接口末端的百科知识列表中得以解读（Marantz, 2001）。因此，百科知识列表会对特定语境下出现的词根做出标记，规定其意义的表达。

这种将百科知识列表放在整个语法推导末端的做法具有一定的理论优势。比起设立一个包罗万象且在不同层次上反复储存条目的词库，DM 在理论层面对于语义的解读相对要简洁。同时，在语法推导的末端对语义进行阐释，有利于解释一些在句法上没有错误却在意义方面不合格的句子。实际上,这一点也是 DM 采用分离主义思想的优势。

第三节 分布式形态学的基本特征

基于 DM 理论的整体思想以及内部各模块的分布情况,Halle & Marantz(1994)提出 DM 理论具有以下三个主要特征:词项晚插入、特征不详标和句法层级结构一路向下。正是由于这些特点,使得 DM 与其他形态学理论有所区分[①]。相比之下,以往的形态学理论并不具备上述全部的特点,可能只具有其中某一个特点。与词汇主义形态学相比,DM 的句法模块并不针对与词汇条目相类似的成分进行任何操作,而是通过句法操作,如合并和移位,对形态句法特征进行组构,进而生成相应的结构。下面对 DM 的三个特点逐一具体阐释。

一、词项晚插入

结构主义形态学对词内结构的研究和构词成分的确定都是以语素为基本单位,语素被定义为音、形、义的结合体,是音义结合的语言单位,进而在传统的形态学研究中,对词语的研究主要是针对语素的组构方式以及词内各语素在构词中的作用。因此,在这种思想指导下的构词模式可以理解为"早插入",即词语参与句法推导时,均包含了完整的音、形、义特征。

生成语法理论提出的词库论虽然包含了更多规则,但仍然是以结构主义形态学为基础而建立的理论。词库作为推导的初始模块,主要负责为句法运算提供初始成分,在生成语法中具有十分重要的地位。词库的发展主要经历了两个阶段的变化,第一个阶段是管约论时期,

---

① Halle & Marantz(1994:275)提出上三个特点时,将其归为词项特点,而非理论特点: "Three properties of the Vocabulary Items, taken together, distinguish the theory of Distributed Morphology from other approaches. These are *Late Insertion*, *Underspecification*, and *Syntactic Hierarchical Structure All the Way Down*."

第二个阶段是最简方案时期。

两个时期词库包含的成分并非我们通常所说的单词,而是词汇特征(lexical features)所组成的特征集合(feature set),包含以下内容(宁春岩,2011:88):

(12) a. 语音特征(phonetic features)
    b. 句法范畴(syntactic category)
    c. 语义特征(semantic features)
    d. 格特征(case feature)
    e. 一致特征(agreement features)
    f. 词义
    g. 实义/功能

词库中每一个词项都由上述特征组合而成,上述特征所组合成的词项是句法推导的终端成分。GB时期与MP时期的词库相比,最大的区别在于GB中存放的是没有形态变化的词项,包含以抽象的词作为单位的词项,例如played, plays, playing在词库中均由play来体现,而相应的词形变化是在句法推导过程中得到的。例如played是由句法推导过程中play移位至时态节点T得到ed,进而发生了相应的形态变化。相比之下,MP时期的词库中所包含的词项均是已经发生了形态变化的词项,是以词的具体表现形式为单位,此时play, played, plays, playing等词都作为不同的词项分别列入词库。虽然词库中的词汇条目得到了扩充,但与结构主义语言学所说的词在本质上并无太大不同(徐烈炯,2019)。

尽管上述两个时期对词库的认识发生了一些变化,但在对词的认识上依然存在共性,那就是两个时期的词库中每个词都是特征的总和,包括语音、语法和语义特征。也就是说,在参与句法推导前,词库中的词已经是音、形、义的结合体,这一点与结构主义形态学完全相同。因此,在这种理论背景下的构词研究与句法和音系模块相互割裂,互不影响。

第二章 分布式形态学的基本框架

相比之下，DM 理论秉承分离主义的思想，将词的生成过程分布于整个语法运算中，而不是由一个单独主管构词的形态模块来负责。此时，词是由句法、音系和语义等模块共同作用的结果，词的一些组成内容是在推导过程中逐步加入的，而非自身初始就携带了所有特征。例如，在词的生成过程中，句法终端列表中的词根和抽象语素都不具有音系内容，这与传统形态学中的音义结合体观点不同，句法终端的音系信息是在句法操作完成后插入的。DM 与词汇主义形态学研究的一个关键区别就在于音系内容加入推导过程是延后的（Siddiqi, 2009）。因此，DM 的这一特征被称为"词项晚插入"。

DM 理论的"词项晚插入"是指句法终端节点的音系特征是在句法推导后的 PF 层面插入的，在推导过程中并不出现（Halle & Marantz, 1994）。在句法原则和操作指导下生成的具有层级结构的终端是可解读特征的综合体，其音系特征是在句法操作后，通过词项插入操作添加的。在词项插入时，终端节点上的特征与词项的特征之间建立匹配关系，使带有音系特征的词项可以准确顺利地插入句法结构的终端节点上。这一特点与其分布式的语法模型是相对应的，三个列表中的词汇列表正是语言中音系内容的存储位置，并通过词项的音系信息来表征句法部分所构建的特征。

举例来讲，假设通过句法操作生成终端节点 T，该节点包含 [Present]，[Singular]，[3rd Person] 三个句法特征，那么包含该终端节点的句法结构在拼读至 PF 时插入词项来填充音系内容。在英语中，这三个特征通常以词缀-s 实现，这就表明词汇列表中的词项-s 需要插入该节点，最终语音实现为 /z/，如下所示：

(13) 词项晚插入（Siddiqi, 2009: 8）

终端节点特征		词项
[Present]		-s
[Singular]	↔	/z/
[3rd Person]		

（13）中左侧句法终端上的特征是在句法部分推导组构完成的，而具有音系特征的词项是在句法拼读后的 PF 界面插入的。通过这种"晚插入"的方式，句法部分的终端节点能够在句法拼读后得到音系表征。

二、特征不详标

由于 DM 遵循词项晚插入原则，因此，词项插入过程必然会涉及插入方式和标准等问题。"DM 将音系从句法和语义中分离出来的初始动机就是为了使形态类并（morphological syncretism）能够被系统性地表述。"(Embick & Noyer，2007：299)

在词汇主义形态学框架下，句法特征是由完整的词来展现的，而词又反过来从它们所包含的特定表征中过滤出这些特征，或者通过填充未标记值的默认规则来进一步体现。然而，由于默认词缀的分布情况要求其自身必须是未被详标的，因此，我们可以预测这类词缀并不需要提供标记值，只需要在默认情况下插入即可。然而，这种预测存在一些问题，例如英语动词的现在时屈折词缀/-z/只出现在第三人称单数情况下，所有其他的人称特征和数特征的组合都由一个零形式词缀（zero-affix）来替代。因此，暂且可以假定词库中大致包含以下的词缀：

(14) a. [/z/, present, 3, sg]
    b. [∅, present]

此时，词库中会生成（14）中所示的具有现在时特征的动词，一个标记为第三人称单数并带有后缀-z，而另一个则没有显性的后缀形式且对人称和数特征缺少详细的标记说明。Noyer（2001）指出，此时的问题在于，假设句法结构的投射是通过自由选择的词项组合而来，那么就没有办法阻止不具有数特征标记的动词形式与第三人称单数主语组合在一起的情况。也就是说，在推导带有第三人称单数主语的句子时，完全不必考虑词库可以生成一个具有更详标的动词形式，因为推

第二章 分布式形态学的基本框架

导过程只需要检查词项的兼容性,而非所有可能的词项。否则的话,将会导致无限推导的出现。简言之,在这一背景下,无法通过合理的机制排除 *he play 这类不合语法的形式。

因此,在 DM 框架下,对于同一个句法终端节点,如何在那些具有相同音系表征的不同词项中选择出正确的词项进行插入是一个关键问题。针对这一点,DM 采取的是特征不详标原则,即与携带全部句法语义特征的终端相比,词项的语法特征可以无值或缺少某些句法语义特征值。这样一来,具有相同音系特征的词项就有机会被插入不同的句法终端节点上。Embick & Noyer(2007)以胡帕语(Hupa)中主语和宾语的人称/数词缀为例展示了 DM 特征不详标的特点:

(15) 胡帕语的主语和宾语标记(Embick & Noyer, 2007: 300)

	主语	宾语
第一人称单数(1S)	W-	Wɨ-
第二人称单数(2S)	n-	nɨ-
第一人称复数(1PL)	dɨ-	noh-
第二人称复数(2PL)	oh-	noh-

(15)中主语和宾语两栏中各词项具有不同的语法特征。以复数形式为例,带有复数特征的终端节点所具有的特征束(feature bundles)有以下四种情况:

(16) 复数节点的特征束
  a. [+1, +PL, +SUBJ]
  b. [+2, +PL, +SUBJ]
  c. [+1, +PL, +OBJ]
  d. [+2, +PL, +OBJ]

(16)所示的特征束中均包含了终端节点具有的全部句法特征,在句法推导完成后,需要插入词项来为终端节点填充音系信息,因此需要根据词项自身携带的语法特征的详标程度决定插入哪一个词项。胡帕语中符合例（15）中复数标记的词项所携带的特征如（17）(Embick & Noyer, 2007: 300) 所示：

(17) a. [+1, +PL, +SUBJ]　　⟷　　dɨ-
　　 b. [+2, +PL, +SUBJ]　　⟷　　oh
　　 c. [+PL, +OBJ]　　　　⟷　　noh

当主语位置出现的是第一或第二人称复数特征时，需要插入具有不同音系特征的词项来实现，如（17a）和（17b）。然而，根据（15），宾语位置的复数标记并不区分人称特征，无论是第一人称还是第二人称，所插入的词项均为"noh"。因此（17c）中词项"noh"的句法特征并不需要对人称特征进行区分，故而并未带有人称特征。因此，当句法终端节点具有（16c）或（16d）所示的特征时，均可插入（17c）所示的词项。

从另一个角度来看，具有相同音系特征的词项，可能表达不同的句法语义特征。例如，同一个词项"you"可以出现在不同的句法环境中，既可以插入[+2, +sg]句法环境，也可以插入[+2, +pl]句法环境。在理论层面，词项特征的不详标可以保证默认词项的插入。特征不详标这一特征直接导致在词项插入时，词项列表很多情况下可以提供不止一个满足插入条件的词项，因此，词项间出现竞争关系。对于词项之间的竞争方式以及决定标准等问题，将在第五章进行详细讨论。

三、词汇结构的句法生成模式

"句法层级结构一路向下"又被称为"单引擎"(single-engine)论，体现了 DM 理论的"词句同构"思想。在 DM 理论中，词语与短语或小句均由句法操作生成，并能够被分析为层级性结构。由于 DM 中句法操作的基本单位是形态句法特征，因此，对于复杂词来讲，其内部结构与小句结构没有本质区别。形态构成成分和句法构成成分进入的句法结构是统一的,均采用双分支层级结构来表示。从这个角度讲,DM 符合组块模式的特点,句法和形态成分都是由离散性成分(discrete constituents)组构而成,而非形态音系过程的结果,例如复杂词 grammaticalization 的内部结构所示:

(18) grammaticalization 的词内结构(Siddiqi,2009:9)

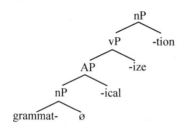

(18) 所示为 grammaticalization 的内部结构关系,其内部构成具有层级性。词根√GRAMMAT 与名词性定类语素(ø)合并形成名词,而后再与形容词性定类语素(-ical)合并构成形容词。依此类推,通过与不同功能语素层层合并,最终,最高位的名词性定类语素将前置成分定性为名词。该结构经句法拼读至 PF 界面,在词项插入时,每个终端成分都插入相应的词项,最后经过线性化等操作手段,形成名词 grammaticalization。这种对构词过程和词内结构的分析均采用了句法分析方法,体现了"句法层级结构一路向下"的特点。

此外,词语的结构一方面是通过狭义句法部分的句法操作推导生成,另一方面则需要在句法拼读后经过形态和音系层面的调整最终完成。形态音系操作主要是对句法推导的结构进行修正,仅局限于句法终端节点,已拼读的句法结构整体不会发生本质改变。这些对句法结构的后句法调整都要受到局域性条件(locality conditions)的限制,而不是任意进行的。例如,在 MS 层面的形态操作就要求成分之间保持管辖关系(government relation),而在 PF 界面的调整则要求成分之间处于结构邻接(structural adjacency)关系。总而言之,在词的整个生成过程中,所有推导都具有层级性和句法性,受到句法规则的严格限制。

第四节　小结

从分布式形态学的理论架构可以看出，该理论秉承分离主义的思想，采用了"词句同构"的思想，将词的生成过程分布于整个语法模型中。在 DM 理论框架下，句法是语言唯一的生成机制，为各层级语言单位的复杂形式提供了统一架构机制。从宏观角度来看，DM 在生成语法理论框架下，继续沿用了 Y 模型并加以改进。在语段理论背景下，词语生成的句法操作也严格遵照循环性（cyclicity）这一限制要求，词的构成被分为内循环和外循环。这一生成域的区分不仅解释了复杂的词内结构，同时也为词语意义的解读提供了结构基础。

DM 的理论模型还体现出其分布式思想，终端列表、词汇列表和百科列表的提出，将词语的音、形、义分布于整个语法模型中。终端列表为句法推导提供初始基元，词汇列表为句法终端上各语素成分提供语音内容，百科知识列表负责对句法输出的内容和结构进行语义解读。这种分布式、过程性的分析思路可以解决以往结构主义形态学所无法解决的构词成分的属性问题以及词语的语义解读等问题。

上述三个列表也直接反映了 DM 理论的三大基本特点。首先，DM 将词库拆分，分布于整个语法模型中，这就导致词的生成只能从狭义句法部分开始，再移交至其他模块，词语的生成起始于"句法"，也由句法来构造。其次，词语的音、形、义被拆分，这就导致位于句法操作后的词汇列表的填音只能晚发生，即词项晚插入。最后，由于同一语素的词项插入存在竞争情况，因此需要遵循子集原则，这也就导致词项所携带的特征是不详标的。这些对于词项的特征分析方法将 DM 理论与其他形态学理论或语言学理论相区分，成为该理论独有的特点。

相比之下，以往词汇主义语言学研究所面临的构词问题以及各语言模块的接口问题在 DM 理论中都能得到很好的解释。

第三章　分布式形态学的句法操作基本单位

结构主义语言学以语素作为构词单位,并将语素定义为音义结合体。传统生成语法理论基本沿袭了结构主义对于构词单位的认识,并通过词库来负责解释词的生成。与上述语言学理论不同,分布式形态学理论基于分离主义思想,将语素定义为抽象的句法操作单位,其音、形、义是分离的,分别分布于不同的语法模块中。DM 理论认为语素只是句法终端的成分,不带有任何语法和音系特征。本章在传统构词单位分析基础上,进一步阐释 DM 理论对于语素及构词单位的全新认识,并说明词根插入的不同模式以及存在的不足。

第一节　结构主义形态学构词单位

结构主义语言学认为语言结构单位是音、形、义的结合体,语言结构是按照"语素—词—短语—句子"的层级来建构的。在对语言结构进行分析时,结构主义采用的是层次分析法,即先分析每一语言层级的直接组成成分,再分析每一构造层级直接组成成分之间的句法关系。这种层次分析法实际包含切分和定性两部分内容(陆俭明,2019)。切分是指划分出一个结构的直接组成成分,并且无论怎样切分,每一层级的直接组成成分均包含音、形、义三个部分的内容;而定性是指明确每一个直接组成成分与其他组成成分之间的结构关系。

理论上讲，如果根据"语素—词—短语—句子"这一层级顺序，那么造句的最小单位应该是语素。尽管 Spencer（1991）和 Katamba（1993）等学者将语素定义为最小的有意义的成分，但结构主义语言学家并未选择将语素认定为最小的造句单位，而是将语素和词同时列为原子性成分（程工，2019）。因此，语法被分为形态和句法两个模块，其中形态部分负责解释词内结构，以语素为基本单位；而句法部分负责构建短语小句结构，以词为基本单位。下面，我们对结构主义语言学中构词单位的属性特征以及分类进行简要介绍，以便与 DM 的句法操作基本单位进行对比，进而阐释句法构词的理论优势。

一、语素

根据结构主义语言学的基本思想来研究词语内部结构，要以语素作为起点探讨语素之间如何结合构成更大的语言单位。因此，结构主义形态学中的语素作为形态分析的基本单位在词中往往呈现线性顺序排列，语素之间不存在交叉关系。在对词内成分进行切分时，不仅要考虑形态上的可分割性，还要考虑构词成分的语义表达。这就使得传统形态学研究多集中在分析词的组构方式（如派生、复合）及词语内构造成分（如词根、词缀）的属性特征等方面（如 Plag, 2003；Booij, 2005, 2007；Haspelmath & Sims, 2010；陈光磊，2001；邵敬敏，2016 等）。

在英语中，许多词语都具有复杂的形态，可以被分解为更小的单位，因此，基于对词内结构的拆解，语素通常被定义为最小的有意义的语言单位。这里的意义既是词语自身的词汇意义（如 book, cat, tree 等），也可以是语法意义（如-ed 所表达的过去时）。同时，语素还要具有一定的音系形式。可以说，在各层级的语言单位中，没有比语素更小的具有意义或语法功能的语言单位。现有的汉语形态学相关研究基本也都沿用了结构主义形态学的思路，形态分析的基本单位依然是语素。在汉语研究中，语素同样被定义为最小的音义结合体（朱德熙，1982；陈光磊，2001；黄伯荣、廖序东，2011；邵敬敏，2016；施春宏，2018；陆俭明，2019）。

整体上看，结构主义语言学对于构词成分的界定主要基于"音义结合体"的思想，将语素定义为不能被切分的最小单位，聚焦于词语组构方式和词内成分的属性特征分析等方面。从构词功能的角度分析，可以进一步将复杂词内的组构语素分为词根（root）和词缀（affix）两种类别，二者均为音义结合体形式。

二、词根语素

结构主义语言学中的词根属于语素范畴，因此也是音义结合体形式。词根一般表示主要的语义信息，无论是复合词还是派生词，词根都具有不可替代的作用。Bauer（1983：20）将词根定义为去掉派生词缀和屈折词缀后剩下的构词成分，普遍被分为自由词根（free roots）与粘着词根（bound roots）两种类型（Stockwell & Minkova，2001：61；Carstairs-McCarthy，2002：20；Plag，2003：10）。

自由词根，就是可以独立成词并自由使用的语素，如英语单词 wonderful 中的 wonder 就是可以独立使用的自由词根。当词根是一个自由语素时，那么该词根所构成的词为单语素词，如英语中的 car、tree，汉语中的"书、笔"等。除了能够独立成词外，自由词根也可以与其他成分合并组成复杂的词语。两个自由词根结合能够形成复合词，如 blackboard、pineapple、greenhouse 等；而自由词根与词缀能够组合为派生词，如 teach-er、dis-appear 等。

粘着词根无法独立成词，只能与其他语素（词根或词缀）组合构词。Plag（2003：10）将这类词根定义为只能与一些其他粘着语素组合出现的词根，如英语中的 circul-（circulate，circulation，circulatory，circular）、simul-（simulant，simulate，simulation）等，这些常见的粘着词根通常起源于拉丁语。总体而言，词根就是一个音义结合体，在形态上是不能再被切分的语言单位。

三、词缀语素

词缀是附加到词根或词干上且带有抽象意义的粘着语素（Haspelmath, 2002; Plag, 2003; Harley, 2006; Booij, 2007; Lieber, 2009; Aronoff & Fudeman, 2011）。Carstairs-McCarthy（2002）更是认为，所有非词根语素在广义上都属于词缀范畴，是前缀与后缀的统称。

从形态属性上看，词缀具有粘着性特征，如 Plag（2003），Harley（2006），Booij（2007）和 Aronoff & Fudeman（2011）等人在对词缀进行界定时直接指出了其粘着语素（bound morpheme）的地位。根据词缀的语言功能，可将其分为派生词缀和屈折词缀两种类型。词的屈折变化是为了特定的句法需要而改变一个词的词形的过程，通常与屈折词缀组合并构成语法词的一种句法形式；而词的派生则属于新词产生的过程（Bauer, 1983; Matthews, 1974; Carter, 1998; Jackson & Amvela, 2000）。从表达意义的角度来看，这两种类型的词缀都具有一定的语义内容。屈折词缀表达抽象的语法意义，而派生词缀则带有词汇意义。实际上，词缀的这一特点也体现了其自身作为语素的定位。

随着语言的发展，如汉语词语的双音化趋势，汉语中也逐渐出现了一些词缀，一些合成词也确实表现出了派生构词的特征，如"作者、学者、读者、患者""老板、老婆、老乡、老总"等。可见，汉语词缀对汉语构词也起着非常重要的作用。尽管目前学界对于汉语词缀的界定仍然存在一些争议，但对于汉语词缀的一些特点，已基本达成共识，例如词缀的粘着性与语义的虚化等（邵炳军，2001；杨锡彭，2003；朱宏一，2004；杨贺，2009；李丹弟，2015；邵敬敏，2016 等）。

整体来看，目前对于词根和词缀的区分，主要从外在形态特点（自由与粘着）和词义两个方面来考虑，这种区分标准虽然可以区分大部分构词成分，但是仍然存在一些问题。

四、现有界定的不足

程工（2019）指出，结构主义语言学之所以具有这样的语法架构，是为了在语音流中切分出语素，使定义更具体。但实际上，这种对构词和造句最小单位的界定存在一定的冗余与重复，也无法涵盖全部的语言构造成分。

首先，现有研究虽然坚持语素是"最小的有意义的语言单位"这一定义，但却切分出了许多没有明确意义的成分，甚至是完全没有意义的成分。例如，英语中的 celestial，factual，global，martial 和 mortal 等词中的构造成分 al，虽然有语音内容，但是并没有明确的或相同的词汇意义；汉语中"老虎""大象""桌子"等词中的"老""大""子"等成分也只是具有语音形式，但是在词内则不表达任何词汇语义。

其次，语素的语音也具有不确定性。英语中有许多同形异义词（homonyms），如 cook（v. 烹饪；n. 厨师），book（n. 书；v. 预订），light（n. 光；a. 轻的）等词的不同词条虽然具有相同的形态音系表征，但是其语义内容却完全不同。此外，语素还存在类并（syncretism）和异干互补（suppletion）等现象，如英语单词 hit 的过去式与过去分词都为同一个表现形式 hit，属于语素的类并现象；而 go—went 和 good—better—best 等发生屈折变化的语素在形态表现上完全不同于这些词语的原形，属于异干互补现象。这些情况下语素所具有的不同表现形式均无法简单地通过语素构词来解释。

最后，一些词根语素存在"兼类"现象，即表现出多种语类属性，这在语言中十分普遍。在英语中，right 表现出四种语类特征，如（1）所示：

(1) a. That's absolutely **right**.
　　（那是完全正确的。）
　b. She guessed **right** about some things.
　　（她对有些事情猜对了。）

c. He **righted** the yacht and continued the race.

   (他扶正了帆船,继续比赛。)

   d. At least he knew **right** from wrong.

   (至少他明白是非。)

(1a)—(1d)中 right 依次作为形容词、副词、动词和名词。词语兼类的现象在汉语中也普遍存在,如(2):

(2) a. 自己能办的事情就不要**麻烦**别人。

   b. 尽量不要给别人添**麻烦**。

   c. 你让我做的事情很**麻烦**。

(2a)—(2c)中"麻烦"依次为动词、名词和形容词。可见,词根语素在语言中并不具有确定的语法特征。然而上述三点在以往的形态学研究中并没有得到合理的解释。如果只将语素界定为最小的有意义的语言单位,进而将词界定为最小的自由语素,这在理论上并不具有充足的可行性。因此,通过对以往构词现象的观察,DM 所提出的构词成分与以往结构主义语言学的观点存在较大差异。

第二节　分布式形态学中的语素

DM 理论并未采用结构主义语言学对语素的定义,没有将语素视为音义结合体。根据 DM 的理论框架,句法终端不包含音系特征,各终端的音系内容是通过词汇列表中的词项提供的。因此,尽管 DM 中的原子性成分依旧是语素,但与传统语法中语素的概念内涵并不相同。句法终端列表负责为语法推导提供初始成分,语素只是句法终端的成分,并不包含其语法和音系特征。因此,DM 中的语素不再具有符号性,只是句法计算可以使用的一个标符(symbol)(程工,2019)。

一、词根

在 DM 早期理论中，Halle（1992）就提出了有形语素（concrete morpheme）与抽象语素（abstract morpheme）之分。Halle 所定义的有形语素就是具有音系特征的词根，而抽象语素则是需要"迟后填音"的功能语素。随着 DM 理论的发展，这两种类型的句法终端成分都开始采取了词项晚插入的模式，而这种分类也逐渐被取消。Harley & Noyer（1998、1999）基于 Halle 对有形和抽象语素的区分，提出了词汇语素（lexical morpheme）和功能语素（functional morpheme）两种基本的语素类型，大体上相当于传统生成语法中的词汇语类和功能语类。

DM 理论中的词汇语素主要指的是词根，一般用符号√来标记。词根在理论中不具有语法特征，其功能就是为了区分概念。因此 Borer（2009）指出，词根可能包含一定的音系和语义信息，用来实现身份的建立。理论上讲，词根自身应该具有与其他词根相区分的标签，正如 Embick（2015：8）所指出，当两个词根同音异义时，需要用数字在底层将其区分开来，如√$BANK_{254}$ 和√$BANK_{879}$ 等。

对于词根的语义内容，目前也存在一些不同的观点。Marantz（1997）在早期的研究中认为词根应该带有一定的特殊意义；在后续研究（Marantz，2001、2016）中又指出词根能够表达实体（entities）、状态（states）和事件（events）等意义。词根的意义与非语言学的文化背景以及概念知识有关，在语言和个人之间存在较大差异。相比之下，非词根语素是语法特征的集合，在语言间以相同的方式运作。词根需要与决定语类的功能性语素合并才能构成名词、动词和形容词等词汇范畴，最终所形成的词语（具有音系表征的词项）大多是语言中的开放类（open class）词语。

Kiparsky（1997）则是基于名动同形词的语义关联来判断词根的语义属性，他指出，只有一些与名词相关的动词是通过去名词化（deverbal）得到的，其他动词则不是。例如，若要描述"画"（to paint）这一行为，一定要包括对一个"画一样物质"的使用，而"倾倒"（to dump）这一动作，则不必指称任何"倾倒一样事物"。基于此，Acquaviva（2009：16）进一步指出，探讨词语的语义就必然会涉及预设语义类型的范畴化问题，这反过来也预设了词根具有动词或名词等语法范畴，但在 DM 理论中，词根不具有语法范畴早已达成共识，这就导致了理论上的矛盾。

另外，对于词根的语义属性问题，Embick 就曾给出矛盾的论述。Embick & Noyer（2007：295）早期认为"词根是不包含语法特征的成分，其中语法特征指的是句法和语义特征"，但在对词根进行解释时，又指出词根是语音和意义的结合体。这就导致了词根又等同于词库中的词项。在后续研究中，Embick（2015）似乎也意识到该问题，因此在对词根的属性进行阐述时，尤其强调了他所提到的词根的意义是与词汇或概念意义相关联的，并非句法语义特征所编码的语法意义类型。

我们认为，对于词根是否具有语义内容的讨论本质上是在讨论词根的语义特征是否如音系特征一样需要与句法终端分离。针对这一问题，我们认为词根带有一定的语义内容。从 DM 理论模型的运作方式来看，如果认为句法终端的语义内容是被分离到百科知识列表中，那么无论采取什么标示形式，这种区分都是多余的，因为分离了音系和语义内容且同时又不具有句法特征的实词语素，在句法终端列表中已经无法立足。例如在 Embick 对 $\sqrt{BANK}_{254}$ 和 $\sqrt{BANK}_{879}$ 的区分中，标签只是一种区分形式，所区分的内容才是核心，该标签所能区分的只能是音系、句法和语义特征中的某一项内容，而句法终端不带有句法特征且音系信息遵循晚插入。如果认为语义也是分离项，那么词根则已不具有存在的基础，标签也更无法区分任何内容。因此，如果基于晚插入原则，并采取了定类语素的假设，那么词根必须要带有的就是一定的语义内容，这样才能起到区分作用。Harley（2011）也指出，词根是带有非语法的，包含给定信息的百科语义的内容，简言之，可以将词根看作是纯概念（pure concept）的词汇化（lexicalization），尽管词根的解读根据其所处的句法环境产生差异（如习语）。

对于由两个不同词根形成的词语 bank 来讲，如果在推导过程中只通过标签来区分不同的词根，其本质上仍然与百科知识列表中的语义

第三章 分布式形态学的句法操作基本单位

解读相关联。因此，我们认为尽管句法推导中的词根之间在语义上具有区分性，但其所携带的语义内容只具有抽象的概念意义。例如，当我们谈及词根√CONTRACT 时，无论其最终的表现是名词还是动词，其背后所蕴含的一定是具有相关概念意义的成分，而非具体的动作（动词"订立契约"）或动作的结果（名词"契约"）。这一语义内容的区分实际就是 Harley（2011）和 Embick（2015）所提到的"与词汇或概念意义相关的"的语义信息。综上，我们认为作为实词语素的词根，不具有音系和句法特征，但是具有概念意义的区分。

目前来看，DM 对于词根自身属性特征的认识也并未达成一致，尤其是词根的词项插入模式这一问题。以 Embick（2015）为代表的学者认为词根在进入句法推导时应该带有音系内容，此为词根的早插入模式；而以 Siddiqi（2009）为代表的学者则认为词根也应该严格遵循词项晚插入原则，应该在句法拼读后的 PF 插入词项。针对词根的词项插入模式问题，我们在第三章第三节会进一步阐释。

二、功能语素

功能语素在 DM 框架内是一套普遍的句法语义特征，都需要在 LF 得到语义解读。换言之，在最简方案（Chomsky，1995a、2000、2001）框架下，普遍的句法语义特征集合包括时态、体、数和人称等特征，这些特征都与语义相关，能够在 LF 得到解读，显现出不同的特性。这些特征在理论上都是二分的，Embick（2015：32）将此类句法语义特征的集合称为普遍特征清单（Universal Feature Inventory，UFI）。每种语言都在 UFI 中选取特定的特征集合，所选取的特征在这一语言中被认为是活跃的，进而这种语言中那些活跃的特征作为该语言中功能语素的内容。功能语素是语法特征的丛集（cluster），由 [±past]、[±pl] 或 [±def] 等特征组成，并无语音内容。另外，功能语素还包括一组定类语素，可标记为 v，n，a 等，主要负责确定词根的语类范畴。

下面我们以英语词语中的 cats 为例来说明功能语素在构词时的作用，如：

(3)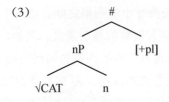

英语中的名词复数特征通过功能语素[+pl]实现。(3)所示为英语复数名词 cats 的内部结构,该结构中的 n 是定类语素,♯表示数特征。词根√CAT 与功能语素 n 合并形成名词,然后再与复数特征[+pl]合并。

(3)中的结构在句法部分进行组合时,各句法终端并不具备相应的音系内容,需要在 PF 插入词项。词根√CAT 自身携带的标签使其可以插入对应的词项;功能语素 n 在这个结构中插入的是零形表征(null exponent),表示为∅;而功能语素[+pl]插入/-z/作为词项。各终端节点的对应词项如(4)所示:

(4) a. √CAT ⟷ cat
    b. n ⟷ ∅
    c. [+pl] ⟷ /-z/

复数名词 cats 的形成过程不仅展示了功能语素的功能,同时也体现了 DM 理论的词项晚插入思想。终端节点语素的插入还存在一种特殊情况,即语境语素变体(contextual allomorphy)。例如,当[+pl]节点下的名词为 cat 时,其插入的词项为-s;而当与其合并的名词为 ox 时,表征该节点的词项为-en。此时,[pl]语素有两个不同的语素变体,即-s 和-en。

三、语素变体

Marantz(1997a)讨论了实词语素在不同环境下的变体情况,变体的选取是词项在不同环境中因词项竞争所导致的结果,例如 raise 会插入被中心语CAUSE成分统制的环境中；而具有不及物性以及名词性变体的rise会插入其他位置。然而，两者却不能作为独立词项，否则raise应与destroy归属于同类动词。由于缺少名词化形式，例如*John's raise of the pig for bacon，这就表明raise只是不及物动词的词根√RISE的形态音系变体，而此时词根√RISE与动词grow属于同一类别。也就是说，在DM框架下，像rise—raise这类的实词语素间的转换不是由词项竞争决定的，词项最终的表现形式是由PF部分的重新调整规则决定的。

DM理论区别了两类不同的语素变体情况：异干互补（suppletion）和形态音系语素变体。当不同的词项共同竞争插入同一个功能性终端节点时，会出现异干互补类型的语素变体，例如荷兰语名词的复数后缀-en和-s的选择因素部分是音系的，部分是异质的（idiosyncratic）。由于这两个后缀在音系上并不存在联系，因此在竞争中一定是两个不同的词项。

相比之下，当不同的词项具有相似的底层形式且音系不能决定变体的选择时，即为形态音系语素变体，例如destroy和destruct-代表了同一词项的词干语素变体，而后者只出现在名词化的语境中。DM理论假设，在这些情况下，存在一个基本语素，其他形式是通过重新调整规则获得，例如重新调整规则将destroy的最后一个音节变为-uct，进而构成destruct-。

通常认为在异干互补和其他具有规则音系变化的语素变体类型之间存在一个梯度（gradient），但至今也并未提出一个合理的可区分不同变体的依据。Marantz（1997b）认为只有功能语素才需要竞争，因此只有在词项竞争时插入的功能语素才是真正的异干互补现象。如果依据这种观点，英语中go—went或bad—worse等传统的异干互补语素实际上代表的是功能语素的拼读形式，这就会导致功能语素类别可以得到扩充。由于功能语素的类别受限于普遍语法，因此真正的异干互补应该限制在普遍的句法语义范畴中。此外，考虑到需要区分异干互补以及受重新调整规则影响而产生的语素变体，在DM理论模型中对重新调整这一操作过程的设定就变得十分必要。

此外，由于目前DM对于词根的插入模式仍存在一些争议，这就直接影响了对sleep/slept，bad/worse等不同语素变体的分析方式。具体来讲，如果认为实词语素的音系内容是在推导前就插入终端节点，那么词根与功能语素 T 结合后形成的 slept 就只能归因于重新调整规则；而如果认为实词语素的音系内容是在句法推导后插入，那么根据 Siddiqi（2009）的相关研究，实词语素与功能语素在 MS 发生了融合，因此最终只需要插入一个词项即可实现。

第三节　词根的插入模式

DM 对于词根所具有的特征及其插入问题至今仍是争议焦点之一。在 DM 理论早期，Halle（1992）曾对句法操作的初始成分进行过区分，并指出有形语素（concrete morpheme）的音系表达是固定的（fixed），而抽象语素的音系表达直到句法操作完成后才插入。随着 DM 理论的发展，DM 所主张的"词项晚插入"原则使人们逐渐放弃了这种区分方式，转而提出了功能语素（f-morpheme）和词汇语素（l-morpheme）来替代先前的区分方法（Harley & Noyer，1998）。根据 Harley & Noyer（1999：4），这两类语素大体上与传统的功能语类（functional category）和实词语类（lexical category）或封闭词类（closed class）和开放词类（open class）的区分相对应。目前来看，功能语素的音系内容的晚插入特征已经被现有研究普遍接受，然而对于词根的插入模式却还未达成共识（王焕池，2013）。

一、词根的自由插入模式

Halle & Marantz（1993、1994）在提出 DM 理论之初，只是将重点放在对理论框架的概念阐释及抽象语素属性特征的探讨上，并未对词根的形态句法属性进行深入分析[①]。而后，Marantz（1997a）也确实

[①] 这一点其实从 Halle & Marantz（1993）首次提出分布式形态理论时的文章的题目——Distributed Morphology and the pieces of inflection——就可以见到。

第三章 分布式形态学的句法操作基本单位

指出了词根的插入模式并未达成共识，但他认为句法终端列表中的词根是否携带音系形式对于现有情况并不重要。

> 列表 1 包含语言中的原子性词根和原子性语法特征束。就目前的目的而言，列表中的词根是否携带或是否由他们的音系形式来识别并不重要——词根"晚插入"的问题可能与语法组构中的其他问题是分开的。
> ——Marantz（1997a：203）

Harley & Noyer（1999）开始正式对句法操作单位进行划分。他们指出，功能语素遵循晚插入原则，其拼读是决定性的，而其自身所携带的形式特征可以决定插入词项的选择。对于词根语音内容的插入，Harley & Noyer（1999）指出其拼读是有选择性的，一个实词语素是由一个语言中指称特定概念的词项所填入。尽管他们认为词根也遵循晚插入模式，但却将词根音系特征的插入条件规定为句法环境，也就是说，只要满足局域内功能语素的允准条件（licensing conditions），词项就可以插入词根节点。

Harley & Noyer（1998）认为："一个与限定词处于适当局域关系的词根语素可能会被 cat，dog，house，table 或任何我们称作名词的成分填充。"也就是说，在限定词这一功能语素的域内，dog 和 cat 等名词词项可以自由插入词根节点。与功能语素不同，词根语素在词项插入时不存在相互竞争的情况，只要满足允准条件即可自由插入。允准者（licenser）通常是与词根处于某种结构关系的功能语素，这种结构关系通常能够决定定类语素的插入。名词受直接成分统制的限定词允准；不同的动词类别，如非作格（unergatives）、非宾格（unaccusative）和及物动词，受不同的结构布局（structural configuration）以及更高的潜在投射来允准。

Harley & Noyer（1999）对词根的认识存在一些不合理的地方，例如 Pfau（2000）就指出，这种模式意味着在词项插入之前，词根就已经与特定的概念相关联。同时，在理论层面，这也与生成语法理论不兼容。如果运算式中的成分已经确定，那么词根的音系特征该如何插入?如果遵循这种自由插入模式,就会加重运算负担。因此,越来越多的学者逐渐认识到词根的属性存在的一些问题,尤其是语言中的异干互补现象等。因此,词根自由插入模式逐渐被摒弃,转而逐渐分为"早插入"和"晚插入"两种情况。

二、词根的早插入模式

Embick（2000）对拉丁语完成体的综合式（synthetic）和分析式（analytic）两种形式进行了对比研究,并指出两者之间的差别源自词根的特有特征,因此,词根只有采用早插入模式,即词根在句法运算时已经具有音系表征形式。据此,Embick（2000）认为词根语素的音系表征是早插入的,而功能语素的音系表征是在句法后提供的。随后,Embick & Halle（2005）进一步明确了词根与功能语素的区别,指出只有功能语素需要在 PF 插入词项,而词根在进入句法部分时已经具备了基本的音系特征。

在 Embick（2000、2007、2015）的后续研究中,均蕴含了一个基本观点,即词根应该具有一定的标签或标记,用来区分同音词和其他词根。正如 Embick（2015：8）指出:"词根拥有一个独一无二的辨认标签有时是必要的。当两个词根同音异义时,这类标签的必要性是最清晰的。例如,金融机构 bank 和河岸 bank 的底层词根具有相同的音系底层形式,但却是两个不同的词根。用数字做标签的话,这两个词根除了音系式之外,可以分别被标记为 $\sqrt{BANK}_{254}$ 和 $\sqrt{BANK}_{879}$。"从 Embick 对词根属性特征的界定就足以见其对词根插入模式的认识,如:

> 词根包括的条目如 $\sqrt{CAT}$，$\sqrt{OX}$ 或 $\sqrt{SIT}$，都是语音特征的复合序列（sequences of complexes of phonological features），在某些情况下,还有非音系的可区别性特征（non-phonological diacritic features）。作为一个有效的假设,我们假定词根不包含或拥有语法（句法-语义）特征。
>
> ——Embick & Noyer（2007：295）

可见，在 Embick 的假设中，词根是音系特征的集合体，但不具有任何句法语义特征。在这种模式下，由于词根在句法拼读前就已经具备了音系表征，因此部分词根所表现出的异干互补现象，则需要在形态层面通过重新调整等形态音系规则来进行调整与完善。Embick 提出的词项早插入模式的最大优点在于满足语法运算的经济性，这一点与最简方案（Chomsky，2000、2001）的主张相契合。依据早插入模式，至少在词项插入时，不再存在词根的词项竞争问题。

在对词根插入模式的探讨过程中，Harley（2014）也开始采用词根早插入模式，但其对词根之间的竞争关系则存在不同的看法。Harley 认为插入词根的词项之间依然存在着有限的竞争关系。针对语言中的异干互补现象，Harley（2014）指出词根在运算的初始阶段应该是确定的语言单位，但与 Embick 有所不同的地方在于，她认为词根的确定并非是依靠具体的音系特征，而是只包含了词项插入的语音指令。实际上，Harley（2014）所提出的"词根的先行插入只是有限插入，其实质是为 PF 和 LF 层面进行阐释提供指令"（王焕池，2013：16）。

正如 Harley（2014）所指出，由于异干变体的存在，词根在语音上不能被识别；同时，由于词根具有高度变化的语义内容（类似于"语义异干变体"），因此，词根在语义上也不能被识别。然而，词根必须在句法部分保持个体性（individual），否则不会存在不同异干变体之间的竞争。

三、词根的晚插入模式

与早插入模式相反，有些学者认为词根不应具有任何音系特征，因此他们坚持词根晚插入模式，持这种观点的代表性人物有 Siddiqi（2006、2009），Acquaviva（2009、2014），De Belder（2011）和 De Belder & Craenenbroeck（2015）等。

Siddiqi（2006）指出，将功能语素与实词语素表征方式分开的做法存在一定的问题。在以往的 DM 研究中，功能语素在词项插入时存在词项的竞争；而词根则是通过允准条件和 PF 界面的重新调整规则来完成音系特征的填入。这种方式会导致功能语素与实词语素的音系表征分离，因此词内结构会出现大量的语音内容为空的语素,并且在 PF 界面可能会导致多余的音系规则的使用。如(5)中所示的复数名词 mice 的结构:

(5) 复数名词 mice 的内部结构

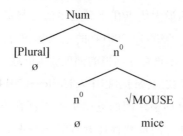

(5)中复数名词 mice 的生成至少要在[Plural]和 n^0 两个终端节点插入两个音系特征为空的词项 ø。同时,在词项插入后还要通过重新调整规则使插入到词根√MOUSE 的词项的最终音系表征变为 mice。这种生成过程并不符合经济性原则。Siddiqi(2009)指出,如果假定语言要满足经济性原则而采用最小表征形式(minimize exponence),那就表明我们通常需要用具有最少音系特征的成分来表征终端节点上的语法特征。因此,Siddiqi(2009)提出了词根与功能语素融合方式,这种融合模式的分析过程如(6):

(6) 节点融合模式(Siddiqi 2009:45)

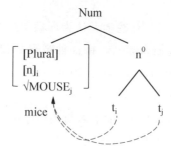

在该方法下，词根√MOUSE 与定类语素 n⁰ 共同移位至[Plural]特征所在的 Num 节点，该节点上的特征发生融合，融合后 Num 节点具有的特征变为[Plural, n, √MOUSE]。因此，在词项插入时，词项 mice 作为最优词项插入该节点即可。这种分析方法的好处在于构词语段整体移位至更高位的层级，其内部结构并没有改变，同时还能够使词项插入更符合经济性原则。

这种分析方式就是基于词根晚插入模式而展开的，即将词根音系特征的插入放到与功能语素的音系特征插入同时进行。这样就可以消除异干互补现象，因此，无需词项插入后的重新调整规则。所有词根的不同音系表征都可以通过词项竞争来解决，例如 go—went，good—better 都应该作为词汇列表中带有不同语法特征的词项，根据词项竞争来决定词项插入的胜出者。这种模式的最大优势在于可以消除以往 DM 中大量存在的零形式语素。

同样赞同晚插入模式的还有 Acquaviva（2009），他认为词根并不带有选择性特征或区别性特征（diacritic features），而与词根节点对应的句法原则与开放性语类表征相关。词汇的意义是建构的，在词项插入时浮现（emerge）。因此，词根的意义和音系表征是分离的，这完全符合分离主义的观点。Acquaviva（2009）指出，如果一个词根带有预设范畴的特征，那么词根实际上并不是真正的语类自由（category-free）。尽管这类标记在词根上可能是不可见的，但这也意味着它们属于词根自身的属性，而这就表明词根已经具有了指示名词性或动词性的信息，而实际上词根在 DM 中不应该具有句法范畴信息。

可见，Acquaviva（2009：16）将词根，如√DOG 处理为一个索引特征，可以使名词 dog 与基于其他词根所生成的名词区分开来。词项插入前，在抽象的句法表征中，词根自身没有任何意义，而是作为名称标签（name-tag）定义其身份和区别。词根的功能是区别性的（differential），而非实质性的（substantive）。词根√DOG 和√CAT 是不同的，但二者均不具有名词 dog 和 cat 的语义，否则就预设了它们具有名词性语类特征。词根的身份标志着词汇相关性，而不是脱离语境的共享意义。

此外，De Belder & Craenenbroeck（2015）也支持词根晚插入模式，他们首先指出词根不具有任何语法特征和句法范畴；其次，他们通过对比词根早/晚插入的差异指出，如果采取早插入模式，则意味着词根是词汇性的；如果采取晚插入模式，则表明词根是结构决定性的。显然，词根的晚插入模式与DM理论的主张更为契合。

四、小结

总体来看，词根的两种插入模式均存在问题，既有理论层面的矛盾，也有实践操作上的问题。对于早插入模式，正如Acquaviva（2009：16）所指出的那样，探讨语义就必然会涉及预设语义类型的范畴化问题，这反过来也预设了词根具有动词或名词等语法范畴。然而，在DM理论中，词根不具有语法范畴早已达成共识，这就导致了理论上的矛盾。此外，如果词根在运算时已经包含了音系特征，那么语言中的异干互补现象只能通过形态音系手段加以调整，势必会增加理论的概念内容和技术手段，进而加重理论负担。

词根晚插入模式所产生的最主要的问题在于词根节点的词项竞争。在DM理论中，词汇列表里能够满足功能性语素的词项数量是极其有限的，而如果将词根语素的终端也列为词项插入的对象，那么就会给词汇列表带来极大的负担。DM的实词语素，即此处所指的词根，对应的是传统语言学中的开放性词类，这就表明词根的数量是无限的，是可以被不断增加的。这样一来，一方面加重了词汇列表的存储负担，另一方面是每一次为词根节点插入词项时，都会产生无限的竞争。例如，对于词根√CAT而言，在插入词项时，dog, pen, book, apple等词项都会产生竞争，而我们又无法通过特设某些特征来限制发生竞争的词项数量。这种插入方式并不符合生成语法的最简思想。此外，Siddiqi（2009）所提出的词根与功能语素融合的方法可能会使DM失去一些理论上的优势，比如词的确立与词类的划分等。

既然是两种模式各有利弊，那么应该采取哪一种？词根又具有怎样的本质属性与特征？针对上述问题，我们更倾向采取晚插入模式，主要基于以下两点考虑：

第一点是理论思想层面的统一。由于 DM 理论秉承了分离主义的思想，因此其句法终端成分是音义分离的。如果只是将功能语素视为词项晚插入的对象，而认为词根自身具有音系特征，这就会导致该理论在指导思想上的矛盾。实际上，句法终端列表中实词语素的数量远多于功能语素，如果认为数量庞大的实词语素均采取早插入的模式，那么我们就没有理由认为分离主义是 DM 的理论基础。此时的 DM，与其说是采用了分离主义，不如说是词库论的"升级版"。因此，我们认为，实词语素和功能语素的地位在理论上应该是统一的，只有二者具有相同的指导思想与插入模式，进而才能符合 DM 的核心思想。

第二点是词根属性特征的问题。针对这个问题，我们需要明确词根究竟具有哪些特征，又一定不具有哪些特征。我们知道，两种插入模式的区分在于词根的音系表征何时进入运算过程，即词根在参与句法推导时是否已经带有语音内容。不过，现有研究对于词根不具有句法范畴这一点已经达成了共识，词根的语类需要依靠功能性语素来确定。在前文对词根的属性特征进行概括时，已经指出词根应该具有一定的概念意义，这就足以在狭义句法部分对词根进行区分，正如程工（2019：64）所指出的那样，"词根的功能不是传达信息，而是将概念区分开来，就像标签或地址一样，目的是为了建立一个与众不同的身份"。因此，词根在运算过程中完全不必带有音系信息，这样一方面可以减轻句法运算的负担，另一方面也统一了两类构词语素的插入时机，将其都归为 PF 模块的同一机制。

综合上述对词根语义特征的认识，DM 中的词应该是建构性的，不仅不具有语类属性，同时为了使理论统一，词根的音系特征也应该遵循晚插入模式，在句法操作完成后插入音系表征。

第四节 分布式形态学的句法构词优势

与传统形态学研究相比，DM 理论具有一定的理论及实践优势。

从概念上看,DM框架下句法操作的最小单位为语素,是音义分离的构造成分,其语音和语义特征交给了语法系统内的其他模块。由语素构成的词是完整的音义结合体,也是通过句法操作生成的最小成分。也就是说,DM中的语素由句法终端列表负责提供;而词则是经由语素通过整个语法系统推导而成。在DM框架下,一个词至少包括两个语素,即一个词汇性语素和一个功能性语素。这种分析方式避免了传统形态学中单语素词与该语素两者重叠的情况。

从实际使用来看,DM对语素和词的认识及界定更符合语言事实。例如,英语中存在许多没有确定意义的词根语素,如fer,dict,mit等;汉语中一些非自由词根也缺少具体的意义。因此,最好的方法就是将这类成分界定为构词语素,只用来区别概念以及建构身份。同时,许多具有独特意义的词语与句法结构也存在关联。此外,词根没有语类范畴的观点更是在众多的语言中得到了验证,并在Chomsky(2008、2013)近期一系列论著中得到了采纳。

从方法论来看,结构主义形态学研究对语素的看法是整体式的(holistic),将语素视作音义结合体;而DM基于分离主义,把语素仅看成句法操作的基本单位,将语音和语义内容移交给其他语法模块处理。此外,传统形态学研究对语素的看法是静态的,更是在词库中规定了语素所有信息,而DM采用的则是动态路径,词的意义和语音是在推导过程中建构的。正如Marantz(2013:906)指出:"对语素的分离论理解使得形态与句法(即日常语言里的'语法')能够完全整合,以至于词的内部结构与短语和句子的内部结构能够以相同的句法架构和相同的句法原则得到分析。"

最后,DM对语素和词的新定义简化了语法体系,使理论精简为语素和句法规则两部分。句法终端语素通过句法规则生成更复杂的句法结构,在句法拼读后的语义和音系接口层面得到进一步诠释,形成特定的声音与意义的匹配体。DM对语素和词的重新认识为"单引擎论"或者说"词句同构"思想提供了可操作的基础。

第四章 分布式形态学框架下的狭义句法

DM 理论秉承"词句同构"原则,认为词的生成过程也是由句法操作来完成的。这样一来,词的推导自然也要受到句法规则的制约。因此,本章主要介绍 DM 理论模型中狭义句法部分的操作方式与规则。DM 理论整体上遵循生成语法的理论框架并由其发展而来,其理论建构开篇之作《分布式形态学与屈折组块》("Distributed Morphology and the Pieces of Inflection")(Halle & Morris,1993)与《最简方案》("Minimalist program",MP)(Chomsky,1993)出自同一论文集。虽然,初始阶段的 DM 理论仍然沿用管约论时期的理论模型,但是随着思想理论的发展,DM 对于句法运算操作过程也都采用了 MP 的理论模型假设。

第一节 最简思想

一、最简方案

最简方案是在原则与参数理论基础之上发展而来的语言学理论研究设想,其核心思想主要体现在两个层面(Chomsky,1995a):一是方法论最简(methodological minimalism),二是实体最简(substantive minimalism)。方法论最简是指科学研究过程中尽可能在理论层面使用较少的假设;实体的最简是针对研究对象本身进行精简的机制。具体在语言研究中主要表现为用最精简的方法研究语言，而且语言自身的组成和运行过程也要体现精简原则（徐烈炯，2019）。

整体来讲，最简方案的思想主要体现在以下三个方面：词库的精简、句法模型的精简和语言经济性原则。

首先，最简方案理论对词库和句法运算进行了精简。早期生成语法理论把词库看成一部词典，这部词典与人脑中关于词的知识有关，词库以词项为单位建构，而且词作为抽象单位存在于词库中。例如，在 GB 时期，take, takes, took, taken, taking 在词库中被视为同一个词；但在 MP 框架下，上述不同形式的词在词库中作为不同的词项独立存在（徐烈炯，2019）。造成这一变化的原因主要在于词项自身的特征，这些特征能够在人脑中有所反映，例如 take 和 takes 之间在人称和数特征上的差异，所有使用英语的人在使用语言的过程中都能够理解并做出区分。据此，最简方案对早期的词库进行了改造，把词本身所表现出的一些特征也划到词库，词库在最简方案下成为词项和与词项有关的特征所组成的一个集合。

在句法运算层面，最简方案理论主张在句法推导的过程中，狭义句法先从词库中选取参与推导成分并组成一个词汇列式（lexical array），句法推导通过合并（Merge）对终端成分进行运算。MP 时期合并操作被分为内合并（internal merge）和外合并（external merge）两种类型，其中外合并是指两个词汇列式中句法单位合并形成一个更大句法单位的过程；而内合并则是指某一成分受句法特征的驱动，从一个结构位置移位至另一个结构位置的过程，与传统的移位操作类似，整个推导过程受到句法特征的驱动而进行。

其次，最简方案理论还对句法模型进行了精简，取消了管约论时期的深层结构和表层结构，简化了句法内部模块及各模块的组构模式。在管约论时期，深层结构作为句法推导的起点，再经过转换规则形成表层结构。MP 对理论的简化，使得原有的深层、表层结构和转换规则都不复存在，转而通过合并操作来解释语言单位如何从小单位组合成大单位。组构模式上的精简导致句法推导理念产生了变化。管约论时期的理论认为句子的生成过程是一个自上而下的过程，在树形图中具

第四章　分布式形态学框架下的狭义句法

体表现为先有高层级的语言单位再有低层级的语言单位，例如先出现动词短语 VP，而后再出现动词 V。而在 MP 时期，句子的生成是一个自下而上的过程，即先经过小的语言单位，通过合并形成更大的语言单位，并在此基础上通过移位操作来解释相关成分在结构中的位置变动等问题。因此，相较于以往的生成语法理论模块与操作规则，MP 对语法模型和句法操作进行了精简。

最后，在语言的经济性层面，最简方案的基本思路是用经济性条件对句子的合法性进行制约，具体体现在表达和推导两个方面：首先，最简方案理论对进入逻辑式（LF）和语音式（PF）的表达进行经济性上的制约，不含有多余的以及不可解读的成分；其次，整个推导过程要尽可能地经济，使得推导过程更简化。如果在推导过程中存在更简洁、更经济的方法应该优先采用。

从以上"最简思想"能够看出，最简方案对生成语法理论模型架构和句法运算系统进行了精简，从词库中选取的词项直接进入狭义句法，通过合并参与推导。然而，与管约论时期相比，MP 时期词库的内容与功能却变得更为强大。词库内词项所承载的信息远比管约论时期更为复杂。如果把 MP 的组构模式分成词库和运算系统两部分，那么在精简运算系统的同时，却将词库复杂化了。

整体上看，最简方案虽然通过取消深层、表层结构及转换规则消减了运算系统部分，但却将原来由句法负责的部分交由词库来负责，最典型的例子就是词库中词项的变化。尽管将这种改变归因于词项自身的特征，但依然无法回避 MP 中词库变得更加庞杂这一现实问题。在管约论框架下，词库中只存在某一个词项，人脑的记忆相对容易，在句法运算过程中，只需要反复使用相同的句法规则，就可以得到不同的变化形式。然而，在 MP 框架下，人脑需要将许多不同形态的词项都存储在大脑的词库中，所承载的词项数量会极大。以英语为例，如果把所有动词的相关形态变化集中在一起，那么词项的数量将会达到无法计数的程度，这将大大地加重人脑的记忆负担。可见，最简方案的精简只是在运算系统内做出的精简，而对词库所产生的问题在理论上仍然需要解决。

相比之下，由于 DM 理论采用了分离主义的思想，其理论模型取消了词库，将原本词库所具有的内容分布到"句法终端表""词汇列表"及"百科知识列表"之中，这样，MP 所面对的词库记忆负担过重的问题在 DM 中也就不复存在。可以说，DM 理论实际上是对 MP 的一种扬弃，即放弃了在理论层面难以解释的词库部分，但又继承了最简方案中运算系统最简化的基本思想。

二、分布式形态学中的最简思想

首先，DM 理论的一大特点在于其"词句同构"的思想，因此 MP 中的合并操作同样适用于 DM 的句法操作部分，只是其作用对象为词根与功能性语素。句法操作在词内的延伸表明，至少在句法运算部分，DM 与 MP 的核心思想是兼容的。

其次，DM 所采用的语法模型也与 MP 相一致。DM 理论早期理论模型中仍包含深层、表层结构，但在后来的理论建构中（如 Harley & Noyer，1999；Embick & Noyer，2007；Siddiqi，2010 等）也取消了深层、表层结构，只保留了狭义句法部分。

可见，随着生成语法理论的发展，DM 理论同样与其保持了句法模型的一致性。二者的不同之处在于，DM 理论认为形态规则被应用在了拼读（spell-out）之后的句法单位上，即在句法单位实现拼读之后，在通往语音式的路径上要进一步受到形态规则的影响，通过形态上的调整后最终进入音系式，但不改变最终的句法结构。

最后，DM 理论还体现了经济性原则。在以往的词库论背景下，词库的存在就是为了词的生成与存储，与句子的生成分属两个语法模块的内容。由于 DM 理论将词与句子的生成进行了统一，很大程度上减少了整个语言运算的负担。尽管句法推导产生的词的结构可能需要在拼读后进行调整并插入相应语音内容。这看似违背了经济性原则，但从本质上看，只不过是将以往发生在词库内部的操作放到了后句法阶段上，并且也只进行了细微调整，反而由于运用了同样的句法操作手段，运算过程的简化依然符合经济性原则。

第四章 分布式形态学框架下的狭义句法

综上，DM 理论同样继承和发展了生成语法的最简思想。虽然反对词库论，但在取消词库后，DM 理论仍然能够借助句法操作阐释词的推导，句法规则及经济性原则对于词的推导仍然具有限制作用。形态上的操作虽然可能会使最终的表达式产生变化，但这些变化只涉及形态层面，不会影响已经生成的句法结构。

第二节　分布式形态学中的句法操作

一、句法合并

合并（Merge）是最简方案时期提出的基本句法操作手段。Chomsky（1995）指出，句法运算选取一对句法实体（syntactic object）进行组合，并产生新的句法实体，该过程如（1）所示：

(1)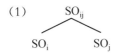

这种通过较小的句法实体形成更大句法实体的过程就是合并。合并操作为自下而上的句子推导模式提供了理论基础和技术手段。句子结构的推导可以被视为较小的句法实体两两结合而形成更大的语言操作单位的循环性过程，这个操作单位继续与其他语言单位合并，直至形成最大的句法实体。

MP 框架下合并操作的基本单位是词项（非 DM 中的词项概念，而是词库中存储的句法推导单位），参与推导的单位首先要在词库中进行选取，在进入句法运算系统后开始合并。词项的合并不是任意的，而是有限制条件的。"对于能够进入运算系统并与某一句法实体进行合并的词项而言，它们必须受到词项边缘特征（edge feature）的允准"（Chomsky，2008：139）。因此，词项的合并实际上是边缘特征驱使产生的结果。但词项的边缘特征与其他句法特征（如∅特征）存在根本性区别，因为词项的特征不需要进行匹配和赋值，并且在推导过程中不能被删除。边缘特征是词项合并的充要条件，一些没有边缘特征的成分，如感叹词（interjection）等，无法进行合并。

随着 MP 的发展，合并操作的内涵逐渐扩大，进一步被分为两种方式：第一种是外合并（external merge），即"两个相互分离的句法实体组合形成一个更大的句法实体"（Citko，2014：6），该过程如（2）所示：

(2) a. α 与 β 的外合并   b. γ 与 α 的外合并

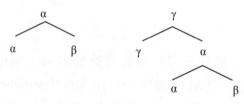

从定义和具体操作来看，外合并与最简方案初期的合并完全一致。第二种合并操作为内合并（internal merge），也发生在两个句法实体之间，但区别在于内合并所操作的句法实体是另外一个句法实体中的一部分，具体过程如（3）：

(3) α 与 β 的内合并

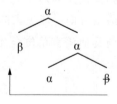

从（3）中可以看出，内合并操作使结构中其他成分发生了位置的变动。从这个意义上讲，内合并与以往的移位操作一致，都是在解释句法结构内部成分发生移动的原因。随着生成语法理论的发展，合并不再只是形成更大的句法单位，句法结构内部成分的移位现象也在合并

第四章 分布式形态学框架下的狭义句法

的范畴中。因此，合并成为"人类语言中最独有的因素"（程工、周光磊，2015：163）。

二、分布式形态学中的合并

DM 理论沿用了句法合并操作这一手段，但由于构词层面暂不涉及一致操作，合并就成了 DM 理论中最基本的句法操作手段。DM 理论中基本的构词过程所涉及的合并以外合并为主，也是将较小的句法单位构成更大的句法单位的操作过程。由于 DM 理论将词库分解为三个列表，这就导致句法运算的初始成分发生了改变，各句法终端成分由词库中的词变成了不具有语音内容的词根和抽象语素。根据 DM 理论思想和句法分析手段，最基本的单纯词也是由词根与定类语素合并而成的终端句法实体，例如动词 grow 与名词 growth 的内部结构：

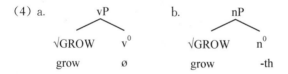

(4a) 中，词根√grow 与零形态的动词性定类语素合并，生成了动词 grow；(4b) 中，词根√grow 与名词性定类语素合并，最终在 n^0 节点插入词项"-th"，构成名词 growth。通过合并操作，词根与定类语素形成了更大的语言单位，构成了具有不同词性的词。除了词根和单一定类语素合并外，已经与定类语素合并的词根之上还可以合并其他定类语素，如英语单词"authentication"：

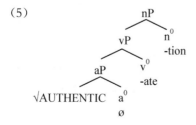

(5) 中的结构说明词根在与某一定类语素合并后，还能够继续与定类语素合并来获得其他语类特征，推导结果均需要在 PF 界面通过插入相应的词项来体现其语音内容。

除了基本的外合并操作，目前尚无研究对 DM 中的内合并现象进行系统性阐释，但是结合具体的研究，如 Siddiqi（2009、2011）为异干互补现象提出的词根融合过程以及 Harley（2011）在复合词研究中提出的并入（incorporation）操作等，本质上都是内合并在构词过程中的体现。对于这类操作过程的介绍，将在后文的章节中进行阐释。

第三节　语段理论与分布式形态学

语段理论（Phase Theory）（Chomsky，2000、2001）是 MP 阶段的最新理论发展，该理论不仅对句法推导进行了动态性阐释，所采用的阶段式推导思想对 DM 理论也产生了深远的影响。本节将对语段理论进行回顾，并进一步阐释 DM 理论对这一理论的应用等相关问题。

一、语段理论

语段理论主要基于 Chomsky 对语言官能（Language Faculty）的思考。在 MP 时期，Chomsky（1995：1）认为语言官能的研究需要考虑两方面的问题：一是语言机制需要满足哪些整体条件；二是语言官能在没有特定结构的情况下如何被这些条件所决定。这种整体性思考表明，语言官能已成为最简方案理论所要探讨的核心问题，也为语段理论的出现奠定了基础。随后，Chomsky（2000）对语言官能的识别性条件（legibility conditions）展开了讨论，着力寻找语言官能和其他认知系统（包括声音系统和意义系统）之间的最佳适应性条件。同时，语段理论提出的基本组构模式将语言机制分为词库和运算系统两个部分，如（6）所示：

第四章　分布式形态学框架下的狭义句法

(6) 最简方案下的 Y 模型 (Gallego, 2010: 4)

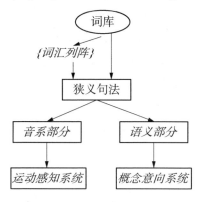

根据该理论模型,从词库中选取的词将会在狭义句法 (Narrow Syntax, NS) 部分完成句法运算。当句法单位完成组并之后,分别向语音部分和语义部分移交 (Transfer),形成语言中的语音单位和语义单位,句法生成结构的语音成分和语义成分最终会被分别送至运动感知系统 (Sensorimotor System, SM) 和概念意向系统 (Conceptual-Intentional System, C-I)。相较于管约论时期的语音式 (PF) 和逻辑式 (LF),MP 的模型更能够体现句法、音系和语义三个模块的交互关系。SM 和 CI 的提出能够更好地从生物语言学角度对语言官能和语言机制外部系统之间的运作关联进行诠释,并指出了 NS 在生成相应的语言结构后的最终走向。

基于上述理念,Chomsky (2004、2005、2007、2008) 指出语言设计 (language design) 要满足以下三方面的特征:

(7) a. 基因天赋 (genetic endowment)
　　b. 经验 (experience)
　　c. 非语言官能专属的原则 (principles not specific to FL)
　　　　　　　　　　　　——Chomsky (2005: 6)

上述三个条件共同对语言机制进行限制,决定了人类内在语言

(Internal Language) 的获得。在 MP 框架下，对（7）中提到的三个特征的研究是语言学的主要研究任务，推动我们最终能够实现超越解释的充分性（Beyond Explanatory Adequacy），即从解释语言的共性跨越到解释语言的生物性规律。在早期最简方案核心思想的影响下，Chomsky 继续从界面条件（Interface Condition）和运算效率两个层面思考语言单位的组构过程，以及语言器官是如何将语言单位通过经济性的方式加以处理的，并最终实现符合生物规律的运算。语段（phase）这一概念就是在这一背景下提出的。

Chomsky（2000：106）指出，句法运算并非一次完成，而是阶段性地以循环（cycle）的方式分段进行。每完成一个阶段的拼读，该阶段所形成的句法结构被移交至界面进行解读，这样一个完整的阶段被界定为语段。语段概念的提出不仅极大地减少了语言的运算负担，同时也符合语言的设计要求（Chomsky，2005）。根据 Chomsky（2000）早期的界定，只有表达完整命题意义（包括时态和语势）的 CP 和具有完整论元结构的及物性 v^*P 才具有语段地位。在此基础上，Chomsky（2001）又进一步区分了强语段（strong phase）和弱语段（weak phase）：CP 及带有完整论元结构的 v^*P 属于强语段；而其他类型的 vP，如不及物动词短语和被动态动词短语，均属于弱语段。虽然现有研究对其他语类投射（如 DP）的语段地位尚未形成一致意见，但是对于语段的基本结构已经达成共识。一个语段的基本构成主要包含三个部分：语段中心语（phase head），语段边缘（edge）和补足语成分（complement），如（8）所示：

(8) PH（语段）= $[\alpha[H\ \beta]]$

——Chomsky（2004：108）

语段的边缘位置 α 为语段内部成分的提升提供了位置，用于解释语段内部成分的移位现象。当内部成分的不可解读特征没有得到赋值时，会先移位至语段的边缘位置 α，等待下一语段继续为这些不可解读特征赋值，直到该成分的不可解读特征均被赋值后得到删除，语段才会

第四章 分布式形态学框架下的狭义句法

被移交给界面。否则不可解读特征没有得到解读，进而导致运算崩溃（crash）。当语段边缘成分的不可解读特征得到匹配和赋值后，这一成分将会被冻结（frozen），不再继续参与句法推导（Gallego，2010）。

语段的句法操作范围受"语段不可渗透条件"（Phase Impenetrability Condition，PIC）（Chomsky，2000、2001）的限制。Chomsky（2000）提出在语段 α 外的句法操作不能够影响语段中心语 H 所涵盖的域，但中心语 H 和语段边缘位置能够允许类似的句法操作。简言之，语段中心语的补足成分对于语段以外的句法操作是不可见的，只有语段中心语和语段边缘的成分在后续句法操作中是可及的。PIC 原则还对补足成分的拼读条件做出了限制，即语段一旦完成，它的补足成分就会得到拼读，如（9）所示：

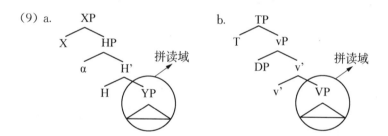

根据 PIC 原则，当上一个语段的非语段中心语 X 和语段 HP 合并时，触发 HP 补足成分 YP 的移交操作，α 和 H 作为边缘成分可以继续进行句法操作。以 vP 语段为例，如（9b），当该语段完成推导后，继续与 TP 合并，触发 vP 的补足成分 VP 移交。此时，TP 所涉及的句法操作只针对位于[Spec, vP]和 v。语段的阶段式推导思想与 PIC 原则对 DM 的构词过程起到了十分重要的作用。

二、构词语段

在 MP 背景下，DM 将语段的思想与构词过程相融合。基于语段理论，Marantz（2001）认为对词性具有决定性作用的功能性语素也有可能作为语段中心语。Marantz（2007）进一步指出事件和命题都是具有独立地位的自然语言单位，而词在声音和意义上同样具有独立性，这也暗指了词具有语段地位。那么词的内部结构及构造过程如何体现语段属性？实际上，这一构想确实存在语言事实作为支撑。Dubinsky & Simango（1996）发现齐佩瓦语（Chippewa）的构词过程存在一般性规律，如（10）所示：

（10）词的内部和外部形态对比（Dubinsky & Simango，1996）

	内部添加词缀	外部添加词缀
规则性	潜在的特殊形式和意义	可预测的形式和意义
选择性	附着内部形态并决定实词语类	可能附着于外部形态并决定实词语类

（10）中，词内结构的内部形态区域和外部形态区域可能在构词的过程中体现出不同的规律，这种差异性为构词区域的划分提供了语言事实。基于此，Marantz（2001）认为上述差异不是由传统形态学中的构词法造成的，而是由不同成分之间的合并导致的。

在构词层面，词根与定类语素的第一次合并被定义为内部区域（inner domain），内部区域之外的合并为外部区域（outer domain），如（11）。内部区域的特点主要体现在与词根相结合的功能性中心语上。在内部区域，词根的语义具有规约性和特质性（idiosyncrasy），并无组合性意义。外部区域的规律主要表现在决定词汇语类的节点所处的结构上。在Marantz看来，内部形态区域和外部形态区域的差别主要表现在功能性中心语与不同成分的合并上。这种差异性为语段思想的融入提供了理据，即内部区域和外部区域可通过循环性移交（cyclic transfer）的方式，将合并好的结构移交至界面。同时根据上述语段思想，每一个决定语类的功能性中心语都能够被定义为语段中心语。这种内外区域的划分形成了构词语段，具体表现如下：

(11)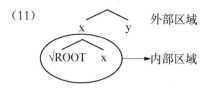

内部区域如(11)中椭圆形部分所示,在该区域内,与词根合并的功能语素 x 为语段中心语;而椭圆部分外则为该构词语段的外部区域,包含能够产生新语类的定类语素。(11)能够为构词语段的拼读提供合理的解释。当词根与定类语素合并后,整体内部区域向外拼读,词根和定类语素组合而成的单位同时移向语义和音系界面,由此产生了意义和语音较为固定的词。

外部区域的拼读与内部区域存在一定差异。由于词根和定类语素在内部区域已经合并,根据 PIC 原则,该部分的成分对于外部区域的操作具有不可视性。因此,外部的句法操作只能探测到词根与定类语素合并后整个结构的特征。这样,该内部区域的合并形成了与语段相符合的特征,DM 理论将其视为构词语段。

此外,Newell(2008)还对构词语段的属性进行了区分。传统意义上的语段,如 CP,vP 和 DP 等被称为补足语解读语段(complement-interpretation phase)。这些语段遵循 PIC 原则,在推导中的可操作域是语段中心语和语段边缘两个区域。这些区域允许语段内部成分的移位,比如带有不可解读特征的成分移位至语段边缘位置等。语段的补足成分在推导过程中会被移交至语音界面和语义界面,可见,对于这些语段,实现拼读并在不同界面得到解读的是补足成分。

DM 理论中构词语段被称为整体解读语段(total interpretation phase),这类语段的主要特征是内部的成分不能发生移位,比如"*-thgrow"等。Newell(2008)进一步指出两类语段之所以具有如此大的差别,主要原因在于语段中心语的特征有所不同。补足语解读语段的中心语包含不可解读特征,这些特征需要在推导中匹配、赋值和删除。因此,某一成分可以受不可解读特征的驱动而发生移位,以确保在移交给语音和语义界面时所有的不可解读特征都不存在。在构词语段中，虽然作为功能性成分的定类语素是语段中心语，但它们不具有引发移位操作的不可解读特征，在移交至语音和语义界面时不需要考虑不可解读特征所触发的界面崩溃问题。

第四节　小结

　　DM 理论根据"词句同构"原则，将词的生成与句子结构的生成统一起来，均由句法操作完成，进而减轻了语言运算的负担。DM 理论采用了与最简方案一致的语法模型，即在生成语法理论整体框架内，依据 Y-模型，将词的生成过程置于狭义句法部分。DM 理论通过合并这一基本句法操作手段，通过合并词根以及功能语素，完成了词的推导。在词的生成过程中，句法负责完成词的句法特征组构，其中也会涉及内合并和外合并等不同句法操作。由于受到特征驱动等因素的影响，DM 理论还融入了语段理论的最新思想，基于某些语言词的内部形态和外部形态差异，划分了词内结构的内部和外部两种区域，并将内部区域定义为构词语段。DM 理论以发展的眼光，不断融合了生成语法最新前沿理论，进行了理论的自我革新，力求做到理论的兼容性以及解释效力的提升。

第五章　分布式形态学的形态操作

在 DM 现行的理论模型中，狭义句法部分负责完成词内结构的组构，而后向界面移交，在 PF 分支上还要经过形态结构（Morphology Structure，MS）的局域操作，对词内结构进行形态调整。Baker（1985）提出的"镜像原则"（Mirror Principle）表明，词内语素的线性顺序与层级性的句法结构存在关联：

(1) 镜像原则（Baker，1985：375）
　　形态推导必须直接反应句法推导（反之亦然）。

根据该原则，词内句法层级结构中处于低位形态句法终端的语素相较于高位的语素，通常在线性顺序上与词根距离更近。DM "词句同构"思想可以解释句法推导与语素顺序的镜像性，无需诉诸额外的规则。由于语言实际表征的复杂性，词内结构在经由 NS 生成后，还需要通过一些更加具体的后句法机制和操作来进行调整，主要涉及融合（fusion）、分裂（fission）、删除（impoverishment）和装饰性形态（ornamental morphology）等后句法操作。显然，在 MS 阶段对于终端节点的改变会影响最终的语音表征。因此，在该阶段进行的形态操作均会受到严格限制。本章主要对 MS 阶段发生的形态操作进行阐释。

第一节　融合

一、融合操作

合并作为 NS 阶段主要的句法操作手段，负责为两个句法节点建立组构关系，该操作同时也保留了两个终端节点的独立地位。因此，在 NS 阶段合并的两个句法终端在不被"修饰"（modify）的情况下进行词项插入时，需要由两个独立词项插入两个独立的节点上。也就是说，合并以句法终端成分为操作对象，这些终端成分在新生成的结构中是独立的语素，需要插入不同的词项。

与合并不同，MS 阶段的融合操作是将两个节点融合成为一个节点的过程，融合后的终端节点最后只需插入一个词项即可。同时，根据特征不详标原则，插入融合节点的词项所具有的特征只需是融合后的终端节点所具有特征的子集即可。相比合并操作，融合操作减少了句法结构中独立语素的数量。从操作的发生过程和结果来看，融合是针对语言的特定要求，是将结构上两个临近的终端节点合二为一的过程，使原本需要由两个词项来表征的结构变为由一个词项来表征。

在英语中，节点特征融合的典型实例就是动词 ø 特征的一致现象。例如，在 "He likes football." 这句话中，词项-s 不仅负责实现功能语素 T 的[present]特征，还要负责实现[3rd person]和[singular]等人称和数特征。英语中动词的屈折后缀可以同时标示多个特征，这即是融合操作的结果。简言之，在合并生成了一个复杂中心语后，融合操作就是将复杂中心语简化为一个节点，并使几个特征聚集到这一个节点上。

英语中 T 和 Agr 节点的融合，以及西班牙语中[-past]环境下 T 和 Agr 的融合①均属于典型的后句法阶段的融合操作。此外，Siddiqi（2009）

---

① Oltra-Massuet & Arregi（2005）提出，西班牙语中[-past]环境下 T 和 Agr 会发生融合，其他时态条件下不会发生。他们认为该融合是后句法的，Agr 节点是后句法阶段生成的，为防止产生 Theme 位置。

第五章 分布式形态学的形态操作

还列举了西班牙语中限定词和介词的融合现象。西班牙语中，限定词 del 是一个由介词 de 和限定词 el 组构而成的混合词。因此，限定词 del 同时包含了介词中心语和限定词中心语的特征。在 DM 框架下，中心语 D 和 P 在 MS 阶段组成一个复杂中心语，然后通过融合操作形成一个中心语，最后插入词项 del。该过程如（2）所示：

（2）西班牙语限定词 del 的融合（Siddiqi，2009：533）

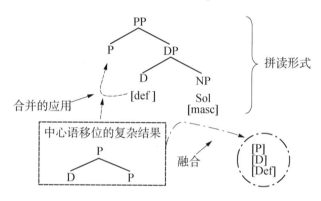

在（2）中，句法操作负责构建短语结构。此时，中心语 P 和 D 作为独立成分，中心语 D 形成的最大投射为 P 的补足成分。当该结构移交至 MS 时，两个中心语融合为复杂中心语，该中心语下包含 D 和 P 两个节点的元素。随后，融合操作进入应用，将两个节点的特征融合到新形成的节点之下。由此，新形成的节点同时包含[P]，[D]，[def] 三个特征。这样，在词项插入阶段，只需要插入一个满足该节点特征要求的词项即可。

二、词根的异干语素变体

前文中，我们对词根插入模式存在的争议进行了梳理。在 Harley & Noyer（1999）之前的理论模型中，词项的语类特征受到成分统制（c-command）该词项的功能性中心语的影响，具体表现为功能性中心语是否允准该词项参与合并。当前，DM 理论建构已经放弃了词根的允准模式,在现行 DM 框架下,一般认为动词的异干变体现象是由动词与 T 的融合造成的,这种观点实际上预设了词根的晚插入模式。

英语中动词的屈折后缀可以同时表示多个句法特征。然而,如果动词表现为异干变体(suppletion)现象,情况就会变得复杂。Siddiqi(2009)指出,如果采取词根晚插入模式,就要将原有的词根允准变为词根与功能语素的融合。这样,最终通过词项间的竞争,只需要插入一个合适的音系表征来实现同一节点上的多个特征即可。

DM 的词项晚插入思想势必导致在词项插入后出现许多语音形式为空的中心语。尽管这些中心语具有语法功能,但在词项插入时,插入的却是不具有音系内容的默认词项,如例(3):

(3)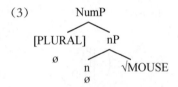

(3)为英语单词 mice 在词项插入前的句法结构,该结构中词根 √MOUSE 与定类语素 n 合并且受[PLURAL]成分统制。因此,在 DM 理论初期语法模型中,三个终端节点都由不同的词项来实现,除词根 √MOUSE 以外的功能性节点均插入空语素 ø。

在该模式下,所有与 mice 相似的不规则形式都以此种方式推导生成。这样一来,必然导致词汇列表中包含大量空语素。实际上,即使我们通过原有的允准模式来实现词项插入,这些功能性终端节点上的最终语音实现依然是空语素。虽然 DM 并不是唯一包含空语素的理论,但对于空语素的问题,其他理论都在尽力回避。尽管 DM 的语法模型预测了这类空语素的存在,但由于每一个词内结构几乎都包含至少一个空语素,这也是导致 DM 受到质疑的一个原因。因此,在这种情况下,节点特征的融合就十分必要。

Siddiqi(2009:45)指出,融合操作能够取消以往插入的空语素,同时也能够取消重新调整规则的应用所产生的空语素。在该操作下,

(3)所示的结构在拼读后,也会在 MS 阶段进行融合,如(4)。在(4)中,定类语素 n 和词根都发生了中心语移位,最终移至[PLURAL]处,三者进行了融合。融合后的结构只需一个显性的词项表达即可,如(5)所示。

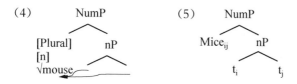

融合操作对空语素数量的缩减简化了 DM 语法模型。那些原本存在于词项列表中的语音形式为空的词项都可不必存在。这样既减少了运算负担,也减少了记忆负担。这种解决方案更符合 MP 的最简思想(Siddiqi, 2009)。

从词根的角度看,将词根与其他功能性成分融合,确实能够减少运算负担,并且有益于理论的简化。然而,这种分析方式势必要与词根晚插入模式面临相同的问题,即词项竞争。以 mouse 复数形式的异干变体的插入为例,根据特征不详标和子集原则,(5)所示结构的终端节点的词汇条目如(6)所示:

(6) mice   ↔   [PLURAL], [n], √MOUSE
    -s   ↔   [PLURAL]
    mouse   ↔   √MOUSE
    ∅   ↔   [n]

三个中心语特征的融合,导致只有词项 mice 的特征与终端节点匹配最多,因此最终插入的词项为 mice。随着特征的融合,我们不得不接受词汇列表中存在一个单独的词项 mice,其同时具有上述三个节点的特征,但这难免有特设之嫌。如果按照这种方式来解决句法终端的音系内容,那么可以不必设置词项之间的竞争关系,因为词汇列表中词项具有的特征与终端节点可以直接形成一对一的关系。该模式下的构词过程,并未通过词项竞争的机制体现出 DM 的理论优势。这一点在对非异干互补现象,即具有规则形态变化的复杂词的构成上尤为明显,如(7)所示:

(7) 英语 cats 的结构

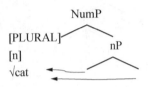

对于 cats 的构成,如果从中心语移位和特征融合的角度来考虑,那么与 mice 相似,在词汇列表中一定存在一个词项 cats 符合融合后节点的要求。这种思路下,所有带有语法特征变化的终端节点都需要带有相对应特征的词项来体现,如带有单数特征的 cat 要与带有复数特征的 cats 竞争;带有过去时特征的 played 和带有现在时特征的 play 竞争。这样,词项列表就要为每个带有不同语法特征的终端节点都特设一个词项,实际上又加重了词汇列表的负担。

然而,如果认为只有异干互补的语素才发生融合,这一假设显然也不合理。因为这种假设首先就预设了词汇列表中有专门为这些复杂终端节点特设的词项,这就意味着我们需要在整个语法模型中为此类异干互补语素进行特殊的标注处理,那么词项竞争就失去了意义,只需在 PF 界面插入对应词项即可。

此外,尽管 Siddiqi(2009)提出的节点融合在理论上解释了异干互补等语言现象,但不同中心语的内合并操作是发生在 MS 阶段,该操作改变了句法结构,与形态操作的限制相违背。在 DM 框架下,由狭义句法模块生成的句法结构在拼读后不能被更改,只能通过形态音系手段进行限制性调整。因此,上述复杂的中心语移位过程也只能在 NS 阶段发生,而非 MS。

综上,虽然形态结构层面的融合操作能够为解决一些语言现象提供新的思路,但是目前对于融合操作的运作过程和限制条件还需要进一步分析。

第二节 分裂

分裂(fission)操作的结果与融合操作完全相反(Noyer,1992、1997;Halle,1997)。分裂操作将一个终端节点分成两个,且每一个新的节点都会被分派一个新的成分。一个句法终端节点上的语素只能通过插入一个词项来满足,但在分裂操作后,词项插入不会随着单一词项的插入而停止,而是在该终端节点所分裂出的位置上继续插入词项,直到所有终端节点上的特征全部得到释放①。

分裂操作可以将一个节点的特征分散到几个不同的节点上,例如分裂是将句法中 Agr 节点所包含的 ∅ 特征进行分散的最有效方法(Siddiqi,2010),该过程如(8)所示:

(8) ∅ 特征的分裂(Siddiqi,2010:534)

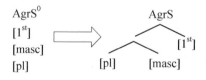

从(8)中可以看出,与融合操作不同,分裂使原本同时包含三个特征的同一终端节点分裂成三个不同特征的节点。因此,在词项插入时,需要插入不同的词项来实现不同终端节点的音系表征。下面我们通过几个具体的语言事实来阐释分裂操作在形态结构模块中的应用。

Noyer(1997)指出,特征会以两种表征方式限制词项的插入:首

---

① 当一个词项插入节点时,该节点上的形式特征全部从推导中移除(包括没有被词项实现的特征)。这一特征的移除操作,被称作特征释放(Feature Discharge)(Siddiqi,2010:530)。

要表征（primary exponence）和次要表征（secondary exponence）。一个词项在其词汇条目中首要表达某些特征，但也可能需要依赖其他特征的满足来完成词项的插入，但只有词项首要表达的特征才能在词项插入时被释放。例如，Harley & Noyer（1999）在塔马赛特文（柏柏尔语）(Tamazight Berber) 动词前缀的变化中发现，一致语素能够插入一个或多个词项，以前缀或后缀的方式来表现。如：

(9) 塔马赛特文（柏柏尔语）动词的前缀变化（dawa 'cure'）

	单数	复数
3m	i-dawa	dawa-n
3f	t-dawa	dawa-n-t
2m	t-dawa-d	t-dawa-m
2f	t-dawa-d	t-dawa-n-t
1	dawa-	n-dawa

(10) 词汇条目①

/n-/ ↔ [1][pl]

/-γ/ ↔ [1]

/t-/ ↔ [2]

/t-/ ↔ [3][sg][f]

/-m/ ↔ [pl][m]([2])

/i-/ ↔ [sg][m]

/-d/ ↔ [sg]([2])

/-n/ ↔ [pl]

/-t/ ↔ [f]

在一个分裂语素中，词项之间不再针对一个单独位置进行竞争，

---

① 在 (10) 所示的词项列表中，有一些特征用圆括号标示。这表明，只有当圆括号中的特征被释放时，与其对应的词项才可以插入。举例来讲，只有当带有 ([2]) 特征的词项 /t-/ 已经插入动词后，词项 /-m/ 才能插入。因此，圆括号用来标示的是词项带有的次要表征，而词项首要表征的特征不需要括号标示。

而是在词项插入时，自动产生一个可用的表征位置。以（9）中的t-dawa-n-t（you，阴性复数）为例，该形式有三个词缀t-，-n和-t。词缀添加的顺序是依靠特征层级来决定的。因此，第一个被添加的是第二人称后缀t-，然后是复数词缀-n，最后是阴性词缀-t。正是由于分裂操作，使得不同的特征能够以不同的词缀作为词项实现。

Halle & Marantz（1993）对Noyer（1992a）提出的格鲁吉亚语代词后接词中的语素分裂进行了概括。在格鲁吉亚语中，第三人称论元在词干前不出现，也不会决定复数语素/-t/的插入。假定在词干前的位置，动词形式包含了一个语缀串（clitic cluster），在句法上作为姐妹节点附着在屈折动词上，该语缀串的终端节点继续融合成一个单一节点。融合后，MS模块会继续发生分裂操作：

(11) 分裂（Halle & Marantz，1993：118）
　　　Cl + Stem→[+Pl] + Cl + Stem　　（与线性顺序无关）
　　　　　　　　　|
　　　[+Pl]　（除非[+PL]是第一人称与格论元的一部分）

该规则将融合后的附着词素串分裂出一个复数特征，并将其视作一个单独的终端节点[①]。这种将复数特征分离为单独语素的分裂操作在词项插入前发生。

McGinnis（2013）也对格鲁吉亚语的动词后缀的分裂现象做了研究。格鲁吉亚语的时、体、态（TAM）后缀反映了时态、体、语气、人称和数的一致。在词项插入前，句法中心语的特征进行了融合，融合为一个形态句法节点。词项通过竞争插入该节点，但格鲁吉亚语对于这个节点有一套扩展的后缀选项可供插入，（12）中的列表是不定过去时（Aroist）的时态和体：

---

① 受语言自身规则限制，当附着词素串包含第一人称与格论元时，该特征不作为单独的语素节点出现。

(12) a. /-es/↔[Aorist, Group, Class]　　3PL. AOR
　　 b. /-e/↔[Aorist, Participant]　　　1/2. AOR
　　 c. /-a/↔[Aorist]　　　　　　　　　3SG. AOR
　　 d. /-t/↔[Group][To be revised]　　PL

　　如（12）所示，当[participant]特征不存在时，表示第三人称。为避免第三人称复数后缀被插入第一人称和第二人称结构中，需要通过[Class]特征来对其进行限制。由于只有第三人称具有生命性区分，因此[Class]节点只会在第三人称论元出现时存在。因此，（12a）并不会释放第一人称和第二人称复数论元的一致特征，因为它们缺少[Class]特征；（12b）不能释放第三人称论元，会缺少[participant]特征。如果词缀是从词干外部插入的，那么（12c）一定优先于（12d）。之所以具有这样的排列顺序，主要因为可解读特征会被尽快释放，时、体、态节点的三个特征是可解读的；而∅特征是不可解读特征，因此，理论上排位靠后。

　　McGinnis（2013）认为正如 Halle（1997a）、Poot & McGinnis（2006）所描述的那样，当一个节点的词项释放出一些特征，其余特征也都会分裂到下位节点上，而低序列词项会竞争插入下位节点。该分裂过程如下：

(13) a. g-nax-es
　　　 2. DAT-see-AOR.3PL
　　　 3SG. AOR
　　 b. v-nax-e-t
　　　 1-see-AOR.PART-PL
　　　 'We saw him/her/it/them.'

　　第三人称的 TAM 后缀通常都有一个特殊的复数形式，释放出与最高的主格或作格第三人称论元相关联的[Group]特征，如（13a）所示。第一和第二人称的后缀缺少数特征的区分，所以如果[Group]特征出

第五章 分布式形态学的形态操作

现,分裂就会被词项-t 实现,如(13b)所示。格鲁吉亚语的"数"后缀来自在"数"一致节点的句法竞争,在词项插入时发生了分裂操作。

(14) a. g-nax-a-t
　　　　2. DAT-see-AOR-PL
　　　　'He/She saw you(PL).'
　　b. g-nax-es(*-t)
　　　　2. DAT-see-AOR. 3PL(*-PL
　　　　'They saw you(SG/PL).'

(15) a. g-nax-o-s
　　　　2. DAT-see-OPT-#
　　　　'...that he/she see you (SG)'
　　b. g-nax-o-(*-s)-t(*-s)
　　　　2. DAT-see-OPT(*-#)-PL(*-#)
　　　　'that he/she see you (PL)'

(14a)说明无标记的不定过去式后缀-a 后面有一个复数-t;而(14b)中第三人称复数不定过去式后缀-es 阻断了-t。在(15)的祈使句中,有一个显性的 TAM 后缀-o,并且允许默认的数标记-s 出现,但复数-t 阻断了-s,如(15b)。

Anderson(1984)将这种存在于-t,-s 和第三人称复数的 TAM 后缀之间的阻断关系都归结为构词规则(word-formation rule,WFR)。这些规则呈现互补分布,所以这些后缀只有一个会在给定的条件下出现。这种规则的选择是根据句法提供的最为匹配的特征,但这种分析存在一个难点,即复数-t 通常出现在 TAM 后缀后,如上面的(14a)和(15b)。唯一的例外就是第三人称复数 TAM 后缀,阻断了-t 的出现,如(14b),其余的 TAM 后缀与第三人称单数、第一人称和第二人称论元一致。这些与-t 共现的 TAM 后缀,可以占据一个来自第三人称复数 TAM 后缀的单独的 WFR 的阻断。

然而,McGinnis(2013)则认为如果 TAM 后缀都与同一个句法节点相关联，那么它们在相同的形态域内会竞争插入。这种观点使得一些学者认为 TAM 后缀占据了一个与复数-t 不同的形态域，因为它们通常不会与-t 呈互补分布。这种方法面临的问题是，如果复数-t 是独立于 TAM 后缀的，就无法证明第三人称复数 TAM 后缀和-t 呈互补分布关系。基于此，Lomashvili & Harley（2011）提出了删除操作（impoverishment），该操作可以在第三人称复数论元语境下，将第二人称与格的复数特征删除，这就阻碍了词项-t 在第二人称论元的语境下复数特征的释放，从而产生不符合语法的 *g-nax-es-t。然而，这种删除的分析方法并没有排除 *g-nax-es-t，其中-es 和-t 都表现出与第三人称主语的一致。

基于此，如果加上了分裂的分析模式，就会使两种方法都变得可行。在保留所有在相同形态域内 TAM 后缀的同时，也保留了在统一形态域内的-es 和-t。竞争插入的词项并非互补分布，而是排在最高位的词项优先插入，释放该节点的一些特征，然后剩余的特征分裂。因此，如果是满足分裂要求的特征，处于低位置的词项也可以插入。这种分析准确地排除了相同复数特征的多种词项形式，如第三人称复数 TAM 后缀和-t。因为一旦 TAM 后缀释放复数特征，就不会再被复数-t 释放。另一方面来看，分裂自身不能排除两个复数后缀的结合体释放两个独立的复数一致特征。

第三节　删除

删除（impoverishment）也是发生在 MS 的形态操作，由 Bonet（1991）最先提出。该操作负责将词汇推导终端节点上的某个语法特征删除，发生在词汇项插入之前。该操作根据语言的特殊要求，删除功能中心语上的某些句法特征。许多 DM 相关研究都涉及删除操作，如 Halle（1997），Ritter & Harley（1998），Frampton & Gutmann（2002），Müler（2006），Nevins（2011），Watanabe（2013）等。

DM 的特征不详标原则导致同一个音系表征可以插入不同的终端节

第五章 分布式形态学的形态操作

点。同时,在竞争过程中,各词项根据自身携带特征的详标程度处于不同序位。因此,一般来讲,特征标识相对较少的词项会得到一个默认的分布情况。正是由于删除操作,才会存在多种类型的形态类并(syncretisms)现象。由于终端节点的某些特征被删除,进而导致在删除前能够满足该节点句法特征的词项不能插入,而特征相对不详标的词项则会取而代之。一个本应该被插入的词项被另外一个默认词项替代插入,通常都是由删除操作所引起的。

实际上,在 Bonet(1991)早期以及后续的一些研究中(如 Harley,1994;Ritter & Harley,1998),终端节点的形态句法特征是以与音系特征相似的特征几何(feature geometry)形式存在的。此时,删除操作可以被视作特征的断联(delink),即需要切断与某一特征存在依附关系的其他特征。例如,人称特征支配数特征、数特征支配性特征,那么删除数特征会使其与性特征断联,如(16)所示,在删除了相关的 pl 和 f 特征后,只剩下第二人称特征。

(16)作为断联的删除操作(Harley & Noyer,1999:6)

然而,Noyer(1997)认为这种方式限制性太强,并提出 DM 中的删除操作应该被理解为 Calabrese(1995)所提出的特征共现限制(feature co-occurrence restrictions)或过滤器(filters)。例如,阿拉伯语第一人称双数的缺失被表示为"filter*[1 dual]",并且特征的普遍层级能够表明这些特征何时能结合。由于[dual]是数特征,[1]是在结构上更高位的人称特征,[dual]特征会被自动删除。Calabrese(1994)在后续的研究中进一步扩展了这一观点。

不过在后续的研究中,已经不再采取这一标示方式。Embick & Noyer(2007)以阿拉伯语的名词词尾的格变为例对 DM 中的删除操作进行了阐释。阿拉伯语的名词和形容词词尾存在两种特征的变化:第一种是格变,分为主格、属格和宾格;第二种是限定性的变化,分为限定性和非限定性。对于三种格特征的差异,可以用[oblique]和[superior]两个特征进行区分,如(17)所示;与限定性特征的变化结合后,词尾变化如(18)所示:

(17) 阿拉伯语格特征(Embick & Noyer,2007:311)

	主格	宾格	属格
Oblique	−	−	+
Superior	+	−	−

(18) 阿拉伯语部分词尾变化(Embick & Noyer,2007:311)

	非限定性主格	非限定性属格	非限定性宾格	限定性主格	限定性属格	限定性宾格
rajul- 'man'	-u-n	-i-n	-a-n	-u	-i	-a
rijāl- 'men'	-u-n	-i-n	-a-n	-u	-i	-a
hāšim- 'Hashim'	-u-n	-i-n	-a-n			
hārūn- 'Aaron'	-u	-a	-a			
madāʔn- 'cities'	-u	-a	-a	-u	-i	-a

在一般的三格名词(triptote)中,如 rajul-、rijāl-和 hāšim,全部三种格特征变化都由不同的后缀形式体现,且可以通过添加后缀-n 来表达非限定性特征。根据上表可以总结出阿拉伯语名词格变和限定性后缀的词项竞争特点:

(19) 词尾格变的后缀词汇条目

第五章　分布式形态学的形态操作

  a. u⟷[+superior]
  b. i⟷[+oblique]
  c. a elsewhere
(20) 词尾限定性后缀词汇条目
  a. n⟷[-definite]
  b. ∅ elsewhere

在某些二格名词（diptote）中，如 hārūn-或 madā?in-，在非限定性情况下三种格变只通过两个不同的词缀来表示，属格-i 并不出现，而是插入了默认词项-a。此外，二格体词普遍都缺少非限定性后缀-n。这两种情况都涉及一个区别性特征的缺失以及一个更详标成分被默认成分(-a 或∅) 取代的情况。因此，为了保证二格体词不会被插入-i 和-n，语法系统中必须包含相应的规则来删除终端节点上的对应特征，以此来限制该词项的插入，即：

(21) 阿拉伯语二格名词删除规则（Embick & Noyer，2007：312）
  a. [+oblique]⟷∅/[diptote] + ___ + [-definite]
  b. [-definite]⟷∅/[diptote] + case/number + ___

根据(21)中的删除规则，一旦终端[+oblique]和[-difinite]特征被删除，-i 和-n 都无法插入到终端节点，而是由-a 和∅取代插入。根据这一规则，阿拉伯语名词词尾可以通过词项竞争顺利插入。古英语弱形容词词尾变化体现了更加复杂的特征删除规律：

(22) 古英语弱形容词词尾变化（Embick & Noyer，2007：312）

til- 'good'	masc sg	neut sg	fem sg	plural (all genders)
主格（Nom.）	til-a	til-e	til-e	til-an

宾格（Acc.）	til-an	til-e	til-an	til-an
属格（Gen.）	til-an	til-an	til-an	til-ra
与格（Dat.）	til-an	til-an	til-an	til-um

后缀-an 是一个默认词项，具有最普通的分布特点。换个角度讲，-a，-ra 和-um 都有相对详标且特定的插入语境。暂且不考虑后缀-e 的情况，剩余的词汇条目可以概括如下：

(23) a. um ⟷ [+structural, +superior, +oblique, +plural]
  b. ra ⟷ [+oblique, +plural]
  c. a ⟷ [-oblique, +superior, masculine]
  d. an ⟷ elsewhere

由于-an 没有任何标记特征，因此只在-um，-ra 和-a 无法插入时以默认词项插入。(22) 中词项-e 的分布情况体现了古英语语法中的删除现象。词项-e 在阴性和中性的主格或宾格情况下出现。我们不能将这种主格和宾格形式的类并现象简单地归结为词尾变化，而应考虑到这是一种古英语屈折变化的颠倒模式。在该模式下，删除规则将 [-superior] 特征从中性的格-数语素中删掉，如：

(24) [-superior] → ∅ / [neuter ——]

当该特征被删掉后，会出现两种可能的结果。Embick & Noyer (2007) 指出，假设语法中包含了对标记性 (markedness) 的描述，该描述包含了多种形态句法特征的默认值，那么古英语中的描述则如 (25) 所示：

(25) a. [ ] → [+structural]
   b. [ ] → [-oblique]

c. [-oblique] → [+superior]

(25) 用来评估给定格范畴的复杂程度，并将主格界定为标注最少的词项。当无标记的特征被删除后，不再有后续操作发生；而当一个标记的值被删掉后，标记性规则就会自动应用在未标记值上（Noyer, 1996）。因此，如果根据（24）中的规则删除了中性的格后缀[-superior]特征时，(25c) 则提供默认值[+superior]。因此，中性宾格语素的标记性减少，与主格语素相同。这些对标记性描述以及删除规则的设立使后缀-e 与语言的实际分布情况相符合：

(26) e ⟷ [+superior, +structural, -plural]

由于-a 在阳性主格单数的情况下被插入，因此-e 要在主格单数范畴及阴性主格单数和中性主格单数的情况下保留，此时也包括了宾格。如果删除操作没有发生，那么最终的默认词项-an 将会错误地插入中性宾格位置。

整体上来看，系统性的类并依赖于词项的不详标特征、词项竞争时的排序以及形态句法规则的应用。当删除规则删掉标记性特征时，标记性描述则插入无标记值。普遍来看，删除规则的应用减少了特殊词项插入的可能性。

第四节 降位

降位属于形态合并（morphological merger）的一种类型。形态合并（Marantz, 1984）最早提出时，是一种用形态结构来实现（或替代）句法结构的分析方法。此后，Marantz（1988：261）将合并概括为"在句法分析的任一层级（D-结构、S-结构、音系结构），X 和 Y 之间的关系可以被 X 的词汇中心语和 Y 的词汇中心语的附加来代替（表达）"。

简言之，形态合并是将两个中心语合并到相同位置，生成一个复杂中心语的过程，通常认为包括中心语移位、加缀和词缀降位等操作过程。形态合并发生在两个中心语之间，形态合并最终形成一个组构单元（一个复杂词），而句法合并是两个中心语形成一个复杂的句法成分（一个短语）。从这角度来看，前面所论述的融合操作，实际上是形态合并的一种延伸，是使经过形态合并产生的复杂中心语融合为一个节点的过程。

在 DM 理论中，典型的形态合并手段为降位（lowering）和局域换位（local dislocation）两种，均是在后句法阶段进行（Embick & Noyer, 2001；Embick, 2003；Siddiqi, 2009）。以词项插入为分界线，降位是词项插入前在终端节点层级结构中发生的操作；而局域换位发生在词内结构线性化之后的两个临近元素之间。由于这两种形态合并操作发生在不同的阶段，因此本节主要对降位进行介绍，局域换位将在第六章展开论述。

一、英语 T 的降位

根据 DM 的语法模型，句法移位在解释词内成分移位时存在局限性。以英语动词的屈折变化为例，以往研究认为英语中不存在 V→T 的移位（Emonds, 1978；Pollock, 1989），因此，英语的 T 需要降位至 v，以（27）为例：

(27) John walked to the store 结构 （Embick & Noyer, 2001：561）

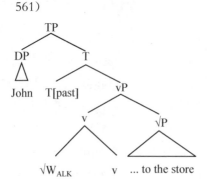

第五章 分布式形态学的形态操作

在该句最后的形态表现上,终端节点 T 的屈折形态需要出现在动词之后。因此,英语动词屈折变化的这种形态表现在 DM 框架中都归为降位,是 T 节点的成分在层级结构上下降至 V 节点。这与早期的词缀跳跃(affix hopping)相似:

(28) 词缀跳跃:在 PF 模块中,一个独立的时态词缀降位至其成分统治的靠近的中心语(前提是较低的中心语是动词,因为时态词缀需要附加到动词上)。

——Radford(2004:118)

由于词缀跳跃发生在 PF 模块,而 DM 理论遵循"词句同构"原则,那么对于形态操作的描述则要求更为精确。因此,英语中 T 节点的降位实际发生在 MS 阶段,依然属于基于层级结构而进行的形态合并操作。DM 认为复杂词语的音系表达是由句法推导提供的信息所决定的,因此,在某些情况下,降位负责把在句法结构中没有连接在一起的句法终端节点通过音系结合到一起。如果 XP 为上一层级投射,YP 为 XP 的补足成分,那么具体的降位过程如下:

(29) X^0 至 Y^0 的降位(Embick & Noyer 2001:561)
$[_{XP} \ X^0 \ldots [_{YP} \ \ldots Y^0 \ldots]] \rightarrow [_{XP} \ldots [_{YP} \ldots [_{Y}^0 \ \ Y^0 + X^0] \ldots]]$

可以看出,XP 的中心语 X^0 降位至 YP 的中心语 Y^0,二者发生了形态合并。由于降位操作涉及中心语至中心语的移位,且这些中心语并不存在线性临近关系,因此降位并未体现局域性或临近性特点。此外,Bobaljik(1994)提到,(27b)中附加的副词性成分并未阻止 T 降位至 v,也就是说,降位作为后句法操作,能够跨越潜在的阻碍成分。

另外,由于降位发生在 MS 模块,句法上的移位操作可能会导致降位操作缺少发生环境。为此,Embick & Noyer(2001)提出"晚降位假说"(Late Lowering Hypothesis)。

(30) 晚降位假说：所有在形态部分降位都是在全部句法移位之后发生，降位绝不会消除句法移位的环境。

——Embick & Noyer(2001：567)

(30)表明，由于MS层面所有的操作都发生在NS之后，因此降位的操作对象也是句法操作完成后的结构。例如，前面提到的英语中T的降位不能发生在vP被提前而高于T的结构中，如：

(31) a. Mary said she would quietly play her trumpet, and [$_{vP}$ quietly play her trumpet]$_1$ she did t$_1$.
   b. *Mary said she would quietly play her trumpet, and [$_{vP}$ quietly play-ed$_2$ her trumpet]$_1$ she t$_2$ t$_1$.

在(31a)中，vP的前置使得后句法阶段T→V的降位无法发生；(32b)中vP居前时的降位会产生不合法的结果。

二、保加利亚语名词性短语中的降位

保加利亚语(Bulgarian)中存在后缀式定冠词(缩写为Def)，其在DP内的分布与语缀(clitic)类似(见Elson, 1976; Scatton, 1980; Sadock, 1991; Tomić, 1996; Caink, 2000; Frank, 2001; Embick & Noyer, 2001)。该限定性成分出现在名词后，或者当有形容词修饰时，在线性序列上会附加在第一个形容词后，如：

(32) a. kinga-ta   book-DEF
   b. xubava-ta kniga   nice-DEF book
   c. Adj-DEF...(Adj) N

第五章 分布式形态学的形态操作

这种后缀式限定性成分与位于 DP 指示语位置上的显性指示代词存在明显差异。在名词前有形容词等修饰语的情况下，在 DP 结构中的 NP 上方位置形成 AP 投射，中心语 A 携带 NP 作为补足语，中心语 A 是 D 的降位目标，如（33）：

(33) 形容词/名词（Embick & Noyer，2001：569）

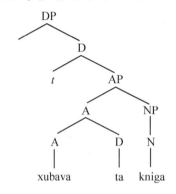

当其他成分，如副词，出现在 NP 和 D 之间，既不会成为 Def 的降位点，也不会阻碍降位，如（34b）：

(34) a. *mnog-ət star teatər
　　　 very-DEF old theater
　　　 'the very old theater'
　　 b. nogo starij-ə teatər
　　 c. dosta glupava-ta zabelže
　　　 quite stupid-DEF remark

上述语言事实与降位操作一致，均跨越了中间的副词成分，即 Def 降位能够越过其所直接支配成分至更下一层级的节点。因此，Def 无法出现在副词上完全是结构原因；当 Def 发生形态合并时，其降位的目标是补足成分的中心语，而非副词这类附加成分。但是（33）中的降位操作也存在与融合操作一样的问题，即改变了 NS 生成的句法结构。除此之外，降位操作还存在其他一些问题。

三、降位存在的问题

在 DM 框架下，降位作为后句法操作手段，发生在句法拼读后的 MS 模块，根据语言中的形态音系规则来改变词的最终形态表现。然而，我们知道，在 DM 理论中，无论是 NS 还是 MS 阶段，所操作的终端节点均是抽象的语法特征，而非带有具体音系表征的词项，这就会导致理论上的矛盾。

以英语的 T→V 降位为例，之所以语言中会出现这样的降位过程，完全是由于英语的形态规则要求，即粘着性的时态后缀，如-ed，按照线性顺序需要出现在动词后。因此在不改变句法结构的基础上，在 MS 模块降位到动词节点。然而，终端节点 T 上的成分在词项插入前均是语法特征，与后缀-ed 一样，助动词 will 在满足终端特征要求时，也会插入该节点。因此，在理论上，我们无法在词项插入前就根据词项上的特征来决定是否需要降位，如（35）中的对比：

(35) a. He played the piano.
     b. He will play the piano.

无论是（35a）的"-ed"还是（35b）的 will，这些词项的插入均以 T 上抽象的句法特征为参照。我们以过去时和将来时为例，在 T 与其指示语位置的 DP 主语建立一致关系后，（35）中 T 节点的特征可能如（36）所示：

(36) a. [+past, +3rdperson, +singular]
     b. [+future, +3rdperson, +singular]

（36a）（36b）两个 T 节点的差异只体现在时态特征上，我们无法从终端节点的特征来判断那些即将在 PF 模块上插入的词项是粘着的还

第五章　分布式形态学的形态操作

是自由的，因此就无法决定哪些情况下能够发生降位，哪些情况不能发生降位。然而 T→V 的降位在理论上应该是统一的，因此降位操作无法完全解释英语中时态节点的形态差异。此外，英语中发生 T→V 降位的一个主要因素是英语中不存在 V→T 的移位，因此才需要在形态部分进行降位操作来满足最终的形态表现。然而，V→T 的中心语移位形式并非完全无法发生，如：

(37) — I have a book.
　　 — Have you a book?

可见，如果 V→T 移位在英语中能够发生，那么形态层面的降位操作就失去了理论动因。此外，在语段理论框架下，无论是构词语段的形成，还是小句层面的 vP 语段，T→V 的降位都必须要跨越至少一个语段中心语，而这不仅不符合 PIC 原则，也未与现有的合并操作兼容。因此，虽然降位操作是为了进行形态调整而提出的形态操作，但其存在理据以及具体操作过程仍有待深入的探讨。

第五节　装饰性形态

在 DM 框架下，并不是所有在音系层出现的表征形式都是由句法推导而来，有些词素和特征是在音系层面新加入的（Embick & Noyer, 2007）。句法推导中的所有语素和可解读特征都出现在音系式里，但并非所有音系层上的语素和特征都是句法推导的结果（程工、熊建国、周光磊，2015），有一些语素或特征可以为满足具体语言的语音或表达习惯而在 PF 上引入。由于 PF 的操作发生于后句法阶段，与 LF 无关，在 PF 添加的特征或语素不应该影响语义解读，仅仅是对句法推导所得到的结构做出"修饰性调整"。因此，发生在 PF 上的特征和节点引入，虽然表象上修正了句法推导的结构，但实际上并不改变原始句法结构的句法关系和语义解读，不会造成形式和意义上的错配。

除了前面的融合、分裂和删除等操作外，Embick & Noyer（2007：305）还提出，有一类成分的插入是装饰性的（ornamental），它们仅引入非句法语义驱动的结构和特征，用来装饰形态句法表征。Embick（1997、1998）把这些在音系层面加入的特征和节点分别称之为分离特征（dissociated features）和分离节点（dissociated nodes）。

装饰性形态可以分为节点和特征两种类型（Embick & Noyer, 2007），这两种方式最终都体现在词项的变化上。前一种是指在句法拼读后，词项插入前，通过附加（adjunction）的方式在形态结构上添加句法推导中并不存在的节点，使词汇列表中符合该节点特征要求的词项可以在 PF 层面顺利插入；特征的插入又分为特征拷贝（feature copying）和特征引入（feature introduction）两种形式：

(38) a. 特征拷贝：狭义句法中出现在节点 X 上的特征在 PF 界面被拷贝到另一个节点 Y 上；
b. 特征引入：一个没有出现在狭义句法中的特征在 PF 界面被添加。

Embick & Noyer（2007）以拉丁语中一致（AGR）节点的引入为例来说明装饰性节点的插入方式。我们知道，句法推导只有时态节点（Tense），不存在一致（AGR）节点。然而，拉丁语动词的形态表现上却具有体现一致的成分，如第一人称非完成时动词 laudō（praise）：

(39) laud-ā-bā-mus.
ROOT-TH-TNS-AGR
'We were praising.'

除词根外，(39) 中其他成分均为功能语素，其中"mus"为 AGR 节点的表征值。理论上讲，(39) 中不应包括主题（Theme，TH）节点和 AGR 节点，狭义句法部分推导出的结构如（40a）所示。然而，由于受到拉丁语中特殊的形态音系规则要求，即限定性时态节点上必须

第五章　分布式形态学的形态操作

出现 AGR 节点，因此 AGR 节点在 PF 层面被插入。这样一来，带有 [1, pl] 特征的节点通过插入词项 "-mus" 就能够得到实现，如（40b）。

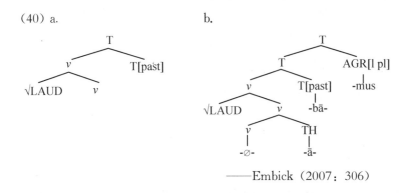

——Embick（2007：306）

除节点引入，Embick & Noyer（2007）以拉丁语中的形态格特征为例来阐释特征引入的方式。具体来讲，根据 Halle（1997）对形态格的分解，拉丁语的形态格可以通过[Oblique]、[Structural]、[Superior] 三个特征来标示，如（41）：

（41）拉丁语格的分解（Halle 1997）

	NOM.	ACC.	GEN.	DAT.	ABL.
Oblique	−	−	+	+	+
Structural	+	+	+	+	−
Superior	+	−	−	+	+

（41）中左侧的特征并非句法特征，也没有参加狭义句法推导，而是在 PF 界面以特定的条件被添加到终端节点上。通过观察，拉丁语中名词的格特征基于 DP 所出现的句法结构而被添加到 DP 内部，因此可将其插入条件归结为（42）：

（42）D→D[case features]

再结合拉丁语的格变位置，名词的格和数都是在同一位置上实现的，据此可以推测其格特征实际上是在名词数节点上添加而来，整个过程如（43）（Embick & Noyer, 2007: 307 - 308）所示：

（43）a.　　　　　　　　　b.

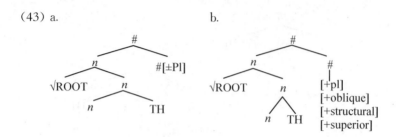

（43a）所示为狭义句法部分推导出的句法结构，（43b）中数节点"♯"上的三个特征均是在 PF 阶段插入的特征。Embick & Noyer（2007）认为这些特征的插入并未消除或改变语义解读的信息，因此属于装饰性形态。

第六节　小结

通过上述对语法架构的更改可以看出，DM 需要一个对构词过程中形态部分进行处理的语法组件，即形态结构模块。正如 Siddiqi（2010）指出，由于形式句法理论中核心句法范围的缩小，DM 需要一些句法操作，即以往被认为是由形态学部分来完成的操作。这些操作大多发生在句法拼读之后和 PF 之前。在 DM 模型中，主要涉及的就是融合、分裂、重新调整规则和形态合并。

总体来看，在 MS 阶段发生的形态操作对于语言实际的形态表现有重要的影响。尽管语言中的许多现象可以通过形态操作得到解释，但是却仍存在一些不足与需要改进的地方。最重要的一点就是在生成语法最新的语段理论框架下，MS 阶段所进行的所有操作能否与语段的概念相兼容。尽管存在构词语段，但是许多形态操作对句法结构的影响较大，但现有理论似乎并未充分考虑到语段理论中的原则与制约问题，如 PIC 原则等。因此，现有对 MS 阶段发生的形态操作的理论研究与应用，首先需要解决的就是其操作范围问题，尽量减少对 NS 所生成的句法结构产生影响，还要考虑与语段理论更加兼容等问题。

第六章　词项插入与形态音系调整

狭义句法负责构建词内成分间的句法结构关系，而形态结构模块则根据形态规则负责对词内成分间的相互结构关系进行修饰性调整。在句法和形态两个部分的操作结束后，音系部分负责为句法终端插入词项，以赋予句法终端音系内容。这样，在 PF 层面必然会涉及同一终端节点上不同词项竞争的问题。同时，在词项插入后，整个 PF 阶段还会根据语言自身的形态音系规则，对最终输出的语音内容进行调整，最后再对整个层级结构进行线性化排列。本章将主要对 PF 阶段所进行的操作进行介绍。

第一节　词项插入

DM 词汇列表中的词项包含了音符串及其插入条件等信息。受特征不详标影响，在词项插入时，词汇列表会提供不止一个满足插入条件的词项，进而引起词项竞争。针对词项间的竞争，DM 主要采取以下两条原则：(1) 词项的特征不能与终端节点冲突，否则无法插入；(2) 与终端节点特征吻合最多的词项在竞争中获胜。针对词项竞争的不同类型，本节将主要阐述词项竞争的原则及方式。

第六章 词项插入与形态音系调整

一、词项竞争

根据 Halle & Marantz（1993），词项之间的竞争主要有两种类型：语境自由型（context-free）和语境依存型（context-dependent）。

首先，我们以英语中动词的一般现在时第三人称单数后缀为例来说明语境自由型词项竞争。这种情况下，词项不受句法环境影响，只依靠自身携带的特征参与竞争。根据 DM 理论，参与竞争插入某一抽象语素的备选词项会按照携带特征的数量从多至少自动排成一个阵列。排位靠前的词项会比相对靠后的词项携带更多的形态句法特征，其插入条件也更为具体，复杂程度也相对较高。英语中，带有一般现在时、第三人称、单数等特征的终端节点 T 的词汇条目如（1）所示：

(1) a. -s ⟷ [+present, +3rdPerson, Singular]
    b. ∅ ⟷ elsewhere

在该条件下，假设存在两个处于竞争关系的词项，那么根据词项所带特征的详尽程度，词项-s 的排位要优于∅。因此，词项-s 要优先插入。同时，为了保证一个终端节点只能插入一个词项的原则，DM 规定一旦某一词项插入，那么该终端节点的特征就随之被释放出来，再无法插入其他词项。在（1）中，如果-s 带有与终端节点冲突的特征，那么就需要插入空词项∅，因为即使该词项所带特征为空，也属于终端节点特征的子集，且不存在冲突的特征。也就是说，我们可以将零形式词项作为默认词项。可见，词汇条目中的词项不需要具有终端节点所携带的全部特征，这体现的是 DM 理论词项特征不详标的特点。

相比之下，语境依存型竞争的词项所具有的形态句法特征完全相同，只是插入环境有所区别。例如，能够插入英语一般过去时节点上的词项共有三个：∅、/-t/和/-d/。这三个词项带有相同特征[+past]，因此无法根据自身的特征来竞争插入。Halle & Marantz（1993）认为∅用于强动词词干，而/-t/和/-d/则用于弱动词词干（如 worked，slept， called)①。这三个词项具有相同的形态句法特征，但却出现在不同的句法环境中。因此，根据 DM 的理论设定，这三个词项的排列顺序需要以出现的句法环境为参照，如（2）所示：

(2) Tns 节点词汇条目（Halle & Marantz 1993：124）

[+past] ⟷ ∅ /[+strong] ___
[+past] ⟷ /-t/ /[-strong] ___
[+past] ⟷ /-d/

根据（2）中词项的分布情况，词项∅和/-t/除了形态句法特征外，还附加了相应的句法环境特征。在竞争时，由于词项∅和/-t/对动词词干施加了限制条件，因此二者均优先于词项/-d/插入，而从分布情况来看，词项/-d/属于默认词项。实际上，尽管词项竞争的两种类型对词项的插入均具有解释力，但语境依存型竞争的合理性还是值得商榷的。

在理论层面，这种通过描写词项句法环境的方式来决定词项竞争的获胜者似乎背离了 DM 的"晚插入"(late insertion) 思想，使其失去了自身的理论优势。Halle & Marantz (1993) 指出，词项所实现的实质性特征优先于环境性特征，并且在多数情况下，DM 中词项竞争的本质实际上是特征的竞争。然而，如果将词项插入的决定标准交给终端节点的句法环境，那么相当于词项之间失去了竞争的动因，只需要按照规定插入即可。例如，若规定带有过去时[Past]特征的终端节点 T 如果与动词 hurt 合并时，插入 T 上的词项为∅，那么只需要为 T 节点插入∅即可，而不需要与其他句法环境中的词项进行竞争。这与以往词汇主义形态学研究对词的认识没有本质区别。因此，语境依存型的词项竞争实际上扰乱了 DM 理论的统一性。

在语言事实层面，传统语言学中的语素变体确实在语言中广泛存在，而语境依存型的词项竞争对语素变体的解释在本质上是描述性的，

---

① 动词与主语通常在∅特征和时特征上保持一致，弱动词的词形变化主要由后缀来完成，而强动词最终的词形则与词缀结合而成。

只是对词项出现的句法环境进行描写。可见，在两种词项竞争类型中，语境自由型的词项竞争模式更符合 DM 的基本思想，而对语境依存型竞争还需要更为深入的理论阐释。

二、子集原则/其他原则

词项在词汇条目中的排序主要依据"其他原则"（Elsewhere Principle）。在语言学研究中，该条原则指的是一个特定规则推翻了一个更为普遍的规则，该原则通常也被称为子集原则（Subset Principle）、其他条件（Elsewhere Condition）或帕尼尼原则（Paninian Pinciple）等。简言之，当两个操作原则在推导过程产生冲突时，操作范围较受限制的那条原则优先起作用。

(3) 其他原则（Elsewhere Principle）
　　一个更特定的规则会阻碍后续更通用的规则。
　　　　　　　　　　——Halle & Marantz（1993：162）

词项竞争时，相对特定的形式一定优先于另一个较为普遍的形式。从词项所携带特征的角度来看，特殊的词项形式一定带有更为详尽的特征，因此在词汇条目中排位靠前。需要强调的是，该原则的应用前提是词项与终端节点之间不存在冲突的特征或词项不能携带任何终端节点不具有的特征。除了前面提到的英语 T 节点的词项竞争外，英语中比较级的形态变化也体现了该原则的应用情况。例如，通常情况下，大部分英语形容词如果其内部音节数量少于两个，其比较级的形态变化都是在形容词词尾加上后缀-er，而其他情况则是在形容词前加上单词 more 来构成比较级，如：

(4) a.　bigger　　　　*intelligenter
　　 b.　*more big　　more intelligent

观察发现，只有当-er不满足插入条件时，more才有机会插入相应节点中。（4）所示为一个形态复合体与一个句法短语之间的竞争。对比两个词项，-er的添加条件相对来讲更具特定性，因此，根据子集原则，-er的插入应该优于more，而more则作为默认词项待选。

另外，英语中带有[pl]特征的复数后缀最终的音系表征可能为∅（sheep），-en（ox-en）和-s（cat-s）等。这些能够插入[pl]终端的词项具有相同的形态句法特征，因此仅根据词项自身的特征无法确定哪个词项为竞争的获胜者，属于语境依存型的词项竞争。由于在词项插入时，[pl]特征与词根处于同一局域内，这样，词根的身份（identity）就可以作为[pl]节点的语境条件（contextual condition）。这种情况在DM中被称作"语境语素变体"（contextual allomorphy）①，此时[pl]节点的词汇条目如下所示：

(5) [pl] ⟷ /-en// [√OX,√CHILD,...] ___
    [pl] ⟷ ∅ / [√SHEEP,√MOOSE,...] ___
    [pl] ⟷ /-z/

在（5）中，三个词项都可以插入[pl]终端节点。虽然这三个词项具有相同的特征，但与前两个词项相比，词项/-z/不具有更为详尽的语境条件。因此，前两个词项需要优先插入，而只有当语境条件无法被满足时，词项/-z/才有插入的机会。

尽管目前DM对于此类语素变体现象普遍采取了这种解释模式，但实际上该模式不仅存在语境依存型竞争的共性问题，在子集原则的应用方面也存在一些问题。如果词项的插入条件是语境决定的而非特征决定的，以（5）为例，词项/-en/和∅的序列则无法根据子集原则进行排序，也就无从谈起特征不详标这一理论原则了。因此，无论是语境依存型的竞争模式还是语素变体的插入条件，都需要更为深入的研究。

---

① 为了方便理解，我们在此处采用了原有的术语，但在DM框架下，此处的变体实际应为词项变体，而非狭义句法部分的语素。

第六章　词项插入与形态音系调整

三、次要表征

当一个词项插入目标节点时，该节点的所有形式特征将从推导中删除，包括节点上没有与词项对应的特征。这也就是前面提到的特征释放（Feature Discharge）。

除了词项普遍的竞争与插入外，整个词项的插入过程还涉及词项对目标节点周围特征的敏感度（sensitivity）问题，即允准（licensing）——只有目标节点附近的另一个节点满足某些要求时，该节点才能插入正确的词项。在英语中，某些词缀只能插入某些固定类别的词干上，例如一些来源于拉丁语的词缀多数只能附加在拉丁语词干上。

词项对周围节点和特征敏感的情况也会产生其他问题，即一个词项通过另一个词项来实现某一特征。这种特征的实现被称为次要表征（secondary exponence）（见Embick，1997；Harley & Noyer，2000）。下面我们通过Siddiqi（2010）列举的西班牙语的限定词的示例来进行说明。

在西班牙语中，限定词D上的词项插入并非语素的特征所决定，因为插入该节点的词项均带有相同的［def］特征，因此，只靠该特征无法决定词项的插入。此时，需要根据词项所携带的次要特征来决定词项插入的结果，如（6）所示（Siddiqi，2010：530）：

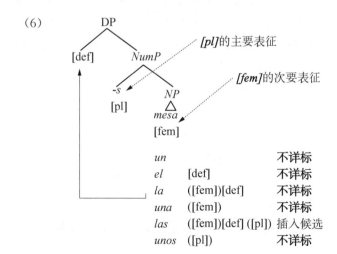

上述词项竞争的过程实际上就是词项次要表征的体现。在（6）中，括号所标注的特征属于词项带有的次要特征，即需要靠其他句法终端来满足的特征。例如，限定词节点带有[def]特征，而参与竞争的词项 el，la，las 均带有该特征，那么就需要根据词项所携带的次要特征来决定可插入的词项。概括来讲，如果一个待插入词项的节点带有[def]特征并且其成分统制的节点带有[fem]特征，那么词项竞争最终插入的词项为 la。此时，其他词项或由于不够详标，或由于带有超出节点特征的[pl]特征而导致竞争失败。如果受终端节点成分统制的节点带有[pl]、[fem]特征，那么 las 则因为更为详标而成功插入。此外，还存在一种情况，即如果节点不带有限定性特征，而只有成分统制[pl]特征，那么只有 un 和 unos 才符合插入的条件，且 unos 由于带有更为详尽的特征能够插入。

可见，词项的竞争可能达成"平局"，如当 las 不存在时，la 和 los 都无法根据自身的特征决定词项竞争的胜出者。此时，就需要通过二次表征的特征来决定词项的插入结果。

四、阻断效应

关于阻断效应（blocking effect），不同理论框架有不同的分析方法。最初对阻断的认识主要是从词汇主义的角度出发，如 Aronoff（1976）曾指出阻断应该包括列表性（listedness）和不规则性（irregularity）等属性。这种认识实际上表明阻断是发生在词库中的，一些具有不规则形态变化的词语存在于词库中，会阻断那些通过规则推导的词语形式。Aronoff（1976：43）将阻断效应定义为：

(7) 阻断：一种形式的存在阻止了另一种预期形式出现的情形（其他条件完全相同的条件下）。

人们对"阻断"的认识主要集中在几个经典的语言现象上。例如，对于动词 give 的过去式形态，不规则形式 gave 阻断了预期的规则形

式 *gived。这一阻断效应体现了一类范式结构（paradigm structure），即在以词干 give 为基础形成动词的屈折变化的词汇条目中，应该存在一个该动词过去式的空位（slot）。如果这个空位被一个特殊的不规则形式所填充，那么规则的过去形式 give-ed 就会被阻断。

再如，Aronoff（1976）指出，由于列表中具有名词性形式的 glory，因此阻断了可以通过规则变化生成 *gloriosity 的形式。然而，英语中 curiosity 和 viscosity 的存在表明 -ity 这一后缀能够附加到以 -ous 作为后缀的形容词上（curious，viscous），且附加后改变了原词的语类属性并增加了抽象的名词性意义。那么，为什么同样以 -ous 结尾的形容词 glorious 在变为名词时无法与后缀 -ity 结合，而是与 -ness 结合形成 gloriousness？

对此，Aronoff（1976）认为，-ity 与 -ness 的选择在意义层面是无法解释的，因为二者所要表达的意义完全相同。然而，如果 -ous 构成的形容词形式能够被分解为"名词+词缀"的形式，如 glorious→glory+ous，这就表明存在一个特殊的形式能够阻断 -ity 形式；同时，这种分解也表明 -osity 的形式有可能也符合语法。因此，由于缺少名词 cury，无法对规则形式形成阻断，就可以通过添加 -osity 来构成 curiosity。Aronoff（1976）对此类形容词的观察如（8）所示：

(8) 源自 -ous 结尾的形容词的名词（Aronoff，1976：44）

Xous	Nominal	+ity	#ness
various	*	variety	variousness
curious	*	curiosity	curiousness
glorious	glory	*gloriosity	gloriousness
furious	fury	*furiosity	furiousness
specious	*	speciosity	speciousness
precious	*	preciosity	preciousness
gracious	grace	*graciosity	graciousness
spacious	space	*spaciosity	spaciousness

tenacious	*	tenacity	tenaciousness
fallacious	fallacy	*fallacity	fallaciousness
acrimonious	acrimony	*acrimoniosity	acrimoniousness
impecunious	*	impecuniosity	impecuniousness
laborious	labor	*laboriosity	laboriousness
bilious	bile	*biliosity	biliousness
pious	*	piety	piousness

Aronoff（1976）将（8）中形容词形式归为-ness 的规则性变化。由于-ity 形式为特殊的不可预测形式，因此需要将此类成分插入的具体条件逐一列出，而这些条件与词根有着紧密联系（相当于语境依存），因此，阻断效应就能够在所列出的环境下（给定词根）发生。以（8）中的 glory 为例，其占据了名词列的空位，因此对应的-ity 列的成分只能取其一。基于此，Aronoff（1976）提出了对阻断效应产生影响的四个要素：

(9) a. 聚合性（paradigmaticity）：阻塞效应的出现是因为每个词项都与一组表达该词汇项不同含义的单元格（cell）相关联。每一个单元格可能（最多）由一个音系表达式占据。

b. 词汇关联性（lexical relatedness）：导致阻断的竞争发生在具有相同词根的单词之间。

c. 不规则性（irregularity）：不规则性对阻断十分重要。只有在某些方面规则性成分必须被列在词库中——必须被记录在词形变化表的空位中（必须被列出的单词会被阻断，禁止被列出的不被阻断）。因此，阻断效应可能只在不规则或非能产性的形式之间发生。

d. 词间关系（wordhood）：进入词形变化表空位产生竞争的成分是词。

——Embick & Marantz（2008：19）

第六章 词项插入与形态音系调整

Poser（1992）基于 Aronoff（1976）的观点，进一步扩展了阻断的发生单位，并指出在词与短语之间存在明显联系。Poser（1992）也通过分析英语形容词比较级的分析式和综合式之间的替换现象指出，在形容词外部添加成分的形式与其词汇形式呈互补关系，例如：

(10) 词基　　　　词汇的　　　　外围的
　　 small　　　　smaller　　　　*more small
　　 childish　　　*childisher　　 more childish
　　　　　　　　　　　　　　——Poser（1992：22）

Poser 认为，在（10）中，*more small 的形式之所以不成立是受到词汇形式 smaller 的阻断，同时由于 childish 没有词汇形式的比较级，因此能以 more childish 的形式体现。这种对阻断效应的研究都认为阻断能够在语素、词及短语之间发生，有时甚至可以跨层级产生阻断效应。

然而，由于 DM 取消了词库，以往的阻断形式无法存在，因此需要在新的理论框架下重新认识（Embick & Marantz，2008；Hankamer & Mikkenlsen，2005、2018）。另外，由于 DM 遵循词项晚插入原则，因此阻断效应的本质应该归为词项间的竞争（Embick & Marantz 2008）。词项插入是为句法终端分配语音内容，每一个节点在这个过程中只能拥有一个单独的音系表征。因此，当一个节点收到了一个音系表征时，就会阻止其他的音系内容插入。

举例来讲，根据词项竞争的原则，当时态节点 $T_{[past]}$ 与词根 $\sqrt{BEND}$ 出现在同一句法环境时，由于词项/-t/具有更详标的语法环境，因此，其会优先于默认词项/ed/的插入。可见，在 DM 框架下，阻断效应是用来限制一个单独节点的音系内容的。那么，在 DM 理论框架下不会存在词与词之间的阻断，而是以词项竞争的方式来体现，不合语法的形式根本不会出现。因为在 bent 的生成过程中，*bended 这一形式根本不会生成，如果认为 bent 阻断了*bended，也应该是-t 阻断了-ed。也就是说，该"阻断效应"发生在 T 节点，与词根节点无关。针对 DM 中的"阻断效应"，Embick & Marantz（2008）概括了三点原因来说明为什么一些词语形式无法存在。

第一，语素变体方面的原因。在一些情况下，发生阻断效应的词语内部结构在句法语义层面是合语法的，但语言的形态音系不会产生相应的语音形式，如在结构上存在[bend $T_{[past]}$]，但最终的音系表征是 bent 而非 *bended。

第二，句法和语义对最终形态的影响。这主要分为两种情况：第一是结构问题；第二是词根与功能性语素的结合限制问题。第一种情况下，例如形容词后缀-able 通常会与动词组合而非与名词组合。因此，英语中 *atrocityable 之所以不存在是因为-able 附加的结构为[√Root + n]，而这种合并在结构上就不存在。第二种情况是有一些功能语素的分布是受限的，它们只能与特定词根共同出现，例如一些语义表达为阴性的形式，如 actress 和 lioness，只能出现在极少数环境下。因此，对于一个给定的名词，即使在语义上会存在相同的类别，但是在形态上并没有类似的表现，如 jaguar（美洲虎）并不存在对应的阴性形式 *jaguaress（雌美洲虎）。

第三，成分间的合并问题，即复杂中心语的形成。在词的推导过程中，一些复杂中心语的形成会受到一些语法规则影响，当这类规则没有应用时，节点之间保持相对独立，不会形成一个节点。假设英语形容词的比较级是由表示程度的中心语 Deg 与形容词中心语合并而成，当两个节点在某些规则作用下（如中心语移位），形成了复杂中心语，那么最后就会形成类似 smart-er 的形态表现；如果这类规则没有应用，那么对应的比较级就无法通过一个复杂中心语来体现，而要在两个节点上插入两个不同的词项，如 more intelligent。因此，在 DM 框架下，许多以往被认为受阻断的成分实际上在词项插入前就已经无法生成。基于此，Embick & Marantz（2008）认为在 DM 中，不存在词或短语层级的竞争，阻断效应的本质就是节点上的词项间的竞争。

综合来看，对于阻断的认识主要有以下三类：

(11) 阻断

    a. Aronoff（1976）的阻断：有一些形式不合语法现象是

第六章　词项插入与形态音系调整

由于恰好存在其他的形式且取代了它们；竞争在词、短语和句子层面均发生。

b. Poser（1992）的阻断：基于 Aronoff（1976）的观点，提出跨层级阻断。

c. DM 框架下阻断：将阻断分析为词项竞争，以往被阻断的成分并不会被生成，也就无从谈及某一形式阻断另一形式。

由于 DM 主张"词句同构"的思想，因此 Embick & Marantz（2008）认为，在词与词、词与词组、词组与词组之间没有基本的层级上的差别，各层级之间的互动不属于阻断，在本质上是句法性的，完全可以通过词项竞争来解决。尽管在近期的研究中，Hankamer & Mikkenlsen（2018）通过对丹麦语限定性成分的研究指出阻断也可以发生在不同层级结构之间，但他们赞同将阻断归因于词项竞争。简言之，Aronoff（1976）所提出的词与词之间的阻断在 DM 理论框架下已无法成立。

那么，在 DM 框架下，该如何解释 glory/glorious/gloriousness 的生成过程。对于 gloriousness，问题的关键在于插入功能语素 n 上的词项形式为-ness。因此，glory，glorious，gloriousness，三者的结构及插入词项对比如下：

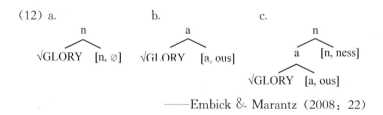

——Embick & Marantz（2008：22）

(12c) 中 *gloriosity 之所以无法出现，并不是被名词 glory 阻断，而是因为该结构根本不会生成。因为 n 在与已经形成的形容词结构 aP（glorious）合并时，不会插入词项-ity，而是插入-ness。实际上，多数情况下英语名词性定类语素对于词项-ity 或-ness 的选择没有倾向性，如 curiosity/curiousness, ferocity/ferociousness, verbosity/verbousness 等，这两种形式可以同时存在。因此，这些词语之间的区别应该体现为结构上的差异。在这些成对的词语中，词尾的词项不存在竞争关系，因为-ity 是与无语类特征的词根合并，如（13a）所示；而-ness 与一个形容词合并，如（13b、13c）。

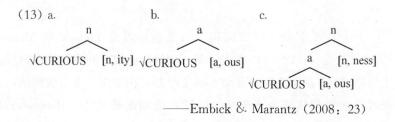

——Embick & Marantz（2008：23）

Embick & Marantz（2008）指出，根据截断法（truncation）来判断，-ous/-os 在 feroc-ity/feroc-ious-ness 中不应该是词根的一部分，并且-ity 与-ness 所附加的外在成分在发音上有显著差异，如（14）所示：

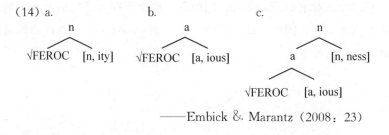

——Embick & Marantz（2008：23）

比较发现，gloriousness 的构成倾向于-ness 的形式，而 categorizability 则倾向于使用-ity。当需要对名词性定类语素插入词项时，需要产生竞争胜出的词项（-ity 出现在-al 和-able 以及其他所列词根的外部；-ness 是默认词项）。从结构上看，curios-ity 和 curious-ness 则不涉及竞争关系，二者产生差异的本质在于句法结构的差异，不同的词项在不同的结构中获得插入的机会。

第六章　词项插入与形态音系调整

需要指出的是，DM 框架下对词内结构的区分以及词项竞争的论述与 Aronoff（1976）最初的观察相符，因为在-al 和-able 成分后出现的-ity 确实发挥了-ness 的功能。然而，在 DM 理论中，局域的词项竞争与 Aronoff 的阻断有所不同，很多情况下取决于词项插入的环境限制。例如，前面提到的-ity 的插入表明，局域竞争能够产生与传统"阻断效应"相同的结果，甚至有些情况不需要列出发生竞争的词项。

第二节　线性化

在词项插入完成后，各终端节点都具有了各自的音系表征，最后还需要对层级结构进行线性化处理。在现有理论框架下，需要生成满足运动感知界面要求的语言序列，以此来保证能够产生符合正常语序的语言。层级结构的线性化过程严格遵循局域性条件，该过程会涉及不同的约束域以及不同域内的单位。因此，在阐释线性化过程之前，需要先明确层级结构向线性结构转换所涉及的语言单位。

一、形态句法词与子词

若要解释 PF 层面的操作，需要对发生合并的成分进行重新定义。Embick & Noyer（2001）首先区分了形态句法词（morphosyntactic words，MWd）和子词（subwords，SWd）概念，并指出二者对形态操作的敏感度并不同，产生的结果也不相同，具体定义如下：

(15) a. 形态句法词：一个 X^0 节点是一个形态句法词（MWd）当且仅当 X^0 是不包含在另一个 X^0 中的 X^0 的最高片段成分（segment）。
b. 子词：一个 X^0 节点是一个子词（SWd），如果 X^0 是一个终端节点且不是一个形态句法词。

——Embick & Noyer（2001：574）

根据（15）中的定义，我们以（16）为例，从结构上对二者进行区分。

(16) Z 邻接 Y；Z+Y 邻接于 X（Embick & Noyer，2001：574）

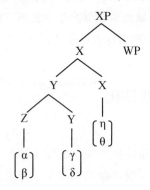

根据（15a），在（16）所示的结构中，Z 与 Y 邻接，Z+Y 与 X 邻接，"$X^0 = Z+Y+X$" 构成了一个 MWd；而由于 Y^0 被 X^0 支配，因此"$Y^0 = Z+Y$"并不构成一个 MWd。根据（15b），Z^0，Y^0 的低位部分以及 X^0 的最低成分都是终端节点且非 MWd，因此三者均为 SWds。可见，一个 SWd 通常是包含一个特征束的终端节点，而如果当 X 直接支配一个特征束而自身不受其他成分支配时，就会被定义为 MWd，而非 SWd。简单概括，MWd 就是不受其他中心语投射支配的中心语成分；而 SWd 就是包含在 MWd 中的终端节点，可能是一个词根或者是特征束。需要指出的是，在（16）中，中间层级，如 Y^0，既不是形态句法词也不是子词。而至于该中间层级有什么样的句法地位或功能，则需进一步研究。

总的来说，任何在句法部分发生移位的终端成分，或者任何在形态结构上添加的离散语素（dissociated morpheme）都应算作 SWd。之所以区分两类成分，是由于后句法模块中的所有音系操作都是以上述两类成分为基本单位进行的。

第六章　词项插入与形态音系调整　　　　　　　　　　　　　　　　　119

二、线性化过程

线性化（linearization）是发生在 PF 阶段的形态过程（Embick，2007、2008；Arregi & Nevins，2008；Myler，2009）。实际上，线性化操作并非 DM 所独有，以往的生成语法模型也把线性化看作 PF 层面的一个重要形态过程。根据 Embick（2003），线性化多关注词之间以及词内成分之间的顺序联结，其最终结果是前期句法结构推导的线性顺序表征。例如，英语单词 grammaticalization 包含五个部分，并且以特定的顺序进行排列，其结构表征为 $\sqrt{}$ GRAMMAR + n^0 + a^0 + v^0 + n^0。这意味着词根 $\sqrt{}$ GRAMMAR 的语类变化过程为：名词（∅）→形容词（-al）→动词（-ize）→名词（-ion）。该单词内部的句法层级结构具有严格的顺序，如果该过程中的三个功能性成分的顺序出现错误，那么整个词的推导就无法成功。因此，层级结构转换为线性排列后，也要严格遵循一定的规则，才能得到正确的表达。

句法结构向线性表征的转换涉及不同类型。一种类型是范畴关联。例如，"X 居先于其补足成分 YP"就是将 X 域内的成分与短语 YP 相联，即当 X 居先于 YP 时，X 出现在 YP 内第一个成分的左侧。这些表述所编码的内容已经超出单独的终端节点自身的属性特征。因此 Embick & Noyer（1999）假设，这种线性信息被编码在推导过程中，如"[XY]这一层级表征形式可生成（X*Y）或（Y*X）"，其中的 * 是用来表示"左邻接（is left-adjacent to）"的算子（operator），即 X 左邻接于 Y，或 Y 左邻接于 X。

另一种类型则是串联（concatenation）。由于算了 * 并不指定终端节点之间的串联关系，因此除了所表示的抽象关系，PF 必须对终端节点强行增加更进一步的顺序要求。在 DM 中，线性化的过程能够产生的结构顺序为如（X⌢Y）或（Y⌢X）（通常采用⌢来作为 MWd 的串联标识，⊕为 SWd 的串联标识）。这样，被串联的成分最终表现出正确的线性顺序。整个线性顺序的转换过程如（17）所示：

(17) 短语结构   线性顺序
    a. 句法结构：[$_{XP}$ X[$_{YP}$ Y Z]]   层级表征（与降位
                                             相关）
    b. *；临近：($_{XP}$ X*YP)，($_{YP}$ Y*Z)   临近信息
    c. ⌒/⊕；串联：X^Y, Y^Z;   MWds 和 SWds 的
       a⊕b, b⊕c   串联信息
    d. 链接（chaining）：线性顺序中所有信息的表征。
                                ——Embick（2007b：316-317）

（17）所示为层级结构的线性化过程所经历的四个步骤。以介词短语 with the apple 为例，其层级结构如（18）（Embick, 2007b：317）所示：

(18) With tpphe apple

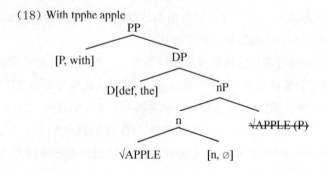

该层级结构中 MWds 的线性化过程如下。首先需要引入算子 *，如（19）：

(19) 阶段 1
    线性化-*[n√(P)]   (n*√(P))
    线性化-*[D[def, the] nP]   (D[def, the]*Np)
    线性化-*[[P, with]DP]   ([P, with]*DP)
                             ——Embick（2007b：318）

第六章　词项插入与形态音系调整

这一阶段的表征结构包含了串联的终端节点上的所有信息。该过程的推导是通过 LIN-* 而触发的，具有如下效应：

(20) 对于 $X(P) = [W_1 \ldots W_n]$ 和 $Y(P) = [K_1 \ldots K_n]$，当 W_i, K_i 为 M-words，
则 $(X(P) {}^* Y(P)) \rightarrow (W_n \frown K_1)$

——Embick（2007b：318）

因此，X 左邻接于 Y(X*Y) 意味着 X 的最后成分与 Y 的首个成分串联在一起。接下来需要进行的是线性化的第二阶段：

(21) 阶段 2
LIN-⌢[(n*√(P))]→(n⌢√APPLE)
LIN-⌢[([D, the] *nP)]→([D, the]⌢n)
LIN-⌢[([P, with] *DP)]→([P, with]⌢[D, the])

——Embick（2007b：318）

(21) 中的成分 n，其内部结构复杂，它是一个包含多于一个子词的形态句法词。除了 MWds 外，其内部的 SWds 也同样需要线性化过程。因此，根据"*"所示的规则，PF 模块对子词之间串联的推导如 (22) 所示。最后，再通过链接，得到了最终的线性表征。

(22) 对于 $X = [W_1 \ldots W_n]$ 和 $Y = [K_1 \ldots K_n]$，当 W_i, K_i 为 Sub-words，
则 $(X {}^* Y) \rightarrow (W_n \oplus K_1)$

——Embick（2007b：319）

基于上述分析，可以将句法结构的整个线性化过程进行抽象提取，当一个词根与两个中心语 X 和 Y 合并时，线性化过程如下：

(23) 层级结构　　(24) 线性化

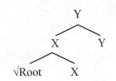

a. ＊：((√ROOT＊X)＊Y)
b. ⊕：√ROOT⊕X, X⊕Y

——Embick (2007b: 319)

在整个线性化过程中，主要涉及两个理论假说，第一个为线性化类型差异假说 (Typed Linearization Hypothesis)：

(25) 线性化类型差异假说

　　串联语句是类型化的，即它们只将相似类型的元素关联到一起。至少存在两种类型：形态句法词和子词。当高层级的 X 和 Y 是形态句法词，低层级 a 和 b 是子词时，线性化过程会生成两种类型的串联，X⌢Y 和 a⊕b。在不同类型的目标之间不存在这一过程。

——Embick (2007b: 319)

第二个假说为排序充分性假说 (Sufficient Ordering Hypothesis)，用来产生 MWds 之间的串联以及 SWds 之间的串联：

(26) 排序充分性假说

　　线性化串联 MWds 及其包含的 SWds。这足够对短语标记进行排序。不同的 MWds 之间的 SWds 不会发生串联。

——Embick (2007b: 320)

线性化过程并不能对处于邻接的形态句法词之内的子词进行串联。因此，当一个包含了子词 a 和 b 的形态句法词 X 和一个包含子词 c 和 d 的形态句法词 Y 进行线性化时，会产生 (27) 所示的过程，而不能形成 a⊕c⊕b⊕d 的线性顺序。

（27）图形展示

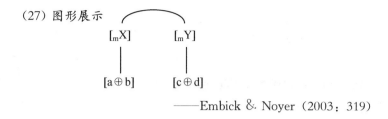

——Embick & Noyer（2003：319）

可以看到，整个线性化过程最重要的就是将层级结构通过"*"变为线性临近关系，进而再进一步变为串联关系。

第三节 局域换位

理论上讲，线性化操作已经将句法层级结构转换为线性结构，整个语法推导已经结束。然而，语言中的实际情况则更为复杂。Myler（2009：49）指出，在线性化后，还存在局域换位现象，并给出了DM基本形态操作顺序，如（28）：

（28）拼读 → 降位 → 词项插入 → 局域换位 → 音系
　　　融合　　初步线性化
　　　删除

一、局域换位的定义

局域换位（Local Dislocation，LD）是依据词内成分的线性顺序进行的前后位置调整，而对非层级结构的操作，因此，其发生位置在词项插入和线性化过程后，主要是调换处于邻接条件下的成分顺序。由于LD发生在线性化之后，因此会受到线性临近条件的限制，但不受结构性临近条件的限制。假设终端节点 W，X，Y 和 Z 已经线性化为如下顺序：

(29) W*X*Y*Z

局部换位可以替代终端节点的线性顺序"*",将其变为一种附加关系。因此,如果局部换位发生在W 和 X 之间,那么会产生如下结果:

(30) (X + W)*Y*Z

需要注意的是,由于 LD 遵循严格的线性邻接条件的限制,因此(29)无法通过 LD 操作变为(31)的结果:

(31) Z + W*X*Y

Embick(2007a)认为英语比较级语素(Deg)的附加就是在线性临近条件下局域换位的结果。more intelligent 和 smarter 具有相同的结构,DegP 附加到 aP 上,如(32):

(32) [aP [DegP Deg...] [aP Adjective...]]

在 PF 层面,当 Deg 和形容词线性临近且形容词具有恰当的音系特征时,Deg 在 LD 操作下附加到形容词上构成合成形式的比较级,即以词缀-er 实现。当该规则无效时,如形容词不具有恰当的音系属性时,LD 就不会起作用,Deg 和形容词会以两个不同的词来体现。

然而,Embick(2007a)提出的这种英语形容词比较级的局域换位现象实际存在一个理论问题,就是形态音系规则的顺序问题。在 DM 框架下,词项的插入必须要插入层级结构中,这样既能保证词项的正确插入,也可为后续线性化提供操作对象。根据(28),在将已经插入音系表征的层级结构线性化后,LD 才具有操作的可能。对于(32)的比较级表征来讲,在 LD 发生时,Deg 节点的音系表征已经被插入,如果根据形容词的音系特征进行换位操作,就会产生将 more 换位至形容

第六章　词项插入与形态音系调整

词后的可能，而如果再将词项 more 变为-er，这不仅在形态句法层面无法解释，也同样没有此类音系规则支持。因此，对于英语形容词比较级的形态表征还需要其他的解释。暂且不考虑英语形容词比较级的形成，下面我们以 Embick & Noyer（2001）和 Embick（2003）所列举的拉丁语中的连接成分-que 和立陶宛语中的反身语素为例对局域换位机制进行解释。

二、局域换位的机制

在具体分析前，需要先对局域换位的机制进行阐释，以（33）的层级结构为例，其线性化后会产生如（34）和（35）的结果（Embick, 2007b: 321）。

（33）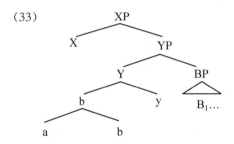

（34）MWds 的线性化
　　a. [X [Y BP…
　　b. (X*(Y*BP…
　　c. (X^Y).(Y^B₁)…

（35）SWds 的线性化
　　a. [[a b]y]
　　b. (((a*b)*y)
　　c. (a ⊕ b),(b ⊕ y)

假设（34c）需要满足换位规则，因此会生成如下表达：

（36）[[[Y]X]BP…

LD 需要先删除左侧的串联，然后将 X 附加到 Y。在这一过程中，X 是一个 SWd，而非一个 MWd，具体规则如下：

(37) X^Y→[[Y]X]

形态句法词 Y 的内部成分的线性化优先于局部换位，因此 X 到 Y 的附加需要在局域换位之后以（36）来计算 * 和 ⊕。线性化重新运算如下：

(38) a. (((a*b)*y)*X)
    b. (a⊕b),(b⊕y),(y⊕X)

——Embick（2007b：321）

三、局域换位实例

无论是 MWd 还是 SWd 都可以通过 LD 来改变位置，但在 MWds 和 SWds 之间的换位是不被允许的。因此，Embick & Noyer（1999）对局域换位提出了限制条件：

(39) 如果形态合并能够将两个成分 A 和 B 之间邻接关系变为附加关系，那么 A 和 B 的中心语就全部是 MWds 或全部是 SWds。

——Embick & Noyer（1999：282）

下面我们通过两个具体的示例来阐释局域换位在语言中的实际应用。

（一）形态句法词的换位——拉丁语中的-que

拉丁语的连接成分-que 的换位现象是典型的形态句法词的局域换位（Embick & Noyer, 2001；Embick, 2003）。在拉丁语中，-que（and）属于非重读的后接成分，通常作为连接词位于第二个并列项

后,如:

(40) a. 句法结构:($_{Conjunct1}$ X Y) -que ($_{Conjunct2}$ W Z)
     b. 表面结构:($_{Conjunct1}$ X Y) t   ($_{Conjunct2}$ W-que Z)

连接词-que 自身属于 MWd 范畴,附加的位置并非是其补足成分的第一个 SWd,而是第一个 MWd,如(41)所示:

(41) 拉丁语-que 的位置 (Harley & Noyer,1999:6)
  a. [[bon+ī puer+ī] [-que[bon+ae puell+ae]]] →
     good+NOM.PL boy+NOM.PL and good+NOM.PL
     girl+NOM.PL
  b. 合并后:bon+ī puer+ībon+ae+que puell+ae
     'good boys and good girls'
  c. *bon+īpuer+ībon-que+ae puell+ae

在(41)中,-que 无法插入形态句法词 bon+ae 中。也就是说,在(42)的结构中,X 是一个 MWd,其只能与 [W+Y] 这个 MWd 换位,因此(43a)合法,而(43b)则不可以。

(42) [X*[[W+Y]*Z]]
(43) a. [$_W$[$_W$ W+Y]+X]*Z]
     *b. [$_W$[$_W$ W+X]+Y]*Z]

(二) 子词的换位——立陶宛语的反身语素

在标准立陶宛语(Lithuanian)中,反身语素-si 的局域换位属于子词之间的换位现象(Embick & Noyer,1999,2001;Embick,2003)。例如,在(44)所示的动词中,-si 是复杂动词结构的后缀:

(44) a. laikaū

condsider-1S

'I consider, maintain'

b. laikaū-　　si

consider-1S　REFL

'I get along'

——Embick & Noyer (1999：283)

在有特定句首助动词的动词结构中,它并不出现在"动词+屈折变化"之后,而是出现在前缀和动词之间,如:

(45) a. pa-žinti

PR know

'I preserve, withstand'

b. iš-　　si-　　laikaū

PR　REFL　withstand

'I hold my stand'

——Embick & Noyer (1999：284)

而当出现两个此类前缀时,反身语素会出现在两个前缀之间:

(46) a. pa-žinti

PR know

'to know [someone], to recognize'

b. su-　　si-　　pa-žinti

PR　REFL　PR know

'to become acquainted with'

——Embick & Noyer (1999：284)

此外,当一个动词前有否定前缀 ne-时,否定前缀出现在句首助动词之前,反身成分-si 跟在否定成分的右侧,如:

第六章　词项插入与形态音系调整　　　　　　　　　　　　　　　　129

(47) a.　àš　　lenkiù
　　　　I　　 bend. 1S
　　　　'I bend'
　　 b.　àš　　lenkiùo　　　-si
　　　　I　　 bend. 1S-　　REFL
　　 c.　àš　　ne-　　　si-　　　lenkiù
　　　　I　　 NEG-　　REFL-　　bend. 1S
　　　'I do not bend'
　　　　　　　　　　——Embick & Noyer（1999：284）

从上述各例可以看出，后缀-si 出现在动词前的第一个成分之后；如果动词没有前缀，那么-si 就出现在动词与其屈折变化组成的复杂结构之后。因此，-si 是从动词前缀的某一位置换位到了动词复杂结构后的位置。与拉丁语的-que 相似，立陶宛语中-si 不能出现在词根和屈折变化的后缀之间，而不同之处是-si 能够出现在 MWd 内部，即一个前缀与其词干之间。

基于上述语言事实，Embick & Noyer（1999）假设立陶宛语的句首助动词附加在动词上，且如果该成分出现，需要移位至否定成分的位置，再进一步移位至时态节点，如：

(48) $[_{TP}[Neg_i + [PR+PR+V]_2] + T[_{NegP} t_1 [_{VP}\ldots t_2]]]$

Embick & Noyer（1999）将-si 看作是在形态层面插入 T 节点的分离语素，附加于 1^0 的最高位部分的左侧，即整个[...V]+T 结构的左侧。在该位置，-si 发生局域换位。作为一个 SWd，-si 从[...V]+T 结构的左侧，换位至该结构内部最外围 SWd 的右侧，如：

(49) $[-si^*[PR\ldots V^*T]] \rightarrow [[PR \oplus si \ldots V^*T]]$

无论动词带有前缀还是否定词，(49) 所示的过程都能够给出正确的换位结果。然而，由于 V 和 T 都是 SWd，因此可能会在没有否定词或前缀的情况下，错误地将-si 换位至 V 和 T 之间，如：

(50) $[\text{-si}^*[\text{V}^*\text{T}]] \rightarrow {}^*[[\text{V} \oplus \text{si}^*\text{T}]]$

(50) 所示的情况之所以不能发生，原因在于 V 和 T 之间形成了一个局域换位无法穿透的单位（impenetrable unit）。这种情况反映出在大部分印欧语言中，后缀与词干构成的音系域要比前缀更紧密，即前缀比后缀更为松散，后缀比前缀更明显地受到词干的制约。为了表达这种重构机制，Embick & Noyer (1999) 提出，在立陶宛语中，T 总是发生空词串（string vacuous）的局域换位现象，附加到 V 的左侧，如：

(51) $[\text{V} + \text{T}] \rightarrow [[_{v^0} \text{V} \oplus \text{T}]]$

可见，局域换位能够以子词作为操作对象。由于子词是在局域换位之前被界定的，如果 T^0 附加到 V^0，如 (51) 所示，那么结果就会是构成一个单独的复杂子词，而非两个子词。进而，后续的局域换位操作就会将 $[\text{V} \oplus \text{T}]$ 当作一个整体的换位位置。这也就是为什么-si 会出现在 $[\text{V} \oplus \text{T}]$ 整体的左侧。

综上所述，局域换位既能够作用于形态句法词，也能够作用于子词，是在线性化过程后对词内结构进行临近性调整的重要操作手段，对于词内成分的最终形态表现具有重要作用。

第四节　重新调整规则

重新调整（readjustment）的应用取决于词根的插入模式。在 Embick 提出的词根早插入模式下，词根的音系信息在终端节点进行句法推导时已经存在，因此词根会存在相应的语素变体，即异干互补现象。这样,在 PF 就需要通过音系规则来负责对词根的音系内容进行调整,使其最终表现与预期相符。然而,如果在 Siddiqi(2009)的词根晚插入模式下,句法终端在词项插入前都不带有任何音系特征,需要靠词项插入来实现。这样,在 PF 就不需要额外的规则或操作来对词项的音系表征进行调整,只需要插入符合要求的词项即可。

因此,为了系统介绍 DM 理论,本节内容主要采用 Embick 的词项早插入模型来对重新调整这一 PF 阶段的操作进行介绍。下面以英语中动词的屈折变化为例,来阐释重新调整规则的运作过程。

英语动词屈折变化的词缀是 TP 的终端节点 T 上形态句法特征的不同复合体的表现形式。英语动词的五种主要屈折变化如下所示:

(52) 英语动词的五种屈折变化(Halle & Marantz, 1993:125)

过去分词	beat-en	put	dwel-t	play-ed
限定性过去式	beat	put	dwel-t	play-ed
限定性非过去式第三人称单数	beat-s	put-s	dwell-s	play-s
非过去式分词	beat-ing	put-ing	dwell-ing	play-ing
限定性非过去式	beat	put	dwell	play

(52)中展示了非过去式情况下的三种具有不同音系内容的后缀形式:/-ing/、/-z/ 和 ∅ 形式;以及过去式情况下的四种后缀:∅、/-n/、/-t/ 和 /-d/。这七种形式的后缀在词项插入时发生竞争,竞争胜出的词项能够插入终端节点 T。

在(52)中,第一行具有四个不同形式的过去分词后缀,其中除了 /-n/ 以外,其他与限定性过去式后缀相同。Halle & Marantz(1993)指出,包含后缀 /-n/ 的 58 个具有过去分词特征的英语动词中,在表示限定性过去式的情况下,有 9 个动词插入默认后缀 /-d/,如 do, prove, sew, show 等;有 1 个采用了 /-t/ 后缀,即 go-ne/wen-t;有 48 个是通过 ∅ 语素构成限定性过去式后缀。可见,采取 /-n/ 后缀表示过去分词形式的动词具有用 ∅ 表示一般过去时的倾向,但是该倾向并不绝对。由于采用/-n/作为过去分词后缀的动词在语法、形态和语义属性方面并没有任何相同之处,因此,无法将这些动词归为某一个特殊的屈折分类。因此,在过去分词中选择/-n/作为后缀的动词被列为词汇条目中的语境依存条件。

一些采用/-n/后缀作为过去分词后缀的动词实际上还有另一种缺省形式,即采用/-d/后缀。因此,有时当/-n/无法被插入时,/-d/形式会自动补入,除非出现优先级更高的词项。综上,能够插入 T 节点的词汇条目如下所示(Halle & Marantz, 1993:126):

(53) [+participle, +past] ⟷ /-n/ /X+___
where X = ^hew, go, beat...

[+past] ⟷ ∅/Y+___
where Y = beat, drive, bind, sing...

[+past] ⟷ /-t/ /Z+___
where Z = dwell, buy, send...

[+past] ⟷ /-d/

[+participle] ⟷ /-ing/

[3sg] ⟷ /-z/

⟷ ∅

(53)中词项的限制条件逐渐减少。由于词项的实质性特征优于语境特征,同时结合子集原则,带有[+past, +participle]特征的词项会处于最优先的位置。词项∅和/-t/均包含[+past]特征及各自的语境特征,因此不需要决定顺序。此外,剩余的词项由于都只具有一个特征且不存在语境限制,故也可归为同一组。另外,根据 Halle & Marantz (1993)的观点,"时态>体>一致"这一普遍层级可能会为三者的排序提供一些依据。

第六章 词项插入与形态音系调整

根据语言符号的任意性原则，词项的形态句法特征和音系表征之间的联系具有任意性，二者之间可能存在多对多的关系。因此，词项∅可能插入具有不同特征的终端节点，带有[+past]特征的语素也可能被∅，/-t/或/-d/来实现。例如，（54）中，过去分词和过去式在词干的音系组成上经常与非过去式存在差异：

(54) a. i. beat-beat-beaten   break-broke-brok-en
       drive-drove-driven   fall-fell-fall-en
    ii. put-put-put   bind-bound-bound
       sing-sang-sung   come-came-come
   b. dwell-dwel-t-dwel-t   send-sen-t-sen-t
      leave-lef-t-lef-t   buy-bough-t-bough-t
   c. i. prove-prove-d-prove-n   do-di-d-do-ne
    ii. vell-vell-ed vell-ed   tell-tol-d-tol-d
                 ——Halle & Marantz（1993：197）

（54）中的动词后缀触发不同的词干变化。根据 Halle & Marantz（1993），58 个带有后缀/-n/的词干的音系特征有 56 个发生了改变，而这一比例在词项∅和/-t/中分别为 103/131 和 16/40。相比之下，在几千个采用/-d/作为过去式后缀的词干中，只有 13 个词干发生了变化。具体来讲，如（55）所示，过去式后缀/-d/在四个动词（should, would, could, stood）中的韵步被短音/u/替代，在 did 中被短音/i/替代，在 said 中被短音/e/替代。相同的后缀使 sold, told 中音节的音节核变为位置靠后的圆唇音，但是将三个词干的音节核变短（fled, heard, shod）。与语境语素变体不同，这里的语素变体是在词项插入后通过音系上的重新调整而得到的，过去式后缀/-d/的重新调整规则可以概括如下：

(55) Rime→/u/   /X——[+past]
           X
      Where X-Rime = *shall, will, can, stand*

Rime→/i/　/Y——[+past,-participle]
　　　　　　x
Rime→/ʌ/　/Y——[+past, +participle]
　　　　　　[-past, 3sg]
　　　　　　x
where Y-Rime = *do*
Rime→/e/　/Z——[+past]
　　　　　　[-past, 3sg]
　　　　　　x
where Z-Rime = *say*

V→[+bk]　　/W——U[+past]
　[+rd]
where WVU = *sell, tell*

V→V　　　/T——S[+past]
／＼　　｜
x　x　x
where TVS = *flee, hear, shoe*

C→∅　/Q——[+past]
　　　　＜[-past, 3sg]＞
Where QC = *make*, ＜*have*＞

——Halle & Marantz(1993:128)

以/-d/结尾的词干删除了末尾的辅音，如 send→sen-t；韵尾是软腭阻塞音的词干会代替低位元音/o/的韵尾，如 bring→brough-t。与/-d/不同，后缀/-t/在词干上引起的重新调整没有（54）中示例所表现的多，/-t/前的其他词干都没有重新调整的倾向。因为词干元音变短和末尾的阻塞音清音化都受到英语中普遍的音系规则影响，如 mean-t, kep-t, lef-t, los-t 等所表现出的变化规律，也可以在动词屈折变化里找到，如 bread-th, dep-th, wid-th 等。过去分词/-n/和过去式后缀∅ 所触发的重新调整规则比/-d/和/-t/触发的变化更为复杂，此处不做赘述。

第六章　词项插入与形态音系调整　　　　　　　　　　　　　　　　135

通过对英语动词在时态方面的屈折变化的分析可以看出，许多动词的不规则形态表征是由重新调整规则负责完成的。重新调整规则是在词项插入后应用的，且均为音系规则。也就是说，只有终端节点上都插入了相应的词项，才能对词项的音系内容进行调整。重新调整的内容大多是无法通过词项插入解决的不规则形态变化。

第五节　小结

在 DM 框架下，词语的生成是多个语法模块共同作用的结果。PF 作为词项实现语音表征的最后模块，其所有操作均是在 MS 模块对词内结构调整后的基础上进行的。与前两个部分的操作相比，此部分操作主要针对插入句法终端节点上的音系内容，因此发生在词项插入后。由于 DM 框架下狭义句法部分的构词操作过程与短语结构生成过程相同，只是在构词成分属性认定上有别于传统语法，因此，形态结构模块才是 DM 较为独特的操作机制。词项的竞争遵循子集原则，选取最优词项插入。在词项插入后，需要将词语的层级结构线性化，进而得到最终的语音表达形式。

由于 DM 的特征不详标以及词项晚插入特点，插入终端节点的词项需要通过竞争来决定胜出者。同时，在各句法终端全部获得音系表征后，要对整个句法结构进行线性化操作，而后再根据音系规则对最终产生的线性结构和语音表征进行细微调整，即局域换位和重新调整等规则的应用。

第七章 分布式形态学的语义解读

　　语言的声音、形式和意义是语言结构系统的三大核心要素。语言通过在语法系统中建立不同的语法模块分别对语言的音、形、义进行解读，表现为音系、句法和语义三个模块，同时通过三者之间的界面关系对语法模块内在运作机制展开探讨，共同架构一个系统性的解释模型。

　　DM理论对于语言的语义部分的阐释整体上是基于生成语法Y-model理论模型而提出的句法分析模型。由于DM否定了词库这一语法模块，句法推导以句法终端列表中的抽象语素成分为操作对象，进而通过句法操作生成更大的语法单位。这样，语义部分则不在推导过程中体现。

第一节 意义的分类及语义组合性

　　任何语言学理论在讨论语言意义时均以语言形式为基础。意义是概念的表达，而概念的表达形式并非由语言自身决定。意义内涵与意义表达是两个方面的内容，不是一体同构的过程。这一特点不仅跨语言存在，即使在同一语言内部，也存在不同形式表达同一概念意义的情况。词语意义完全受到文化百科知识的影响，具有一定的偶然性、社会规约性以及可变性的特点。首先我们对语言意义的不同分类进行

第七章 分布式形态学的语义解读

介绍，再对常规的组合性语义进行阐述，进而再分析 DM 对于组合性意义的相关研究。

一、意义的分类

在语法系统中，语义研究涉及范围广泛，结构层面多，既有语言结构表达的自身意义，也有语言使用过程的交际意义；既有语言构成成分的概念意义，也有语法系统的语法范畴意义。因此，语义学只研究语言学领域内实体成分的意义，如词、短语、语法范畴形式和句子结构所体现的意义等，但其他语言使用和语言行为所产生的意义则不属于语义学范畴，而归为语用学范畴。

（一）表达意义

语言的主要功能是用来开展人际交际，即通过语言表达来传递信息、表达思想以及抒发情感，其中，语言的表达意义是语言意义范围内最重要的部分，也是语义研究，甚至是语法研究的基础。那么，什么是语言的表达意义？例如：

(1) He doesn't eat the apple.

(1) 是一个结构简单且语义清晰的句子。一般来讲，对句子意义进行解读时，先从该句所包含的词语入手，从不同词语所承载的概念意义及语义信息来分析整个句子的意义。因此，我们需要对句中每个词所包含的意义进行解读。在这一过程中，eat 和 apple 是实词（content words），也是整个句子信息的主要载体；而其他成分，由于对概念表达的意义选择进行了限制，这些词一般被称为虚词，也叫功能词（function words），包括冠词、代词、介词、连词等语言单位。除句中成分的概念意义外，功能词对于句中成分的信息意义也产生了重要影响。

(1) 的语义是由句中的词语通过短语结构以及句子结构而形成的

表达意义。这一表达意义涵盖了词语、短语以及句子三个层面的意义。因此，表达意义是语言学语义研究的基础与核心，是概念意义在语言上的具象形式。表达意义的建立基础是词汇及语法结构，因此，表达意义是一个抽象的结构框架。一般来讲，语义学就是以表达意义作为研究对象。

(二) 话语意义

我们通过语法建构了语言的表达意义，但这些表达意义必须在具体使用过程中才具有传递信息的功能，即表达意义需要在具体语境中才能够传递信息。因此，话语意义就是表达意义受语境驱使而产生的另一种意义类型。它以句子为单位展开，在具体语境的作用下，语句中的构成成分有了具体的所指对象和事实指向，整个句子所表达的意义具有了真实性。这样，例句（1）中的 he 不再是一个单纯的句法成分，它作为一个代词，在具体语境中，拥有了具体的所指对象。定冠词"the"也辅助明确了"apple"在现实世界中的具体指称对象，整个句子表达的事件具有了真实性及明确指向。

可见，对于话语意义的理解，话语语境至关重要，它决定了语言表达所使用词语的所指以及真值情况。表达意义结合语境实现话语意义，然而，在交际过程中，语境可以发挥更为宽泛的作用，在表达意义的基础上，增加了其他的功能意义，也就是我们所说的交际意义。

(三) 交际意义

交际意义是指在交际过程中超出表达意义范围的意义。换言之，交际意义的表达是以表达意义为基础，但又与表达意义相区分的一种语言意义。这种意义超越了表达意义所涵盖的范围，例如在思考和判断的基础上所产生的超话语意义等。这种言外之意主要取决于我们的社会生活方式以及人与人之间的社会关系，主要体现在交际过程中，表达意义所产生的不同的交际结果。因此，交际意义与表达意义和话语意义不同，其本质是一种语用意义。

概括来讲，语言的意义可按照上述分类主要区分为表达意义、话语意义和交际意义。DM 理论对于语言意义的研究主要以语言的表达意义为基础，聚焦表达意义的组合性问题，即表达意义如何通过语言单位之间（如词语和词语之间）的组合而实现最终的意义表达。同时，DM 理论还对非组合性意义展开了探讨，并解释了语言所涉及的有关习语的使用问题等。由于意义部分所涵盖的内容较为复杂，我们先来分析一下组合性意义的产生。

二、语义组合性

（一）词语意义

一般来讲，在掌握一定数量词语的基础上，我们无需费力就可以理解句子的意义。这说明句子的意义来自我们已经习得的词汇的意义。这种通过词汇意义的组合关系形成的意义的过程叫作组合（composition）。前文提到的表达意义大都是建立在词汇意义基础之上的，均属于组合性意义。因此，对表达意义的研究离不开对词语意义的研究。

与句子意义不同，词语的意义需要通过语言使用者的主动学习才能获得，而且句子的组构过程也需要以知悉该语言的词语为前提条件。这种认识与词汇主义词库论对于意义的理解是基本相同的。但是对于句子来讲，我们大脑中并不储存这些已经组构完备的句子结构和句子意义。

虽然词语意义需要通过学习才能够获得，但在一些情况下，语言中的很多词语可以在其他已知词语基础上，根据相应的语法规则生成。这些词可以通过内部组构成分的意义及组构构造特点得出具体的词汇意义。例如英语词汇"mousify"，也许在词汇列表中并不存在，但初次见到这个词时，我们依然可以猜出这个词语的意义。因为我们可根据词语构造将"mousify"分析为由"mouse"和"-ify"组合而成的词语。我们都知道英语名词派生出动词，可以在名词后添加后缀"-ify"，这是名词派生成动词的一个规则，意为"使什么成为……"。另外，还可以通过把两个词语组合到一起而获得一个新词，如"mouse food"。从这个组合结构，依然可以猜测出这个新词的意思。

因此，词语的组合意义不仅发生在词和词之间，词语的构成成分同样表现出组合性的特点，这一特点能够帮助我们推断并预测词语在派生过程中产生的组合意义，体现了词语意义的组合性。DM的句法构词过程，也是词语意义的组合过程。

(二) 语法意义

语言的词汇意义是意义表达的建构基础。然而，词汇与词汇之间的组合方式不是任意的，词汇间的不同组合方式会影响意义的表达结果。因此，语法对于意义的表达具有重要作用，它会对词汇的组合方式产生限制，本质上表现为组合性。同时，语法自身不同的范畴所承载的意义对于意义的表达也呈现出组合性特点。例如：

(2) The dog ate the yellow socks.

(2) 中包含了 the，dog，ate，yellow，socks 等词汇。可以发现，这些词需要以特定的语法形式出现在句中，例如动词 eat 采用了过去式 ate。对于动词 ate 来讲，是动词 eat 与时范畴结合而产生的形式，其意义本质上属于组合性意义。socks 是 sock 与数范畴结合的具体形式，也具有组合性特点。整个句子是通过语法规则把不同的成分组合到一起，该句的意义可以通过词语意义的组合来进行解读。

综合来讲，英语动词的时、体、态、式等语法范畴均是在动词原形上通过与代表不同语法范畴的语法成分组合而产生的具体形式，并表达出不同的组合意义。另外，英语名词的单、复数，形容词或副词的比较级和最高级等范畴，也是在原词的基础上，通过屈折形态规则而生成的词语形式，也是语法成分间组合的结果，因此，这些语法意义属于组合意义。同时，英语中所有通过派生及复合规则而来的词语意义均是组合意义。

另外，词语的排序也会对意义产生极大的影响。如：

(3) a. I am angry with Ann.
   b. Ann is angry with me.

（3）中两个句子的构成成分完全相同，然而，由于词语出现的位置不同，句子的意义也由此发生了改变，即词语序列导致词语组合关系发生了变化进而引发了意义的变化。虽然整个句子的规则没有发生变化，但按规则组建的结构在选取成分时，顺序发生了变化，意义也随之改变。

因此，语法意义主要反映在词形和句子中的词语序列两个方面。词形变化反映了不同的语法范畴，改变了词汇意义，这是词语与不同语法范畴结合的结果。句子内部成分序列的不同也会改变句子意义，是由于词语序列不同而产生的不同组合关系的结果。这些意义均为语法意义，在语义组合中发挥重要作用。

（三）语义组合原则

词语意义和语法意义共同构成了语言单位的基本意义。然而，复杂语言单位所表达的意义并非只是词语意义和语法意义的简单叠加，还需要遵循相关的组合规则才能够实现意义的准确表达。Löbner（2002）指出，复杂的语言表达意义取决于基本表达的语义组合，并将这种组合的来源归为以下三个方面：（1）基本表达的词汇意义；（2）基本表达的语法形式；（3）复杂表达的句法结构。可以看出，（1）和（2）分别指代基本表达的词汇意义和语法意义。但词汇意义和语法意义仍需要句法规则（3）的制约才能够组合成更为复杂的语言单位，表达更为复杂的意义。因此，复杂意义的表达受到词汇意义、语法意义和句法规则三个方面的制约。同时，这三个方面的因素也会限制基本表达的组合关系，以确保所形成的复杂形式能够准确地表达相关意义。Löbner（2002：15）据此还提出了语义组合原则（Principle of Compositionality）："复杂表达的意义由该表达式构成成分的词汇意义、这些成分的语法意义以及整个句法结构意义所决定。"

在表达形式的构建过程中，语义组合是自下而上的建构过程，与句法结构建立的过程相对应,即从最小的语言单位到更大的语言单位。最小单位的词汇意义充当语法意义规则的输入成分,语法意义规则的输出成分则是组合规则的输入成分,具体建构过程如下:

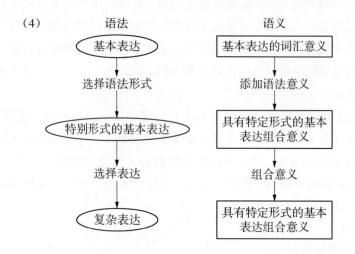

例如,ate an apple 中的 ate 是动词 eat 根据过去时语法意义规则产生的动词形式,而 ate 又通过组合规则与名词短语 an apple 结合到一起。因此,语法意义规则的输出成分 ate 成为组合规则的输入成分,组合成 ate an apple。如果语义解读是自上而下的过程,这就意味着词语的意义是从句子的意义推导而来的。但是这种情况一般发生在对某个词汇不熟悉,而需从整个句子的语境推断出某个词的意义的情况。

上述建构过程表明,复杂表达的意义完全由词汇意义、语法意义和组合意义三个意义来源决定。同时也说明一般表达的意义也是以基本的词汇意义作为起点,再结合不同语法形式表达对应的语法意义,最后将词汇意义和语法意义通过组合原则产生更为复杂的表达意义。因此,语义组合原则可以用于解释一般表达的意义获取问题。

需要注意的是语义组合原则并不适用于解释话语意义。由于话语意义受到语境的制约,话语表达中的不同成分具有具体的语义指向,整个话语事件也具有事实指向。因此,这种指称意义的解读不是词语组合意义的结果。一般来讲,语义学分为词汇语义学和语法形式语义学。前者主要用于解释构成组合性词语意义；后者则在句子语义下开展相关研究。这些意义都是通过语义的组合规则实现最终的表达。但意义并不总是通过组合的方式而产生，例如话语意义就超出了组合所产生的意义，它的解读无法脱离具体语境来实现，此类意义的研究属于语用学范畴，无法通过语义组合原则进行解释。

另外，我们还需要注意意义的表达需要借助形式，这里的形式包括形态以及结构关系。因此，可以把形式表述为形态句法。形态句法的内在属性及关系需要通过语音表征来具体体现。语音表征是语言的外显结果，其表现形式受到音系构造及结构规律的制约。无论是形态句法，还是音系，均为语言的意义表达服务。可见，意义的表达要借助形态句法结构来完成组合，且还要通过音系结构来调整，最后通过具体的语音形式来实现。因此，意义的表达不应该忽视形态句法和音系的作用。

第二节　语素变体及语义解读的局域性

由于 DM 取消了词库，将词语结构的生成完全纳入句法结构中，因此，词汇的意义问题自然也要纳入句法推导过程中。这样，词语的意义贯穿于整个词语结构的推导过程，包括语法范畴所表达的意义、短语结构的构造以及词语的词汇意义等，甚至习语所表达的特殊意义也要体现在句法推导过程中。在这一过程中，意义随着结构的变化而不断发生变化，通过不同成分之间的组合和限制规则，最终通过推导出的结构来体现复杂的意义。

DM 采用的"单引擎"理论意味着推导产生的某一结构单位不会通过再次循环的方式来进行语义解读和音系表征。这样，词语的生成完全是在句法推导过程中完成的，语法不会将已经生成完备的词语再次输入句法中而进行句子结构的推导。在此基础上，DM 还结合语段理论，认为在每个语段中心语参与合并时，其补足语辖域成分要被拼读出去，在音系界面和语义界面分别获取音系表征和语义解读。因此，

DM的语义解读离不开结构推导，并通过音系表征，也就是形态表现来明确意义内涵。

一、语境语素变体

语素变体是指同一语素在不同的语言环境中产生的不同形式，但这些形式之间都具有相同意义。从本质上看，这一现象的产生是由于语素受句法环境或音系环境驱动，进而呈现出具有相同意义的不同表现形式。多数情况下，这种变体基本表达同一种语法意义。DM据此提出了语境语素变体的概念，通过解释不同成分之间如何相互组合，最后确定语素的具体形式。

语境语素变体是指在局部环境下，语素如何选择具体的表现形式。这一选择过程发生在词项插入的过程中，即根据具体语素的形态音系规则或是针对某种特定语素的音系限制条件来插入词项。从语义上看，由于语素变体是由同一语素在不同的局域环境下产生的不同形式，因此，它们都表达同一意义，但具体表现形式有所不同。DM理论对语境语素变体的解释仍在形态层面进行，一些形态操作会影响语境语素变体的选择，例如形态删除操作。形态删除与句法部分的特征删除不同，前者是在形态层面删除某一特征后，影响词项插入的过程，使得特征较少的具有默认值的词项能够插入相应的节点之下，这一操作不会对句法结构造成影响，属于后句法部分的操作；而句法操作的特征删除发生在词项插入之前，会影响句法结构，也发生在语境语素变体之前。对于语境语素变体的词项竞争与插入问题在第六章已经详细说明，此处不再赘述。

二、语境义位变体

DM理论也是在结构主义语言学思想的基础上，对语言学理论的发展与延续。因此，理论内部有一些概念依旧延续了结构主义的分类方法。Nida（1949：155）提出了义素（seme）和义位（sememe）的概念,为结构主义框架下的语义研究奠定了基础。义素与义位均是与意义相关的概念。义位是一个语素的全部语义单位结构,是在语义系统中能够独立存在的单位;而义素是构成义位的最小单位,语素在语言环境中都会产生一个义素,是语义的最小特征。在特定的语义语境下,语义特征具有不同的表现形式,比如英语名词 foot,在语义特征上通常表现为"个体 X 的某一部分,且 X 是有生命的",即"有生命生物的脚";但同时,foot 的语义特征还可以表现为"个体 X 的某一部分,且 X 是无生命的",如"山脚、桌脚"。因此,同为名词 foot,在语义特征上既可以表现为[+生命],也可以表现为[-生命]的特征。这样,在有无生命的特征上就产生了义位变体。

DM 理论在对语义的解释中引入了语境义位变体的概念,即在特定的局域环境下,同一义位会产生不同的义位变体。那么,语境义位变体的辖域与语境语素变体的辖域是否相同?在语义局域限定理论的限制下该如何进行语义选择?LF 上是否存在与 PF 上语境语素变体的额外限制所对应的限制?语义邻接条件能否调节语境义位变体?语境义位变体能否通过结构上的组合关系而获得解释?

Marantz(1997a)提出,语法结构自身通过语段推导决定了语境语素变体的辖域。语境义位变体的辖域也应受到语段的影响。如果语境语素变体受音系邻接项之间的组合关系影响而产生对应的变化,那么具有音系邻接性的语境语素变体也会被施加额外的限制条件。如果将这一观点应用到语义领域,我们即可预测语境义位变体也应该受到语义临近条件的影响,如(5)(Marantz,2010:7):

(5)

从上图中可以看出,语段中心语(定类语素)x 可以在音系上具有显性的特征,但在语义上显示为空形式。语义上的空形式能够允许词根与上一语段的非语段中心语结合,为词根产生义位变体提供了条件,并将非语段中心语的意义固定在了词根的语境之中。这与语境语素变体具有相同的辖域,即非语段中心语能够影响词根。二者的区别在于,语境语素变体通过非语段中心语的语法意义与词根的组合关系来说明具有同一语法意义的语言单位如何选择不同的形式。而语境义位变体则是通过非语段中心语和词根之间的意义组合关系来凸显词根中所包含的某个语义特征,进而改变它的语义。

三、语境语素变体/义位变体的局域性

词汇主义理论按照不同的属性特点将派生和屈折进行了区分,并分别将它们的构词过程归于词库和句法两个不同的语法模块中。词库中的构词可以负责词语的特质性形式和意义,因为词库中词语具有特殊标示属性。而句法构词则完全具有能产性,可以产生透明性组合形式和组合性意义,这与句法形式具有能产性和组合性有直接关系。DM理论摒弃了具有生成能力的词库,并把所有派生构词都纳入句法中。词汇主义对于派生和屈折两种形态生成位置的差异在句法中被重新建构为派生形态的低位附着和高位附着之间的差异。具体来讲,构词有两个不同辖域,对于形式和意义,一个与特质性有关,另一个与完全能产、透明和组合性形式有关。Marantz(2001、2007)和 Arad(2003)认为,这两个辖域以定类中心语为界,如果将中心语与词根直接附着在一起,没有其他定类中心语介入,则产生不规则构词形式。这里的不规则指的是形式和意义的特质性表现。而那些在定类中心语之上附着一个中心语成分则产生规则的构词,如(6):

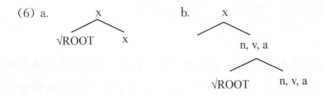

这是因为定类中心语是语段中心语,也就是推导过程中结构被移交拼读的操作点,同时获得语义解读。那么,词根在定类语素 x 的语境下获得了语义解读,这与词根的定类结果有直接关系,那些在中心语以下的派生形态附着形式均对词根的特质属性极度敏感。一旦语义解读与发音固定,就不会再发生改变。因此,在定类中心语 x 之上的形态附着,无论是屈折还是派生均具有完全透明的形式和意义。

上述结构能够解释英语形容词性分词的属性差异。英语形容词性分词与动词过去分词具有不同的属性,以往研究对于这两种不同分词的构成有不同的见解,主要表现为以下四个方面:

第一,形容词性分词与特质意义有关,这种特质意义能够修饰名词,构成名词短语,而动词过去分词缺少这种特质意义,无法作为"be"的补语(Wasow,1977;Marantz,2001、2007)。例如:

(7) a. The hung jury
  b. *The jury was being hung.

第二,形容词性分词在形式上有特质性,这与动词过去分词不同(Wasow,1977;Embick,2004;Marantz,2001、2007 等)。例如(8)中的"shaven"和"shaved"在形式上能够区分出形容词性分词和动词的过去分词形式:

(8) The shaven man vs. John was being shaved

第三,形容词性分词并不遵守句法规则,而动词过去分词则需要遵守句法规则(Wasow,1977;Levin & Rappaport,1986)。例如:

(9) a. John was believed to be sick.
  b. *John remained believed to be sick.

第四,形容词性分词与词汇范畴变化有关,而动词过去分词不同(Wasow,1977;Levin & Rappaport,1986)。例如：

(10) a. A very driven worker
b. *The boss very drove the worker.

从以上四个方面可以看出，形容词性分词与动词过去分词之间具有本质性的差异。那么这些差异是如何形成的？Marantz(2001)认为，形容词性分词和动词过去分词的不同属性源于语素在词内结构中附着于不同高度的结构位置。形容词性分词结构是在内循环(inner cycle)域内形成的，分词语缀在定类语素合并前与词根附着，如(11)所示：

(11)
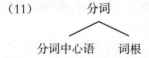

动词过去分词则是在外循环(outer cycle)域形成，也就是分词语素是在定类语素的上层附着而来，如(12)：

(12)

因此，决定形容词性分词的语素在词内结构中处于低位，与词根合并后，再与定类语素合并，最终构成形容词性分词；而动词过去分词则是词根与定类语素v合并后，先构成动词，再与分词语素合并。二者在语素的合并顺序上产生了差异，并最终导致词内结构的差异。上述差异表明，与词根合并的成分对词根敏感，能够产生与词根有关的特质性意义，而且这种特质意义必须依赖于词根的语义。但在定类语素上方合并的成分对词根的特质属性不太敏感，且具有能产性，还可根据词干意义预测出它们的组合性意义、论元结构信息以及动词外论元的涉入等。

Marantz（2007）指出，定类中心语是规则/不规则属性的分界区域。在 Chomsky（2000、2001）研究的基础上，Marantz 认为 v，n，a 等定类语素是语段中心语。一旦推导出含有这些中心语的结构片段，这些片段要被输送到 PF 和 LF，获取语音表征以及语义解读。在拼读后，vP，nP，aP 等结构的语义解读是不可以改变的，这样就动态地解释了动词过去分词所表现的能产性。

四、词根语义

在 DM 理论中，词根具有不同类型的语义特征。尽管目前对词根的语义类型存在较大的争议，但所有的语义或许被认为是修饰成分（Harley，2009；Levinson，2010）。名词性、动词性和形容词性词根所表现出的具体特点如下所示：

(13) a. 名词性词根：定性实体或物质意义（n 引入受到词根修饰的实体内容变量）。
　　b. 动词性词根：定性事件意义（v 引入词根修饰的事件变量）。
　　c. 形容词性词根：定性属性意义。

以上特点表明，词根具有不同的语义类型，但这种语义类型需要其他的定类成分如 n，v 等引入对应的变量，才能够实现词根具体意义的表达。词根的语义类型大致可分为上述三类，但需要注意的是，某一词根在意义上往往会呈现出歧义的特点，如下所示：

(14) a. 抽象和具体意义之间的系统性一词多义现象，如"book"和"magazine"之间的抽象和具体意义。
　　b. 某些动词性词根在实体定性（a jump）和事件定性（to jump）之间具有系统性歧义。

c. 某些名词的词根在实体定性（a braid, to braid the hair tight）和事件定性解读（to braid the bread, to braid Mary a necklace）之间具有系统性歧义。

——Levinson（2010）

从上述歧义性特点可以看出，词根的歧义性具有系统性特点：对于不同类型的词根，它们的歧义均能够呈现系统性的变化。除此之外，语类中心语也能够表达特定的语义，如下所示：

(15) a. 简单定类中心语，英语中可能在语音上是空形式，引入实体/物质、事件或属性，这些由词根来定性。
b. 改变语类的派生中心语更复杂，如"-ize"或"-ity"，它们是从输入实体/物质、事件或属性到输出实体/物质、事件或属性的函数。它们的输出形式在语义上比简单定类中心语的语义更具体。
c. 因此，-able 附着在动词上，命名一个从事件到属性的函数，这里的属性是"能够被（verb）怎么样"。

以上现象表明，词根不仅存在歧义，而且还会受到定类中心语的影响进而表达特定的语义。因此，构词一般可根据词根的相关特点划分为两种类型：一类是在构词过程中展示了词形变化空缺（paradigmatic gaps）、不可预测意义、不规则形式等构词不规则性；另一类则在构词中体现了形态的能产性、语义透明以及形态音系可预测等构词规则。这两类分别对应传统形态学中的派生和屈折两种形态组成形式。以往对于内循环和外循环的研究表明，相同的词缀在派生过程中会附着到不同的词根或词上，如 atrocity, curiosity, analyzability, nationality 等。其中，atrocity 与 curiosity 属于内循环，是词缀-ity 与词根合并构成的一类词；而 analyzability 与 nationality 是在词 analyzable 和 national 的基础之上派生而来，词根先与定类语素合并成词以后，再通过派生构词手段形成新词。这一现象说明，同一定类语素（n, v, a）

第七章 分布式形态学的语义解读

的外循环语义分类也能够附着在词根上,而且输出成分的语义存在相似性,但在输入/输出的关系上表现出特殊性,即有时会产生词根类型的转移,使得语素的语义类型从属性转向实体。这种转移在语言现象中具体表现为合并了-ity 的词义解读是与形容词意义相关的名词,如 atrocity(暴行)为 atrocious thing(残暴的事情);而外循环-ity 则产生属性义解读,如 analyzability(可分析性)为 property of being analyzable(具有可分析的特性)。因此,这些结构歧义的派生中心语在内循环和外循环中,虽然看似表达了相同意义,但却遵循了不同的推导过程。

此外,对于词根和派生语素的意义,语法必须遵循语义组合的特性,从一词多义成分或者语义组成成分中选取一个义位变体。这种义位变体的选择在拼读辖域内根据具体的语境而固定了意义,并且在句法结构中受到非姐妹关系节点的成分所驱动。然而,语段推导强制进行"完全解读"(full interpretation),即一些义位变体必须在拼读域内进行某种选择。Goldberg(1995)、Borer(2009)、Harley(2009)等人均通过具体示例反驳了词根上方第一个定类语素节点固定了词根意义,而后续推导则无法做到这一说法的反例。尽管对这些例子没有进行细致的分析,但是可以说明通过派生产生的词语,其初始用法不能从结构中完全预测。英语词语 globalization 可以阐释局域义位变体现象,具体过程如下:

(16) a. globe = sphere or earth
b. global = sphere-like or of or pertaining to the earth or general
c. globalize = make global, preference for abstract sense of adjective use contrasts with 'national' and 'nationalize'
d. globalization = "act or process of making global"
e. globalized solar system ≠ a solar system with planets

——Marantz(2010:12)

在 global 的动词化阶段,-ize 的语义属性倾向于 global 的抽象义解读，如 global 表示"圆的"。义位变体选择发生在改变语类的词干的局域语境内，因此，"globalization"不能转回 globe 词根的具体语义，因为"世界"意义的选择是在-al 或-ize 处进行的。

Marantz（2010）强调，在单一循环语法架构理论假设中，内循环加缀和外循环加缀应该以属性关联（correlation of properties）为特征加以区分。换言之，能够触发特殊形式的同一个内循环词缀也能够触发特殊意义的产生，如（17）：

(17) 属性关联：英语静态被动
　　特殊形式：a. the shaven man
　　　　　　　b. The man was shaved/*shaven by John.
　　特殊意义：a. the hung jury
　　　　　　　b. *The jury was being hung.
　　　　　　　　　　　　　——Marantz（2010：13）

在（17）中，特殊形式可以通过词的静态被动形式与分词的被动形式加以区别；而特殊意义则无法通过形式来区分，但能够阻止另一种形式的出现，比如 hung 具有修饰名词的特质意义，就不再能够产生分词被动式。此外，Anagnostopoulou & Samioti（2013）在对希腊语的形容词性分词进行研究后，发现带有特殊意义的-tos 状态性分词（PART）词根的状态属性，添加在动词化的后缀之上，如（18）：

(18) a. axn-is-tos　　'steaming hot' axn-iz-o　　'stem'
　　　b. koudoun-is-tos 'ringing'　　　koudon-iz-o 'ring (a bell)'
　　　c. magir-ef-tos　　'cooked'　　　magir-ev-o 'cook'

从（18）中可以看出-tos 出现在动词化后缀-is 和-ef 之上。这些动词化成分不具有与中心语 v 相同的语义属性，既不会产生事件性，也不允准修饰成分和论元性的 PP 出现，均为定性实体意义的词根，而非事件意义的词根，属于"名词性词根"。另外，-tos 在形式上不会直接附

着于这类词根,并且要求动词化语素介入:

(19) a. afr-os 'foam$_N$'　　　　afr-iz-o 'foam$_V$'
　　　　afr-is-tos 'foaming'
　　b. axn-os 'steam$_N$'　　　　axn-iz-o 'steam$_V$'
　　　　axn-is-tos 'steaming hot'

据此,-tos 在构词结构中的位置应该如(20)所示(Anagnostopoulou & Samioti,2013:246):

与英语中的 do-插入(do-insertion)类似,v 在语音上表现出显性形式,但在语义上表现为空,这完全是为了句法目的而使用那些音系上是显性而语义为空的中心语成分。在中心语 a 的补足语辖域内,PART,v 和词根都是局域性的。而对于另一种情况而言,如(21):

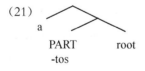

(21)中的"-tos"中心语不会直接附着在如(19)中出现的"名词性"词根上。因此,构词结构上的差异最终导致词的意义产生了差异。

第三节　非组合性意义解读

习语(idiom)是语言的重要组成部分,也是语言中非组合性意义的主要来源。习语通常被认为是以特定句法排列方式组合到一起的一组词。这组词的意义解读并非来自词与词之间的意义组合,而是在原有词组合基础上获得一个特殊的解读。Bussmann(1996)曾指出,习语具有以下三个特点:(1)习语具有完整的意义,但这个意义并非源自习语组成成分的意义;(2)习语中的成分替换不会为习语意义带来系统性变化;(3)习语的字面解读会产生同音异义的非习语性意义变体,进而导致(1)和(2)的条件不再适用。因此,习语的意义与字面解读存在较大差异,呈现非组合性特点。这就导致习语的意义不能从组成成分中获取,而需从习语作为一个整体单位来获取。从这个意义上讲,习语就是已经发生词汇化的短语结构形式,其本质是一种构词。在习语结构中,形式上表现为多个词语构成的短语形式,然而,在习语中,有的构成成分只具有相对的语义独立性,而有的构成成分则完全失去了语义独立性。例如在英语习语 kick the bucket 中,kick 在语境中具有特殊的含义。当 kick 出现在直接宾语是 the bucket 的环境中,kick the bucket 就理解成了"死"。因此,习语的意义具有不透明性,难以通过词与词之间的组合关系加以解释,这就为解释习语意义来源造成了一定的困难。

一、习语的特性与分类

在词汇主义句法学中,词库能够为具有特殊意义的词汇和短语提供存储的位置。很多理论语言学家都认为有些复杂结构需要整体存储,因为这些复杂结构整体上具有一个特质性意义,如习语 kick the bucket 以及 buy the farm 和 rain cats and dogs 等。这些意义都不是通过词和词之间的组合来获取的。因此,具有特质性意义的词或短语不是通过句法结构来传递组合性意义。这些非组合意义被认为存储于词库中,习语的意义也由此获得了解释。然而,DM 理论取消了词库,将其分解成句法终端列表、词汇列表和百科知识列表三个部分。对于习语等非组合性意义,DM 理论通过百科知识列表进行解读。为充分理解习语的非组合性意义相关问题,本节从习语的特性与分类入手,先对习语形成一个简要认识，而后再介绍 DM 理论对习语的相关阐释。

(一) 习语特性

一般来讲，习语是社会、文化、政治、语境、态度和情感因素相融合的结果（Van Lancker & Rallon，2004）。习语意义的形成需要特定语言的使用者通过与该语言及使用者所处的社会文化环境长期相互影响，导致一些抽象及惯用意义融入或浓缩为现有常规形式，使其具有了字面意义和引申意义两种概念结构。因此，习语的理解与应用只限于语言使用者在熟知习语的字面意义和引申意义时，才能在这两层不同语义之间建立起概念之间的关联。总体来讲，习语的来源有以下几个方面：日常生活、历史典故、宗教作品、文学作品、寓言故事等。从语义上看，习语的意义呈现出不确定性的特点，无法通过字面意思进行推断。因此，在不了解相关历史文化的前提下，难以对习语的真正意义有效把握。

Langlotz（2006：3）指出，习语是一种语言构式（constructions），这种构式经历了规约化的社会语言演变过程。这种语言构式的语义结构一直是语言学家关注的重点之一。张辉、季锋（2008）将习语的特性分为以下四个方面：

第一，结构定型性。这一习语特性主要指习语在结构形式上具有较为固定的成分组合序列关系，这是习语所体现出的最为重要的特征，特别是在汉语中，往往在字数上具有稳定的四字格习语构成形式。这种结构定型主要表现在结构关系固定及构成成分固定两个方面。这两个方面的固定关系规定了习语的构成形式，使其具有完整统一的语法性质和功能（孙维张，1989）。因此，习语在实际交际使用过程中虽然具有灵活性，丰富了语言表现力，语言概括能力较强，但其自身结构及构成成分是相对比较稳定的。

第二，表意整体性。习语是把具有成分象征结构和复合象征结构进行整合以后而形成的象征复合体（王寅，2005）。这种经过整合而形成的习语意义具有特定的属性，单从字面上无法获得全面解读。Fillmore 等（1988）指出，习语构造的意义不是其构成单位的简单组合，而是通过整合形成的。习语意义反映了整个习语所承载的意义，而不是各个构成成分通过组合关系而体现的意义。因此，习语在表达意义的过程中具有整体性，需要在整体上反映出习语所承载的特殊含义。

第三，概念双层性。习语所表达的概念意义是依托习语形成的结构和引申过程而形成的，因此，习语既具有组合形式所表达的字面意义，也具有词汇化后所表达的整体结构意义，即引申出的比喻意义。因此，大多数习语具有概念双层性特点。这种双层概念意义之间的引申关系较为复杂，通常由字面意义的烘托而产生引申的含义。这两层意义之间具有不同程度的理据性，往往表现出一种比喻模式。Langacker（1987）认为习语的加工和理解包含两个过程：字面概念化过程和比喻概念化过程。因此，习语的字面意义往往并非习语本身的含义，有时字面意义甚至会违反事实，具有语义晦涩（opacity）的特点。例如 buy the farm 的组合义为"购买农场"与其习语义"阵亡"在共时层面较难找到关联理据。但这种意义上的差别并不会影响语言的使用，使用者在实际情境中能够准确感知习语意义。

第四，感情丰富性。习语在表达意义的方式上与字面语言不同，通常在情感上表现出有较强的感情色彩和感情倾向。从习语的字面意义中无法感知到这种情感上的意义，但在语言使用者之间却能够通过字面上的意义来把握和体会习语的意义。这一特性使习语在表达感情时具有较为丰富的方式。

综合以上四个方面可以看出，习语具有结构上的稳定性以及意义上的整体性，但在语义上却表现出复杂的特点，尤以概念上的双层性和感情上的丰富性最为突出。张辉、季锋（2008）指出，虽然习语在词汇化和规约化双重作用下发生了语言结构和社会文化方面意义的变化，习语的字面意义和比喻意义之间的引申模式已经固定下来，但包括习语内各组成成分的心理表征以及与各成分有关的所有信息特征在内的概念亚结构（conceptual substructure）并没有固定下来。因此，习语的意义产生了较大的差异。

(二)汉语的习语类别及特点

就习语的分类而言,英语习语和汉语习语存在较大差别。虽然两种语言的习语特性相同,但具有不同的形式。汉语具有特定的形态结构规律,而英语是通过语义上的联系对意义进行的延伸。总的来看,汉语习语根据形态结构的特点划分为以下几类:惯用语、成语、谚语和歇后语。

惯用语是人们所熟悉的一类固定词组,作为完整的意义单位来使用,通常是指口语中短小定型的习用的短语,因此,惯用语具有含义特定、形式短小、口语性较强等特点(胡裕树,2018;黄伯荣、廖序东,2011)。

成语是汉语习语的重要组成部分。就形态结构而言,成语的构造稳定,多为四字短语形式,内部成分不能随意替换。成语最能体现习语的结构稳定性和表意整体性。有些成语的语义和感情色彩会发生变化,如"明哲保身"这一成语最初用于描述一些明智的人的行事风格,即避免参与一些会给自己带来麻烦或危险的活动,而如今这一成语的意义却发生了变化,主要指怕犯错或得罪他人对一些事情所采取的不置可否的处世态度。有的成语的个别构成成分也会发生变化,如"每下愈况"演变为"每况愈下"。

谚语也叫"俚语"或"俗语",是人们在口语中不断精炼而形成的具有深刻含义的语句,通常能够揭示客观事实,表达人们在改造自然环境和社会实践生产中所积累的丰富知识和经验。

歇后语由两部分组成,包括"引子"和"注释"。"引子"起辅助作用,表示某种附加义;而"注释"则表达整个歇后语的基本义。如"墙上挂狗皮——不像画(话)",前半部分只是引子,后半部分谐音相关,点明整个歇后语的含义。歇后语大概分为会意型和谐音型两种类型,二者语义表达的基本途径是双关。

(三)英语的习语类别及特点

Nunberg(1978)和 Gibbs 等(1989)将英语习语分为三类:第一类为不可分解的习语,如 kick the bucket(死亡),这类习语的比喻意义不能根据习语的组成成分进行推测；第二类为异常的可分解习语，如 spill the beans（泄漏秘密），这类习语中的构成成分指称可以通过隐喻来得到确定；第三类为正常的可分解习语，如 pop the question（求婚），这类习语可以通过习语字面意义来确定其内部的构成成分。另外，Nunberg 等（1994）还指出语言中存在大量语义关系上具有组合性质的习语，可以分为惯用组合词语和惯用短语。惯用组合词语的组合性表现在习语意义具有组合性，即习语构成成分均具有比喻意义，进而组成习语的惯用比喻义，如 pull strings（利用个人关系）；惯用短语的组合性则表现在习语结构上具有组合性，但是习语意义不具有组合性，比喻意义必须从结构整体上进行解读，而无法从构成成分上获取，如 kick the bucket（死亡）。

除组合关系的分类外，Cutler（1982）还根据习语的意义隐晦程度将英语习语分为语义透明式习语，如 grasp the nettle（处理棘手问题），以及语义隐晦式习语，如 red herring（转移注意力的话题）。Glucksberg（2001）等人在 Cacciari & Glucksberg（1991）以及 Glucksberg（1993）的研究基础上，根据习语意义的透明程度，进一步将英语习语划分为隐晦习语（opaque idioms），透明习语（transparent idioms）和准隐喻习语（quasi-metaphorical idioms）。与不可分解习语类似，隐晦习语也能够通过组构性推断出习语的惯用比喻义在何种程度上受到组合性意义的限制；透明习语与异常可分解习语相似，其组成成分的字面意义与习语的引申意义存在一定的语义关联；在准隐喻习语中，习语结构整体的字面义可以把间接提到的表达内容，通过隐喻的方式映射到习语的惯用比喻义上去，本质上是借用了原有固定的习语结构形式，更换了部分词语，如 a piece donut 这一表达就是借用了 a piece of cake 的习语形式表达，通过替换 donut 形成的。

二、习语的语法地位

习语在结构上具有固定性，其内部成分稳定。在表达意义方面，习语的意义较复杂，特别是概念双重性导致习语在字面义和比喻义之

第七章 分布式形态学的语义解读

间产生了较大差异,一些习语甚至通过字面义完全无法预测比喻义。这种现象为习语的语法地位和习语意义的研究造成了争议。目前,对习语语法地位的探讨主要在生成语法和认知语言学的两个视角下展开。

生成语法理论将词汇和句法分离,其中词汇的构成在词库内部完成;句法则以词为基本的操作对象来构建更高层级的语言单位。因此,在生成语法理论中,词不过是句法规则形成后起填充作用的成分。在这种思路下,习语被视为词汇的一部分,并且习语的语义晦涩,其语义结构也无法再进行分析。因此,习语在句法结构中的地位与词相当,具有非组构性特征。此外,Hockett(1978)也认为习语具有非组构性的观点,习语被模式化成一个心理词库中的组块,这一组块的意义在词库中已经被赋予,具有高度的规约性。此外,他还指出,习语意义与人类的认知无关,其语义具有任意性,我们无法将认知运用到习语的语义理解中。总的来说,习语具有与词同等的地位,都是通过词汇化方式而产生意义,并储存在词库中。例如,kick the bucket 和 die 一样,在句法结构中只占据一个节点。然而,这种观点虽然解释了词语的语义整体性和结构稳定性,但却无法区分习语和非习语,且忽略了概念所起的作用。此外,生成语法对习语的认识还无法解释习语在具体语境中的活用现象。因此,生成语法虽然明确了习语的语法地位,并借助词库解释了其存储位置,但对于习语的其他特性未能合理解释。

认知语言学认为,习语的组成成分与习语语义具有关联的语义关系,语言使用者能够识别组成成分的意义,习语的心理表征和语义加工是基于组构性的(张辉、季锋,2012)。在认知语言学的理论框架下,很多学者并不严格区分词汇和句法的语法范围界限,而是在两者之间建立了一个连续统(continuum)。习语和一般词汇不同,不是简单地经过词汇化过程而形成的与词具有同等句法地位的语言单位,而是结构语义和符号关系组成的一种固定复合体(complex)。语义和符号二者之间的关系通过规约化(convention)的方式得以固定,合并为现有构造(established configuration)。对此,Langacker(1987)认为习语在某种程度上可以被视为独立于明确词素组合的语言单位。然而,对于规约化本身,从宏观角度上看,无论是词语语义和符号之间的规约化，还是习语语义与组合符号之间的规约化，其本质是相同的。因此，习语的形成及其规约化过程，认知语法理论运用动态的分析模式，基于用法驱动提出了认知凝固化效应（cognitive entrenchment effect），以此来解释习语的规约化过程（Langacker，1987）。在习语认知凝固化的分析过程中，习语结构被分析为凝固化构造语言单位，其内部结构逐渐失去规则性（regularity），接近于一般词句，具有了整体性特征。在认知语法分析网络中，习语具有独立性和整体性，进而占据着独立的节点（node），与语法网络中的其他节点通过不同的语法关系建立了联系。因此，习语被看作构造复杂、语义独特、词汇丰富的语言符号单位（Langlotz，2006）。

生成语法和认知语法对于习语的认识存在较大差异。生成语法运用句法规则，强调习语语义结构的不可分割性。但习语如果仅仅以此为特征，其心理表征只不过是形式-语义结合体。这个组合体与其他词汇相似，经历了词汇化的过程，在语法地位上等同于一个词。认知语言学则将习语看作语义和符号关系的组合体，并引入认知凝固化效应的概念对习语的意义不规则性进行解释，并通过动态网络结构解释习语的语法地位。

生成语法对于习语的解释主要是以词库论为基础展开，习语和词具有同等地位，储存于词库之中。这种观点面临意义复杂性的挑战，特别是那些字面意义和比喻意义无关的习语在生成语法理论框架下想要获得合理的解释是较困难的，因为这种意义无法通过组合关系实现表达。因此，生成语法理论将习语存储在词库中的做法无法解释习语意义的来源。此外，还有一部分习语的比喻意义又与字面意义存在联系，又体现出了习语意义的组合性特点。如果将这类习语也等同于词，那么对于意义的组合性又该如何解释？这些问题使得生成语法对于习语的解释陷入了两难。

认知语言学从语义组构性和构式两个角度进行解释。语义组构性的差异在一定程度上对习语的类型进行了分类，并解释了习语能够产生比喻义的原因；构式则从形式和意义的角度解释了习语的形式如何产生丰富的意义。相比生成语法对习语的认识，认知语言学对于习的解释更为深入，也说明了意义产生复杂变化的原因。但认知语言学仍然是将语言的形式和意义组合到一起来对习语的意义进行解读的。

DM 理论对习语的解释不同于生成语法和认知语言学。DM 取消词库的做法为解释习语的意义带来了新的思路。DM 理论将习语的结构生成过程、词项插入与意义解读分布到不同的列表中，百科知识列表负责解释习语性表达的意义。

三、分布式形态学与语义解读

词库论对词语意义的分析基本沿袭了结构主义对于词语构成成分的划分方式，即以语素为基本单位进行划分。语素是"音、形、义"的组合体，词库为这些语言单位提供了存储位置。语素以及语素所构成的词所表达的意义是规约化的产物，它们在经过词汇化过程后已经具有特定的意义。因此，在词库论的框架下，习语也经历了词汇化过程，具有了固定意义，存储在词库中。

由于 DM 取消了词库，因此必须要采取不同的做法来对习语进行语义解读。在词库论模型中，词的意义也随词在词库中得以表征。这种处理方法无法解释习语意义的生成。习语意义的表达依托短语结构，如果说习语是在词库中生成的，可是习语的内部构造却表明是句法推导的结果，并体现了句法关系，那么其意义是如何产生的？如果词库中包含这些由短语构成的习语，其存在标准是什么？Jackendoff（1977）主张进一步扩展词库的范围，认为那些固定的表达式均储存在词库中。Marantz（2001）并不赞同这一思路，他指出根本不需要一个特殊的词库来储存所谓的固定表达式，经过百科知识列表规范化的词根的意义和经过句法推导出的短语结构所表达的词语意义均应在概念语义接口的末端来完成，也就是通过"百科知识列表"来进行表征和最终解释。百科知识列表是一个语义信息集合，主要对语言中推导生成的结构性成分以及语言中非组合性成分的语义进行解读。因此，DM 理论中的百科知识列表对语言习语意义的解读发挥了重要作用。Harley & Noyer（1999）把这些成分所表现出的意义过程称为习语化过程。习语化是一个非常宽泛的概念过程,不仅包括词的表义过程,还包括不同语言单位的表义过程。因此,比词小的语素也会通过习语化具有特定的意义,比词大的语言单位,如内部具有句法结构的语言单位,也可以通过习语化产生特质意义。

DM 理论对于习语这个概念的内涵与传统语法甚至是生成语法对习语的规定与理解有所差异。传统语法把习语看作是一类能够表达特殊的、体现非组合性意义的短语结构形式,而 DM 理论则将习语定义为"任何意义不能完全从其形态句法结构描写中预测出来的表达式"(Harley & Noyer, 1999: 4)。根据这一定义,那些具有非组合性、不可预测意义的语言单位都可以概括为习语。这样一来,词本身也是一种习语。因此,DM 中的习语是指那些不能通过形态句法结构的描写而完全推测出其意义的表达式。由此,我们可以发现,一般意义上的词,由于其意义无法通过表达式结构加以推测,也被划归为习语范畴。对于传统意义上的习语,例如 kick the bucket 的非组合意义,在 DM 中则完全符合习语意义的规定。其他构成词的表达式,如词缀等也可以归为习语范畴。这样,DM 理论在语法地位上统一了词缀、词和习语。这些语言单位所表达的意义可以被看作人脑中语言知识的一部分。它告诉我们为什么 kick 是"踢"的意思;而 kick the bucket 则有两种意义,一个是组合意义"踢篮子",另一个为非组合意义"死"。因此,DM 理论将百科知识列表作为人类语言系统储存词汇意义的地方,它是规定性的而非生成性的,可以随着语言的发展得以拓展。

据此,在 DM 理论框架下,习语是在词项插入前通过句法建构的,换言之,习语要先经过句法部分的处理生成习语的结构,随后再插入对应的词项构成习语。因此,DM 理论明确了用于解读习语的句法辖域以及不再具有习语性解读的句法层面。这一解释与 DM 的"词句同构"思想相一致。这样,复杂的习语性结构就不再作为一个整体性的结构存储在记忆中,除非在拼读处有一个机制允许词项能够一次性地从整体结构上完全填充整个习语部分。根据这种解释,DM 完全可以认为习语或许比那些原生性成分更加简单。(22)中的示例是具有不同意义的不同结构列表,这些结构的语义无法从组合关系中得到预测:

第七章　分布式形态学的语义解读

(22) a. let the cat out of the bag
b. the whole nine yards
c. terrific
d. scissors
e. duck

（22a）和（22b）一般被认为是习语性的，因为整个短语的意义不是组合性的。然而，从形态和句法遵循同样的生成机制的观点来看，（22c）和（22d）也必须是习语，因为它们的意义也不是建立在内部语素的组合关系之上的。事实上，terrific 和 scissors 也必须通过记忆才能储存，具有非组合性。因此，词语自身也能表现出习语性的特点。这就从逻辑上拓展了习语所涵盖的范围，以往的单语素词也被涵盖在习语范畴之内，比如当我们把如（22e）这样的词分析为单语素词的时候，我们已经记住了这一音素任意组合形式的意义。语言使用者在记忆大语块（如 22a）或小语块（如 22e）的过程中没有实质性差别。根据这种观点，我们可以把习语（idiom）定义为语义不可预测的任意语法表达形式（Siddiqi, 2009）。语法不需要一个场所来储存具有特质性意义的语块，因为所有语块都是特质性的。相反，语法必须具有能够解释这些特质性意义的方法。这样，习语的意义也需要通过语法来进行解释，而且这个部分应该在拼读之后对习语意义的解读产生作用，正如 DM 最早模型里所提到的，cat 和 bag 这样的词语在拼读之前不会出现在推导过程之中。但是这个能够影响习语意义的语法部分必须对最终的 LF 是敏感的，因为有些习语包含了能够出现在拼读和 LF 之间，对推导过程较为敏感的结构，如 Every dog has its day。

DM 中，这些解释得以实现的机制被称为概念界面（conceptual interface），是百科知识列表所在的位置。百科知识列表是负责词根所具有的特质性知识的位置，既包括指称真实世界的知识，例如 cat 是"长毛的四足动物"，thinking 是"发生在大脑中的事物"；还包括一些特殊结构的语义，例如当 kick 和 buy 的宾语分别是 the bucket 和 the farm 时结构所具有的特殊意义。因此，储存在百科知识列表中的许多信息被认为是语言学之外的内容。目前，DM 对于习语的研究还不多见，主要有 Kratzer（1996）、Marantz（1997a，2001）、McGinnis（2002）、Richards（2002）等研究者的相关探索。其中，McGinnis（2002）的研究将习语与句法结构联系在一起，具有重要的理论价值。McGinnis 认为，习语在"体"这一语法范畴上是完全有规律可循的。在事件结构中，这些习语意义对于"体"不仅没有特殊限制，而且表现出了组合性特点，完全可以通过字面意义获取。同时，McGinnis（2002：667）还指出"非习语 VP 的任何体类别与习语 VP 相同"，这样，习语 VP 与非习语 VP 相同，均由句法生成。习语在"体"的特性上所呈现的规律以及习语体现出的句法生成性具有重要理论和实践意义。这是因为"体"所呈现出的语法意义具有组合性特点，是意义表达的重要结构组成部分。同时，"体"与句法推导过程具有非常直接的相互作用，如宾语的有定/无定形式以及单数/复数形式等都可能对"体"的表达带来一定的影响。因此，习语在"体"范畴上所表现出的特性表明了习语结构意义的特性，如 kick the bucket 和 die 虽然词汇意义相同，然而，这两个词汇形式分别呈现出活动和状态两种不同的体概念。因此，McGinnis 认为习语在"体"范畴方面所表现出的规律性和组合性的特点可以用于诠释 DM 理论的语言结构分布式建构的思想，句法负责生成结构，而在语义界面获得语义诠释。

第八章　分布式形态学的构词手段

在以往的词汇主义形态学背景下，语言结构单位从小到大被分为语素、词、短语和句子。而在 DM 框架下，词都是由句法操作生成的，即便结构最简单的词也被认为具有结构性，至少包含一个词根和一个定类语素。至于合成词，由于其结构透明，内部成分关系复杂，因此是 DM 理论最为关注的内容。本章从单纯词构词分析入手，根据其内部成分差异，重新分析并界定了不同类型的单纯词构造。基于此，本章深入分析了现有 DM 框架下的构词成分，尤其是派生词缀的属性特征，指出现有 DM 理论研究成果对派生词缀在构词过程中的功能认识的不足，进而分析了派生构词与复合构词的结构差异。

第一节　单纯词的结构分析

传统形态学对于构词的分析研究已经非常丰富，一般来讲，由一个语素组成的词是单纯词，而由两个或两个以上语素组成的词是合成词，合成词又可以进一步划分为复合词和派生词。本节主要在 DM 框架下对单纯词的构成进行阐释，根据词汇语素的属性特点，针对英语中的同音异义词（homophony），对单纯词的构造及结构类型进行区分，为后续复合词和派生词的生成解析奠定基础。

一、"异根同类"与"异根异类"

在 DM 框架下,词根不具有语法语类属性。程工(2019:64)指出:"目前,一个得到广泛认同的看法是:词根的功能不是传达信息、表达意义,而是把概念区分开来。它就像标签或地址一样,目的只是为了建立一个与众不同的身份。"因此,Acquaviva(2009)和 Embick(2015)均指出,词根带有的是相互区分的标签,这一点在两个同音异义词上表现明显。Embick(2015)指出,表示"金融机构"的 bank 和表示"河岸"的 bank 具有不同的词根,但是最终却插入了相同的音系表征。两个词根在终端列表中被表示为 $\sqrt{BANK}_{254}$ 和 $\sqrt{BANK}_{879}$[①]。对比来看,bank 的两个名词性语义确实毫无关联,因此确实应该是由两个具有不同概念意义的词根生成。

除了相同语类,英语中还存在许多语类不同的同音异义词(如名动同形和形动同形等)。例如,英语 book 具有名词和动词两种情况,分别义为"图书"和"预订"。二者在意义上不存在关联,因此应生成于不同词根,通过与不同定类语素结合,构成了具有不同语类属性的词语。两类词语的结构对比如下所示:

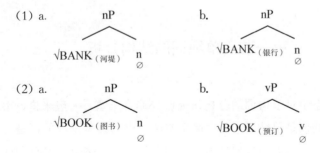

(1)中的两个词语结构由两个不同的词根 $\sqrt{BANK}_{(河堤)}$ 和

[①] 此处的数字只是起到标签的区分作用,并无特殊意义,为便于区分,本书在下文中将采用中文注释的方式进行标记。

第八章 分布式形态学的构词手段

√BANK(银行) 构成,二者均与名词性定类语素合并,构成了两个不同的名词;而(2)中的两个词语,不仅底层词根不同,还与不同的定类语素合并形成了不同语类的词语。由于两个 book 之间的语义并无关联,因此不存在派生关系。两个词语的构造较为简单,只需通过与定类语素合并即可。(1)和(2)展示了两类单纯词的构造:一、不同词根与相同定类语素合并;二、不同词根与不同定类语素合并。这一对比表明,即使具有相同形态音系表达的词语,其内部成分和构造也可能存在差异。

二、"同根异类"与"同根派生"

在传统形态学研究中,转换法(conversion)一般被定义为"没有任何显性标记的新词的推导"(Plag,2003:107)。通过转换法构成的词语具有完全相同的表征形式,但却具有不同的语类属性。因此,对于转换法也存在两种认识:一是由某一词类直接转换成另外一种词类来继续使用;二是认为词类的转换是由于添加了零形式的派生词缀(zero-affix),使其由某一词类派生为另外一种词类(Plag,2003)。两种方式产生的结果相同,但本质却完全不同。

实际上,在 DM 中,两种方式都是存在的,只不过判别方式存在差异。对于第一种方式,即词类的直接转换,通常发生在两个词语不存在明显的语义和功能关联的情况下,如(2)中的 book。根据前文对词根的认识,词根需要带有概念意义,因此,尽管 book(n./v.)同时存在两种词类类别,但二者不具有关联的句法语义关系,因此是由不同词根形成的词语。在词项插入时,两个词根恰好插入了相同的音系表征,使其在形式上表现为词类的转换。这一方式无法解释转换后具有语义关联的词语是如何形成的,因为不同的词根是独立关系,不具有意义关联。因此,对于存在意义关联的转换类词语,在对其内部结构进行分析时,需要展示其内部关系的建立过程。

Arad(2003)根据(3)和(4)中词语之间语义关系的差异,认为两类词语应该具有不同的结构类型。

(3) a. Someone had taped a message on the door.
   b. #She taped the picture to the wall with pushpins.
(4) a. He hammered the nail squarely on the head (with the hammer).
   b. He hammered the desk with his shoe.

在(3)所示的两个例句中，动词 to tape 多数情况下带有对应的名词性成分的语义内容，否则会导致意义的不通顺；而(4)中动词 to hammer 不一定包含其对应的名词性成分的语义。换言之，to tape（用胶带封住）这一动作必须使用 tape（胶带）来完成，而 to hammer（敲打）这一动作并不一定需要使用 hammer（锤子）来完成。因此，Arad（2003）指出，to tape 是从其名词性成分派生而来，其内部结构如(5)所示；而 to hammer 与 hammer 之间则不存在派生关系，二者的结构如(6)所示：

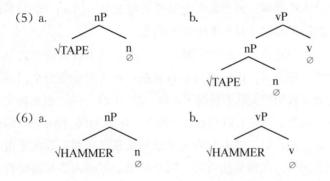

尽管从结构上看，(6)中两个词语结构并不存在派生关系，但是我们无法否认(6)中动词与名词之间在语义上具有一定的关联。Acquaviva（2009：5）指出："如果严格遵循词根缺少语类标签，而不只是掩盖已经被解读为名词或动词元素的正式手段时，词根自身无法被分配清晰的意义，因为意义至少以语义类型的分类为前提，而语义

第八章 分布式形态学的构词手段

类型的分类又以句法语类为前提。"因此，Acquaviva（2009：5）进一步认为，hammer 和 to hammer 的语义一定来自二者共享的词根。换言之，尽管动词 to hammer 表达的动作不一定通过名词 hammer 所表达的工具来完成，但二者之间的语义关联是由相同词根所建立。但同时，与（1）和（2）中的 bank，book 有所不同，（6）中 hammer 的构成是由同一词根与不同定类语素合并而成，形成了不同的语类属性，因此两个词语在语义上有所关联，均包含词根√HAMMER 表达的概念意义。综合来看，如果以词根和定类语素作为区分，那么根据组合关系，具有相同词形的词语内部结构关系可以分为以下类型：

(7) a. 不同词根、相同定类语素：bank（n. 银行）、bank（n. 河岸）
b. 不同词根、不同定类语素：book（n. 图书）、book（v. 预订）
c. 相同词根、不同定类语素：hammer（n. 锤子）、hammer（v. 锤）
d. 相同词根、相同定类语素：同一词语

根据（7）所示，词形相同的单纯词的内在组构方式存在四种可能，但（7d）具有［相同词根，相同定类语素］的词语属于同一词语，因此最终剩下三种不同的结构类型。词根与定类语素的不同搭配，能够解释语言中的同形异义现象。

除上述对单纯词结构的区分，同样具有相同词形的词语，如果意义具有特殊相关性，那么可能存在派生关系，如 tape（n. 胶带）和 tape（v. 用胶带粘），其内部结构关系如（5）所示。尽管在形态表现上属于单纯词，但由于在结构上是通过二次合并构建，包含了两个功能性语素，因此与其他单纯词的结构不同，to tape 在结构上应属于派生词范畴，而无法与（7）中的列表归类在一起。

第二节 派生词的构成

根据前文对单纯词的分析，不难发现在 DM 框架下，传统形态学理论中的单纯词已没有了地位，派生词的构造形式"词根+词缀"也被重新解释。除了终端节点的语音内容晚插入外，派生词中的词根就是 DM 下的实词语素，而词缀则属于功能语素范畴。根据词汇列表中词项的具体表现，功能语素插入的词项可能是显性的（overt），如派生词缀；也可能是隐性的（covert），如一些"零形式词缀"（Embick & Marantz, 2008）。下面来分析词缀的属性特点及派生词的构成过程。

一、结构主义形态学对派生词缀的认识

由于英语是具有显著形态变化的语言，因此在英语中，词缀与词根具有同样重要的地位。词缀是附加到词根或词干上且带有抽象意义的粘着语素（Haspelmath, 2002; Plag, 2003; Harley, 2006; Booij, 2007; Lieber, 2009; Aronoff & Fudeman, 2011）。Carstairs-McCarthy（2002）更是认为，广义上讲，所有非词根语素都是词缀。

从形态属性上看，粘着性是词缀公认的属性特征。Plag（2003）、Harley（2006）、Booij（2007）和 Aronoff & Fudeman（2011）等人在对词缀进行界定时直接指出了其作为粘着语素（bound morpheme）的地位。词缀的粘着性体现在自身无法独立存在，必须依附于词根或词干上。正因为词缀具有粘着性特征，在绝大多数情况下都不可能成为句法中独立自由运用的语言单位。同时，根据词缀与词根的相对位置，又可以将其分为前缀、中缀和后缀等。

根据词缀的语言功能，词缀主要分为派生词缀和屈折词缀两种类型。国外许多语言学家（如 Bauer, 1983; Matthews, 1974; Carter, 1998; Jackson & Amvela, 2000）均认为词的屈折变化是为了特定的句法需要而改变一个词的词形的形态变化过程，通常是与屈折词缀组合

而构成语法词的一种句法形式；而词的派生则是新词产生的过程。我国学者林承璋（1997：152—153）也在区分语法语素（grammatical morpheme）和词汇语素（lexical morpheme）时指出，语法语素的作用是表明一个词与语境的语法关系，如动词的过去式后缀"-ed"以及名词的复数后缀"-s"；而词汇语素的作用则是用来构成新词，并不表达语法意义。

可见，虽然屈折词和派生词都是通过词根与词缀的组合而发生词形变化的过程，但是具有不同的功能，其中派生词缀的作用是构词，用来构建派生词；而屈折词缀则是用来构形，负责为词语添加语法意义。例如，英语中派生词 drinker 是由动词词根 drink 与派生词缀-er 组建而成，整个派生词的语义核心为词根 drink，词缀-er 为派生词附加"施事者"词汇意义（Haspelmath & Sims, 2010）。而英语的屈折构词，如 played 是由词根 play 与屈折词缀-ed 构成，其中词根仍然是整个合成词语义表达的核心成分，但是词缀-ed 则是表达语法功能的屈折词缀。因此，从表义的角度来看，两者都具有一定的语义内容，屈折词缀是表达抽象的语法意义，而派生词缀则表达词汇意义。

另外，在英语中，词缀有时也是我们判断词性的标准，如-er, -ness, -ment, -hood, -tion 等后缀经常出现在名词性派生词中；-ful, -able, -y, -al 等经常出现在形容词性的派生词中；而-ify, -ize, -ate 等通常作为动词性后缀。虽然上述词缀大多数情况下都可以帮助我们判断词性，但是许多词缀对词性的标示并非决定性的。Plag（2003）就指出，以改变词根语类来判断词缀会存在一些问题，如英语中 uncommon 中的前缀 un-只改变了原词 common 的词汇语义，并没有改变其语类特征。同时，尽管有一些后缀可以改变词根的语类特征，但是这种改变并不具有唯一性，如英语中-ly 后缀通常被认为是副词性后缀，但在 friendly, lonely, lovely 等词中却是形容词后缀。因此，尽管有一些情况下，我们可以根据一些词缀来判断包含该词缀的派生词的语类特征，但并不能作为严格的判定标准。

总体上看，结构主义语言学对于英语合成词的研究主要都是基于"音义结合体"的思想，聚焦于词语组构方式的分析和词内成分的属性特征等方面。构词语素按照功能可以分为词根与词缀两类，都是音义结合的语素。词根为合成词的核心语义成分，可以分为自由词根与非自由词根；词缀可以分为派生词缀与屈折词缀，派生词缀表达词汇意义，而屈折词缀表达语法意义，"词根+词根"形成复合词，"词根+派生词缀"构成派生词。然而，在 DM 框架下，由于构词成分均被重新界定，并且组构过程也发生了改变，因此需要对合成词重新进行论证分析。

二、DM 框架下派生词缀的理论地位

在 DM 理论中，语素与词项是完全不同的语言单位，语素是存储于句法终端列表中的句法推导基元，而词项是存储于词项列表中的音系表征形式。传统研究中对语言构造单位外在形态的分析，主要是对词项的分析，以此所给出的构词成分的界定与分类有时并不能完全反映其在构词过程中的地位与功能。由于粘着性这一形态特征在以往对派生词缀的分类中是十分重要的影响因素，因此，在 DM 框架下，对派生构词的分析必须对派生词缀有一个重新的认识。DM 理论对构词的研究主要集中在词根特征的界定和复合词的构成等方面，但对派生词缀的地位却未达成共识。本节主要介绍 DM 框架下对派生词缀的相关认识，并提出我们对派生词缀的分类。

（一）插入定类语素的词缀

整体来看，目前对派生词缀的认识主要分为两类，一是将其视作插入定类语素的词项，二是将其视作插入词根的词项，下面我们先来介绍第一种类别。在词项竞争过程中，DM 中的定类语素可以通过插入零形式词项∅来实现，例如：

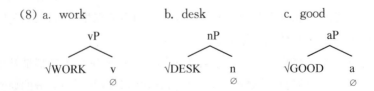

第八章 分布式形态学的构词手段

在（8）中，不同的词根通过与不同的定类语素合并，最终形成具有不同语类属性的词项。在上述情况中，插入定类语素的词项都是零形式。除了零形式词项，还存在插入定类语素节点的显性词项。目前对于定类语素的显性音系表征的讨论较少，鲜有研究对其特征及规律进行详细分析，在分析词项插入时，多是将派生词缀默认作为插入定类语素的音系表征，如（9）（Embick, 2015：46）和（10）（Siddiqi, 2009：9）所示：

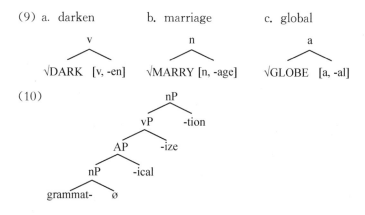

可以看到，Siddiqi（2009）和 Embick（2015）均将派生词缀视为定类语素的显性音系表征。我们知道，在 DM 框架下，不同词根之间的差异是实质性的，而功能语素之间的差异取决于各自所携带的特征。词语的语类属性并非自身所携带，而是由具有决定语类的功能性中心语投射出来（Marantz, 2001）。因此，如果将所有的词项插入情况结合到一起，那么就不得不回答这些派生词缀在插入时的竞争是如何实现的。例如，对比（9）和（10）中 v，n，a 三个定类语素所插入的不同音系表征，为什么与词根√DARK 合并的 v 的语音实现为-en，而非√GRAMMAR 中的-ize？为什么与√MARRY 合并的 n 的语音实现为-age，而非∅？简言之，对于同一定类语素，其词项竞争的决定因素是什么？

目前来看，将派生词缀视作定类语素音系表征的证据是基于派生词缀对于词语重音模式的改变。Marantz（2000、2007）基于语段理论，指出每一个定类语素所在的中心语均为语段中心语，都会触发语段的移交，所形成的语段属于构词语段。这样，Chomsky & Halle（1968）早期提出的英语音型（Sound Pattern of English，SPE）中的循环性音系效应（cyclic phonological effects）问题就能够依据基于语段的构词结构得以解释。这一研究也被 Marvin（2002、2013）所支持。

根据 SPE 和词汇主义形态学的相关研究（Siegel，1974；Kiparsky，1982a、1982b、1985；Selkirk，1982；Giegerich，1999 等），派生词内重音规则的不同表现可以被归因为词缀的属性差异，因此将派生词缀分为两种类型：重音转换型（stress-shifting，又称为 level-Ⅰ型）和重音中立型（stress-netural，又称为 level-Ⅱ型）。两类词缀的差异在于 level-Ⅰ型词缀通常对循环性音系规则敏感，因此一般能够改变词语的重音模式；而 level-Ⅱ型词缀则不具有这种音系上的表现，且 level-Ⅱ型词缀通常只出现在 level-Ⅰ型词缀外。两类词缀对重音转换的影响如（11）（Marvin, 2013：79）所示：

(11) a. góvern　　　góvernment　　　gòvernméntal
　　　b. ínstrument　ìnstruméntal　　ìnstrumènálity

在（11a）中，government 是由 govern 派生而来，并未导致词语的主重音（primary stress）改变，但在添加词缀-al 后，主重音由第一个音节转移到了倒数第二个音节上。在（11b）中，主重音在 instrumental 和 instrumentality 两个词语的派生过程中均发生了转移。由此可见，词缀 -al 和 -ty 均为 level-Ⅰ型词缀；而 -ment 为 level-Ⅱ型词缀。根据 Marantz（1997a、2001）和 Marvin（2002、2013），派生词缀是定类语素的音系表征，而这些定类语素所引入的语段域与 SPE 的循环域是相同的。之所以会发生重音的转移，也是受到构词语段的影响，因此，这一阐释就确定了派生词缀作为定类语素音系表征的词项地位。

实际上，除了词缀对词语重音位置的影响，将派生词缀界定为定类语素音系表征的更直接的判断来自对派生构词的观察与归纳。一般

第八章　分布式形态学的构词手段

情况下，能够根据派生词的后缀来确定该词的语类属性，如后缀-ic，-al，-ful 一般被认为是形容词性后缀；-er，-ian，-tion 等被认为是名词性后缀。但是，在生成语法理论框架下，句法推导过程中存在一些理论上的空语类（empty category），因此存在一些句法和形态的错配现象，不能仅根据显性形态就简单得出内在的结论。尤其是 DM 理论采取了分离主义思想，定类语素最终的语音实现在很多情况下由零形式语素（null morpheme）来体现，这就更要求我们要详细观察词语的构成以及各类词缀的分布情况，不能简单地将派生词缀视作定类语素的语音表征，而忽略了其在语言中的具体功能。

如果在词汇主义背景下考虑派生构词这一类别的话，Marantz（1997a、2001）和 Marvin（2002）的分析方式确实具有一定的解释效力，但在 DM 框架下会产生一些问题。

1. 从理论思想来看，Marantz（1997a、2001）对于派生词缀的判定与"词项晚插入"原则不符。根据前文对语素和词项的区分，在狭义句法部分构建词内结构时，词汇语素与功能语素均不包含音系信息，因此即使最终语音表现不同的词项也可以插入同一句法结构中。在英语中，许多派生词缀能够标示多种语类属性的词语。另外，有一些派生词缀有时还会与屈折词缀具有相同的语音形式，如派生词缀-er 与形容词比较级后缀-er 等。尽管此类示例不多，但也表明在"晚插入"原则下，如果只根据词项的外在语音形式就无法准确判断其在句法推导部分对应的真实语素。

2. 从词项竞争的角度来看，无法确定作为定类语素词项的派生词缀是如何进行词项竞争的。功能语素节点插入的词项是根据句法终端特征竞争的结果，如时态节点 T 和数节点 Num。如果派生词缀是插入定类语素的词项，那么对于同一定类语素，影响派生词缀（词项）竞争的因素是什么？在 DM 理论中，如果句法终端最终的音系表征为不规则变化形式，那么词项的插入通常是依据语境条件来决定，如（12）所示的复数节点的词项竞争情况。

(12) [pl] ⟷ /-en/ / [√OX, √CHILD ...] ___

$$[\text{pl}] \longleftrightarrow \emptyset \quad / \; [\sqrt{\text{SHEEP}}, \sqrt{\text{MOOSE}}\ldots] \underline{\quad}$$
$$[\text{pl}] \longleftrightarrow /\text{-z}/$$

（12）中右侧词项竞争插入复数节点，在传统形态学中均为复数语素-s的语素变体（allomorph）。由于插入的节点具有相同特征，因此需要通过罗列词根出现环境的方式来阐释竞争机制。然而，在（13）中，如果不同语类属性的词语共享了同一个词根，定类语素的词项竞争又该如何进行？

(13)

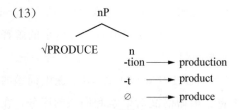

在（13）中，produce$_{[n]}$，product$_{[n]}$，production$_{[n]}$ 三个名词均是由 √PRODUCE 这一词根推导而来，-tion，-t 和 ∅ 均为插入定类语素 n 的词项。由于定类语素 n 为功能性语素，这就导致插入该节点的词项只能依靠句法终端以及词项自身所带有的语法特征来决定。对于（13），三个词项带有相同的决定词根语类属性的[+n(ominal)]特征，根据"子集原则"，词项自身所携带的特征必须"少于等于"终端节点特征，且不能带有终端节点上不存在的特征。那么，如果 n 节点不存在其他具有区分性作用的特征或特征值，那么三个词项的竞争是靠什么来决定的？

与其他有限竞争的功能性语素的词项竞争不同（如 T 语素所插入的词项-ed 和-s），定类语素的词项竞争均无法通过语法特征予以区分，而需要为每一个词项罗列自身的插入环境，否则就无法得到正确的词项。这就表明，词汇列表中已经特设了每一个词根在形成名词时最终会有什么音系表征的词项来体现，这与以往词汇主义形态学在本质上不存在区别，那么"词项晚插入""特征不详标"以及"子集原则"等

第八章 分布式形态学的构词手段

概念和原则的提出也就不具有实质性意义了。

3. 一些派生词缀之间的差异实际为词汇语义差异，而非语法意义差异。尽管（13）已经标注了各词项的插入环境，但仍然无法区分插入同一词根的不同词项的竞争。例如，词项-er 和-ee 竞争的语境条件均包含词根√EMPLOY，在词项列式中具有同等的排序，分别能够形成 employer（雇主）和 employee（雇员）。对比可知，两个词项所形成的派生词之间不是语法特征的差异，而是词汇语义的区别：-er 表达"施事者"概念；-ee 表达"受事者"概念。同样无法解释的还有类似 physicist 和 physician 之间的差异，尽管两者来自同一词根√PHYSIC，但前者义为"物理学家"，后者义为"内科医师"。再如 music$_{[n]}$ 与 musician$_{[n]}$。与之相似的情况还有 actor 和 actress，其中词项-or 与-ess 的区别在于二者表达了不同的"性特征"。如果认为该性特征是语法性（grammatical gender），那么结合-or 可以出现在中性词（mentor, vendor, doctor）中的情况，只能认为词项-ess 带有[+FEM]特征，而-or 为默认词项，二者的分布如（14）所示：

（14） -ess ⟷ [+FEM]
　　　 -or   ⟷ elsewhere

（14）所示的词项竞争表明，当终端节点 n 带有[+FEM]特征时，插入词项-ess，否则插入默认词项-or。暂且不论其他"表人"词缀同时参与竞争的情况（如默认词缀完全可能为-ian, -ist 等），仅在 steward 和 stewardess 中，词项的插入情况就已与（14）不匹配。当 n 带有[+FEM]特征时，插入-ess 形成了 stewardess（女乘务员）；但当 n 不带有[+FEM]特征时，其插入的默认词项为∅，而非词项列式中的-or（*steward-or）。实际上，结合包含此类词缀的名词在客观世界的指称，不难发现此时该词缀区分的是该名词的"自然性"（natural gender）特征，而非语法系统中进行"一致（agree）"操作的"语法性"。也就是说，-ess 与-or 等词项"性特征"的区分是词汇语义的，而非语法的。至少对于此类"表人"后缀，词项之间存在词汇语义层面的差异，而非语法意义的差异。

4. 除了词项竞争带来的问题，这一分析还导致了一个概念上的转换。传统形态学研究根据词缀的功能将其分为屈折词缀和派生词缀两类。前者属于功能（functional）语素范畴，表达语法意义；后者属于词汇（lexical）语素范畴，表达词汇意义。然而，如果将派生词缀视作插入定类语素的词项，就表明原有的派生词缀在 DM 框架下全部变成了功能语素的音系表征，导致派生词缀失去了原有的构词功能，转为表达语类属性这一语法范畴。这就意味着，在现有的 DM 框架下，需要重新考虑屈折词缀和派生词缀的区分，因为二者均为表达语法意义的功能性语素的词项，简言之，无论 n/v/a 等语素最终插入什么词项，其本质与 T 上的-ed 相同，因为定类语素与 T 均为功能语素，表达的是语法范畴意义。这一转变不仅是名称上的转变，而且是对语法功能与词汇功能的区分，进而影响到对"构词"和"构形"的认识①。

综上，将派生词缀视作定类语素的观点无论在理论上还是在实践上均存在一定问题。首先，这一界定是基于传统语素的"音义结合体"这一概念，忽略了 DM 框架下派生词缀实际只是句法终端的音系表征，也就无法从外在形态考究其本质属性与特征；其次，如果派生词缀均为定类语素的音系表征，那么会造成无尽的竞争关系，而对词项竞争语境的规定却又使 DM 理论背离了"分离主义"思想，回归到传统形态学设定之下；再次，这一观点违背了派生词缀自身所具有的词汇属性，将其语言功能强行由"构词"转为"构形"，完全忽视了词缀之间的词汇语义差异；最后，这一设定实则忽视了"派生"与"屈折"的概念和功能，模糊了二者的边界。因此，对于派生词缀本质地位的探讨，De Belder（2011、2017）和 Lowenstamm（2015）等学者提出将派生词缀也视作词根。

---

① Embick（2015）在对词根的定类语素进行阐释时曾提到，在 DM 理论中，词语的结构是根据句法建构的，因此所有复杂的词语形式本质上都是句法的，那么就不应该再区分派生形态和屈折形态。在 DM 理论中，定类语素也是句法成分，与其他功能语素相同（如时态中心语 T 和限定性中心语 D 等）。

（二）插入词根的词缀

针对词缀所导致的词语重音转移现象，Lowenstamm（2015）认为 Marvin（2002）的研究不能够解释重音转移型和重音中立型词缀的不同表现，即使定类语素能够引入语段，但形态层面也无法区分包含重音中立型和重音转移型词缀的结构差异。由于 DM 遵循"晚插入"原则，词根与词缀的音系表征都是句法推导后在 PF 部分插入的，这就导致在句法拼读发生时，被移交至 PF 的词内结构是不带有任何音系信息的。"词语结构的音系解读（语段）是严格遵循语类模式进行的，无论最终插入的词项表征什么语类，都要遵循这一点。"（Lowenstamm，2015：240）因此，即使在 atomicity 和 atomicness 这两个派生词中，前者发生了重音转移，后者没有发生，但二者所移交的词内结构完全相同，均为[n[a[n[√ATOM]]]]。由于词语结构相同，因此无法从结构上来区分这两类词缀。此外，Lowenstamm（2015）和 De Belder（2011）分别观察到英语和荷兰语中同一个派生词缀的表现形式并非只能实现同一个定类语素，如（15）和（16）所示：

(15) a. -ian]$_A$ b. -ian]$_N$
   reptile-ian librar-ian
   reptile-IAN library-IAN
(16) a. -aat]$_A$ b. -aat]$_N$
   accur-aat kandid-aat
   ACCUR-AAT KANDID-AAT
   'accurate' 'candidate'

——Creemers 等（2018：46-47）

在（15）和（16）中，英语词缀-ian 与荷兰语词缀-aat 并非只标示一种语类属性的词语。如果将派生词缀视作定类语素的语音实现，那么必然要回答为什么具有相同语音形式的词项，如英语中的-ian，既能够插入形容词性定类语素，又能够插入名词性定类语素。实际上，英语中此类语类灵活的派生词缀并不少见，例如-ly（quickly$_{[adv]}$

-friendly[adj])和-en(deepen[v] woolen[adj]);而在荷兰语中,有20%的词缀具有灵活的语类表现(De Belder,2011)。因此,Lowenstamm (2015)提出将派生词缀也视作词根,并通过设置特征的方式来进行区分,如:

(17) a. 带有特征[u √]的词根,如√AL,√IC 等。
b. 带有特征[u xP]的词根,如√LESS,√ABLE 等。

两类词根在推导过程中分别带有不同的不可解读特征(uninterpretable features),通过与对应成分的合并将该特征核销,以投射对应的层级。(17)中的两类成分分别对应 SPE 框架下的 Level-Ⅰ和 Level-Ⅱ型词缀。(17a)中的词根在推导中需要与其他词根合并才能删掉不可解读的[u √]特征;(17b)需要与已经定类的短语合并才能删除其不可解读的[u xP]特征。同时,基于构词语段(Marantz 2001)的假设,Lowenstamm (2015)提出,循环性重音规则只应用于第一个语段内部。这样,只有带有[u √]特征的词根(如√AL,√IC 等)才能够发生重音转换现象,因为这类词根位于定类语素节点下,属于语段域内。相比之下,带有[u xP]特征的词根(如√NESS)只能与已经定类的结构合并,位置高于定类语素节点,属于语段域外,无法应用重音转换规则,最终表现为重音中立。两类结构对重音转换的影响差异如(18)所示(Creemer 等,2018:64):

(18) a.   b.

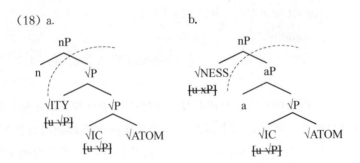

在(18)中,√ITY 和√NESS 带有不同的特征,体现了不同的构

词过程。(18a) 中的 √ITY 带有的 [u √] 特征，只能与复合词根 √P 合并，之后再与定类语素合并；而 (18b) 中的 √NESS 带有的 [u xP] 特征，使其只能与已经定类的形容词短语 atomic 合并。这就解释了为什么由 -ity 结尾的 atomicity 发生了重音转移，而 -ness 结尾的 atomicness 则保持了重音中立。因为重音规则的改变只发生在词根域内，在 aP 域外的 -ness 不适用于音系规则的变化。

整体来看，Lowenstamm（2015）的研究已经在试图克服以往 DM 理论将所有派生词缀视作定类语素的音系表征所产生的理论问题，同时也结合了构词语段的概念，解决了派生构词的循环性重音转移现象，整体上推进了对派生构词的认识。但是，Lowenstamm（2015）虽然指出了 Marantz（2001）和 Marvin（2002）等人的研究忽略了 DM 遵循的"晚插入"原则，但实际上其自身的研究也未能完全跳出词汇主义形态学的研究框架。

首先，在将派生词缀视作词根音系表征的基础上，根据 [u √] 和 [u xP] 特征将其分为两类，如 √IC 和 √LESS 分别带有 [u √] 和 [u xP] 特征。然而，词根带有何种类型的特征看似是自身的内在属性，但其实质仍然是基于最终词项的音系表现来决定的，并未提出内在的分类依据，所有携带 [u √] 的词根，最终插入的词项均为传统形态学中的粘着语素。

其次，在理论层面，认为词根带有不可解读特征的观点违背了 DM 理论对于词根的根本认识。在 DM 中，词根与功能语素的一个本质区别就在于词根不带有语法特征，但显然，[u √] 和 [u xP] 特征并非语义或音系特征，而是句法特征。Lowenstamm（2015）并未详细论述此类特征的具体属性，但如果认为 √IC 带有的 [u √] 特征使其与未定类的词根合并，那么与其合并的词根势必要带有可解读的 [i √] 才能为不可解读特征赋值。这就意味着词根带有了句法特征。尽管可以从狭义视角将"词根不带有语法特征"理解为只是不具有语类特征，但这就大大缩减了 DM 理论的统一性与解释效力。因此，在理论层面，词根是否带有 [u √] 和 [u xP] 等句法特征还需要全面深入的论证。此外，根据 Gallego（2010）、Citko（2014）和 Chomky（2021）等人的相关研究，在句法推导中，只有语段中心语带有不可解读特征。如果该假设成立，那么构词语段的概念是否会产生新的问题还尚未可知。

最后，对词根存在的判定，Lowenstamm 指出，blueberry 和 cranberry 两个单词共包含三个词根，即 √BLUE，√CRAN，√BERRY。只有√BLUE 和√BERRY 是在百科知识列表中被记录的词根，而√CRAN 这一词根并未记录。对于这一区分，主要是基于以下的分布情况：

(19) a. atom　　atomic　　atomicity
　　 b. motor　*motric　　motricity

在（19）中，尽管 a 与 b 之间的构词规则相同，但英语中不存在 *motric 这一形容词。这一形式没有产生，并不表明√IC 没有选择与词根√MOTOR 合并，因为（19b）中 motricity 的存在表明，√IC 能够选择与√MOTOR 进行合并。基于此，Lowenstamm（2015）提出，*motric 不合语法是因为 [$_{a/n}$ a/n[$_{\sqrt{P}}$[√IC[√MOTOR]]] 这一结构与 [a/n √CRAN] 一样，并未记录在百科列表中。尽管我们赞同将部分词缀视作词根这一观点，但是将语言中不存在的词汇结构归结为百科知识列表却又并未存储其中，我们认为还有待推敲，主要基于以下原因：

第一，目前的 DM 研究主要集中在 NS 和 PF 部分，较少对 LF 分支的内部成分及语义解读模式进行理论探讨，百科知识列表内部的成分和机制在 DM 内部也尚未得到解释。这一做法看似解决了问题，但从理论整体来看，难免会产生新的问题，即为什么百科知识列表没有存储具有明显组合规则结构的语义，却储存了相同结构的 atomic 或更复杂结构的 atomicity。

第二，此类词汇可以简单概括为"有结构，无语义"。实际上，语言中存在一类与其完全不同的词语，即习语。以英语中的习语 cats and dogs 为例，其体现的"猫和狗"与"猛烈地"两种不同的语义具有相同的结构。如果套用 *motric 不合语法的理由，那么完全有理由认为二者具有不同的句法结构而导致了百科知识列表对其解读产生了不同，然而事实却并非如此。

第三，根据百科知识列表是否存储某一结构来判断该词是否存在，就完全背离了分布式形态学的理论基础，不仅无法证实，也不能解决理论问题。对于（19b）中 *motoric 的语义解读，只要百科知识列表储存了词根√MOTOR 和√IC 的语义，以及（19a）中 atomic 的句法结构和规则，那么就没有理由认为百科知识列表无法解读 motoric 的语义。motoric 只包含了两个词根以及一个合并规则，从理论上看并不难解读。

综上所述，尽管词缀即"词根"的观点是对形态和音系复杂关系研究的重要推进，但这一论断仍然存在一些问题。为此，Creemers 等（2018）认为，词缀的语类灵活性不应被算作派生词缀的内在属性，并对大多数不具有灵活语类变化的词缀进行了解释，提出这些词缀不是词根而是定类语素中心语，因此，其不变的语类特征是可以预测的。这样，词缀的地位就可以根据是否能够产生语类变化来区分。同时，具有定类语素地位的词缀能够产生语段边界。Creemers 等（2018）的研究观点可以被概括为"具有语类变化的词缀属于词根，而语类固定的词缀属于定类语素"。

（三）部分作为"词根"的词缀

根据对荷兰语派生词缀的观察，Creemers 等（2018）认为，荷兰语中 20% 的语类灵活变化的词缀应该具有一定的语法属性，而不只是 De Belder（2011）所认为的规约性所导致，并将这类词缀视作词根；而将另外 80% 不具有语类变化的词缀归为功能性中心语，即定类语素。

（20）只有语类灵活的词缀才是词根；其他派生词缀实现为功能中心语。

——Creemers 等（2018：48）

基于此，Creemers 等（2018）提出，在 DM 框架下，派生词缀分为两类：词汇性词缀（lexical affixes）和功能性词缀（functional affixes），并结合了 Lowenstamm（2015）的观点，将词缀分为表 8-1 所示的类型。

表 8-1　词缀类型（Creemers 等，2018：67）

词缀类型	词汇性词缀	功能性词缀	
		第一语段	后续语段
类型	a. l-affix [u √P]	b. f-affixes [u √P] f-affix[u x]	f-affixes [u xP]

根据 Creemers 等（2018）的分类，表 8-1 将原有的 level-Ⅰ型词缀分为 a 和 b 两类，两类均属于第一个语段内的词缀。结合词缀对语类的决定作用，表 8-1 中 a 类词缀属于词汇性词缀（l-affix）；b 类词缀和第一语段外的词缀为功能性词缀（f-affix）。即使同为功能性词缀，二者也能够根据各自的选择限制进行区分。Creemers 等（2018：67）的具体观点如下：

(21) a. 存在两种类型词缀：词汇性词缀（l-affix）和功能性词缀（f-affix）。
 b. 功能性词缀可以具有不同的选择要求：[u √P]，[u xP] 或 [u x]。
 c. 只有语段中心语的循环性补足成分能够送至界面（Embick，2010）。

(21a) 是 Creemers 等（2018）对词缀地位的主要认识，其将派生词缀分成两类：一类是 Lowenstamm（2015）和 De Belder（2011）认为的词汇性词缀；另一类则是 Marantz（2001）和 Marvin（2002）界定的功能性词缀。表 8-1 中的 a 和 b 两类词缀都需要与未定类的词根合并，并带有不可解读特征 [u √P]；第三类词缀需要与已经定类的短语结构合并，因此其带有不可解读特征 [u xP]。此外，有一类功能性词缀

第八章 分布式形态学的构词手段

不具有明确的选择限制,因此带有特征[u x],需要通过与定类语素或词根合并来满足其特征。这类词缀既可以与词根合并也可以与已定类的结构合并。此外,当此类词缀与词根合并时,能够表现出重音转移现象,而当与已经定类的短语结构合并时,表现出重音中立现象。

根据 Marantz(2001),定类语素均为循环性中心语,具有作为语段中心语的基础。Embick(2010:51-53)将拼读操作界定如下:

(22) a. 当循环中心语 x 合并时,处于 x 的补足成分的循环域被拼读。
b. 循环性 y 的合并触发 y 的补足成分的循环域的拼读。对于一个在 y 的补足语位置由中心语 x 形成的循环域来讲,这表明 x 的补足成分及 x 自身以及任何边缘成分都会发生词项插入。

Embick(2010)的一个重要观点就是语段中心语的补足成分在送至界面时,需要包含语段性或循环性内容。因此,在(23a)的结构中,由于在 x_1 的补足语√P 中不具有任何循环性中心语,因此并没有任何成分需要被送至界面;而在(23b)中,当 x_1P 与第二个功能性中心语 x_2 合并时,x_2 作为语段中心语,触发其补足语位置具有循环域的 x_1P 的拼读。

(23) a.   b.

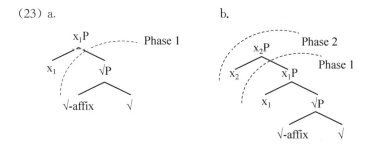

综合不同词缀的特点以及 Embick(2010)提出的循环性拼读,三

类词缀在词内结构占据的位置以及触发拼读的具体表现如（24）所示：

（24）
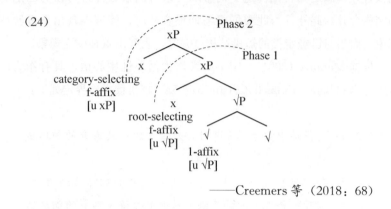

——Creemers 等（2018：68）

由于第一个被送至界面的语段最少包含一个词汇语素以及最低位的功能性词缀，因此，在该结构中，这一部分会受到循环性音系规则的支配，例如英语中的重音分配。实际上，这种局域性的实现方式预测了表 8-1 中 a 和 b 两类词缀都对重音的分配规则是可视的，因为这些成分都在第一个语段内部。与此相反，语类选择型功能语素不能够出现在第一个语段内部，因此对于重音分配规则是不可视的。

三、派生词缀再认识

综合来看，目前 DM 理论内部对于派生词缀的句法地位主要有两个主流观点：（1）Marantz（1997a、2001）和 Marvin（2002、2013）等人的研究将传统派生词缀视作决定语类范畴的功能性语素的语音表征；（2）De Belder（2011、2017）和 Lowenstamm（2015）则认为派生词缀是插入词根的词项，属于词汇语素范畴。基于上述两类观点，Creemers 等（2018）通过对荷兰语后缀的研究，提出将派生词缀分为两类：一类是表现出多种语类属性的派生词缀，属于词根的音系表征；另一类派生词缀则归为定类语素的音系表征。实际上，Creemers 等（2018）的研究也应属于第二类，因为该研究本质上也认可派生词缀并不都具有决定词根语类属性的句法功能。

综合对英汉派生词缀分布及使用情况的观察，我们认为派生词缀应该根据其语言功能及词汇意义分为两类：第一类是不决定也不改变词语语类属性的且具有明确词汇语义的词汇性词缀，此类词缀是插入实词语素的音系表征；第二类派生词缀是具有决定词根语类属性功能的，但不具有词汇意义的定类语素的音系表征。

(一) 词汇性词缀

在英语中，drink 同时具有名词和动词两种语类属性。那么，两类 drink 是否存在转换（conversion）关系？Plag（2003）提出，对于词与词之间是否为转换关系（零派生），可以从以下四个方面来判断：(1) 从历时的角度考察词源；(2) 派生词的语义比原词根复杂；(3) 具有规则屈折变化的词派生于非屈折变化的词；(4) 词内重音的变化。综合上述四个方面，可以将 drink 的两种形式判定为派生关系，即名词 drink 是由动词 drink 派生而来。从题元角色看，名词 drink（饮品）是动词 drink（饮用）的主题（theme），二者的结构关系如下所示：

(25)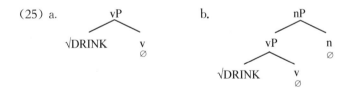

(25a)（25b）分别为 drink 的动词结构以及由其派生的名词结构。那么，名词 drinker（饮用的人）又是派生于（25）中的哪一结构？根据词语之间的语义关系可知，相较于动词 drink，名词 drinker 表达实施者（agent）或经历者（experiencer）的语义，而其与名词 drink 并不存在"所属""修饰"等句法结构关系。同时，在结构上，如果从（25b）的名词性结构上继续派生名词，则意味着该结构需要继续与名词性定类语素 n 合并，不仅阻断了其与动词之间的结构联系，同时产生了冗余的结构。这就表明，drinker 中的-er 如果作为定类语素的音系表征，那么该词项插入的 n 节点只能是与动词 drink 合并，该结构如（26）：

(26)
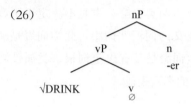

（26）与（25b）拥有相同的词内结构，但最终的语音实现却存在差异。在 DM 框架下，对于功能语素的词项插入问题，往往都是通过句法终端和词项所携带的句法特征的匹配程度来解决，但是对于此类定类语素究竟有何句法特征能用来区分插入的不同派生词缀，现有研究并未予以回答。由于结构相同，也包含相同的功能语素 n，显然，drink[n.] 和 drinker 均属于 [n(ominal)] 范畴。因此，两个词语的差别只能体现在词汇语义上，这与其他功能语素之间的差异不同。例如表达时范畴的语素之间根据其带有的语法特征存在语法意义的差别：play-ed 表达过去时范畴，而 play-s 则是现在时范畴。这也是为什么在传统语法中，通常根据"名词性后缀"-er 所表达的"施事者/经历者"的语义将其归类为"表人"类后缀，这一分类标准依据的正是该词项所表达的词汇语义，而非语法意义。既然如此，那么这类成分是否还应归为插入定类语素的词项？

如果将上述情况扩展，那么仅就"表人"义来讲，n 节点的插入情况清楚地表明，同一定类语素能够具有非常多的语音实现形式，会产生（27）所示的词项竞争情况：

(27) n ⟷ er / [√TEACH, √DRIVE, √CLEAN…]
　　　―――
　　 n ⟷ or / [√ACT, √DIRECT, √COLLECT…]
　　　―――
　　 n ⟷ ee / [√EMPLOY, √INTERVIEW, √TRAIN

第八章 分布式形态学的构词手段

```
                  ...] ___
    n ←→ an  / [√ LIBRARY, √ CANADA, √ MUSIC
    ...] ___
    n ←→ ist / [√ ART, √ SCIENCE, √ JOURNAL
    ...] ___
    n ←→ ary / [ √ REVOLUTION, √ SECRET,
    √ MISSION ...] ___
    n ←→ man/ [√ POST, √ BUSINESS, √ FIRE ...]
    ___
    n ←→ naut/ [√ ASTRO, √ CYBER ...] ___
    n ←→ ant / [√ ASSIST, √ SERVE, √ APPLY ...]
    ___
    n ←→ ... ...
    n ←→ ∅
```

对于英语中此类派生后缀，由于其竞争插入的均为同一个n语素，词项列表中的词项均带有完全相同的特征，因此只能通过罗列词项插入的语境条件才能得到正确的音系表征。如果将这一竞争方式进行扩展则会产生无尽的竞争关系。除了（27）中所列词项，英语中所有被认为是名词性的派生词缀均需要共同参与竞争，如-tion、-ment、-cy、-ism、-ness、-ity等。与（27）中"表人"词缀的竞争相同，其他派生词缀的插入也只能通过规定语境条件的形式来解决。然而，作为解释性的语言学理论，DM应该在理论内部对此类成分给出合理的解释，而非采取本质上与描写为主的语言学研究相似的方法。

根据对（27）中部分派生后缀的词源考证，我们发现这些派生词之间的语义差异完全体现在词汇意义方面，不存在语法意义的差异。这些作为词项的派生词缀均有不同词汇意义，即使一些外来词缀在源语言中也是具有实在词汇意义的成分，例如：

（28） a. -ant 施事或工具性，源自古法语和法语中的-ant，拉丁语的-antem，-ans 的宾格形式。

b. -ary 名词的构词成分，多数情况下源自拉丁语 -arius，-aria，-arium，意为参与的人。

c. -ee 法律英语中的构词成分，代表英法语（Anglo-French）中作为名词的过去分词的-é 结尾。由于这些词有时与-or 中的施事者名词结合在一起，因此这两个成分就成了一对，用来表示一个动作的发起者（initiator）和接受者（recipient）。

d. -er 表示一个人或一件事与某物有关，因此作为施动者名词的规则形式。有人认为这个词根与拉丁语-arius（-ary）相同，可能是借用于该词根。

e. -ist 构词元素，意为"做或使做的人"，也用来表示坚持一定的原则或习俗，源自法语-iste 和拉丁语-ista（也源自西班牙语、葡萄牙语、意大利语-ista）。

根据对比，不难发现此类后缀所表达的意义均是"做某事的人"，存在"施事者""接受者""使动者""参与者"等词汇意义的差异。那么，至少就"表人"义来讲，banker，employee，scientist 等词中的后缀所带有的词汇意义与 businessman 中的 man 相似，具有完全相同的构词功能，在构词推导中理论上应该具有相同的句法地位。另外，仅就英语后缀-er 来讲，Marantz（2016）曾指出，由英语-er 后缀所构成的名词指的是一个人习惯性地做该动词所描述的事情，可见，该词缀具有较强的词汇语义，且构词数量多，具有一定能产性。除了表示"人"，其表达"工具"义的用法也十分常见，对比如下所示：

(29) a. worker, singer, leader, writer, teacher, researcher, waiter, driver, painter, examiner, owner, lawyer, observer, adviser, thinker, wrestler, employer, reader, killer, murderer...

b. washer, lighter, heater, boiler, opener, adaptor, charger, container, computer, drawer, sharpener, shaver, calculator, cleaner, eraser, helicopter, elevator, detector, speaker, separator, compressor…

在（29）中，-er 的两种语义在构词时界限清晰。（29a）中带有后缀 -er 的词语表达的是动作的"发出者、施事者、经历者"等；而（29b）中带有后缀-er 的词语则表达能够进行该动作的"工具"。两类词语中-er 的词汇语义差异明显，并未体现与"时、体、态"或"人称、性、数"等方面的语法意义差异。因此，综合来看，我们只能重新考虑此类派生词缀的属性，将其与定类语素的作用分离。观察发现，不仅是-er 后缀，其他的英语派生词缀的语义表达也具有显著差异，如（30）和（31）：

(30) a. -al   arrive   arrival
                overthrow   overthrowal
                recite   recital
                refer   referral
                renew   renewal
     b. -ce/-cy converge   convergence
                emerge   emergence
                adequate   adequacy
                animate   animacy
                intimate   intimacy
     c. -ion   educate   education
                starve   starvation
                abort   abortion
                act   action
     d. -en   broad   broaden
                quick   quicken
                strength   strengthen

	e. -ful	beauty	beautiful
		insight	insightful
		purpose	purposeful
		forget	forgetful
	f. -ous	advantage	advantageous
		vary	various
		courage	courageous
		luxury	luxurious
(31) a. -er		teach	teacher
		read	reader
		drive	driver
		work	worker
		draw	drawer
	b. de-	compose	decompose
		grade	degrade
		compression	decompression
		generate	degenerate
		base	debase
	c. pre-/pro	history	prehistory
		requisite	prerequisite
		caution	precaution
		heat	preheat
	d. un-	predictable	unpredictable
		known	unknown
		believable	unbelievable
	e. -less	fear	fearless
		bound	boundless
		use	useless
		home	homeless
	f. neo-	realism	neorealism

lithic	neolithic
tropical	neotropical
classic	neoclassic

　　(30)和(31)中的词缀所表达的语义内容具有明显的区分。(30)中的词缀基本不具有或无法概括出明确的词义。根据 Plag(2003)，这些词缀多是为词语附加了抽象语义。例如，动词通过与-al 组合，形成了指称动作或动作结果的抽象名词；-ce/-cy 可以与动词或名词组合，尽管二者的分布并未完全明晰，但其形成的名词多表示状态（state）、属性（property）、品质（quality）或事实（fact）；-ion 源自拉丁语后缀，与其组合成的派生词多指称事件（event）或过程的结果[①]；后缀-en 源自德语后缀，大多与形容词和名词组合，表达"使役"含义；后缀-ful 和-ous 多与名词组合，有时也与动词组合，表达"具有 X 的特征"，其中 X 为与其组合的词语。

　　可见，(30)中的后缀都不带有任何实在的词汇语义，其功能是标示词语的范畴化属性，例如，表示"事实、实体"的抽象名词范畴；表示"使役、动作"的动词范畴；表示"具有某种属性或特征的"形容词范畴等。从 DM 的角度来看，这些词缀所体现的功能才与定类语素的功能相符，因此，我们认为只有与(30)中的词缀具有相同功能的词缀才是定类语素节点的语音实现。

　　相比之下，(31)中的词缀未体现语法功能的差异，也并未具有定类语素的"定类"功能。第一，从外在形式来看，除了-er 外，其他词缀的插入均未影响原词语的语类属性。由于零形式语素∅的存在，至少没有充分的证据能够证明这类派生词缀是插入定类语素节点上的词项。此外，即使与-er 合并的词语多为动词性，但-er 也并非不能与其他名词组合，如 banker, teenager, villager, philosopher 等。这就表明，至少对于这类词语，要对零形式词项∅和-er 进行区分。

[①] 并非所有以此类成分结尾的均为派生词，如 ambition, billion, caption, condition, champion, fiction, union, vacation, version 等词语并非派生词，而是由一个词根与一个零形式定类语素合并而成的词语。对于词语构成成分的判定应具体情况具体分析。

第二，与（30）相比，（31）中词缀的词汇语义实在且明确，-er 表"人"（teacher）或"工具"（heater）；de-表"下降"（degrade）或"退化"（degenerate）；pre-表示"先前的、前面的"（preview，premature）；un-表示"相反义"，如（unreal、unimportant）；neo-表示"新的"（neocolonialism，neolithic）。这些词缀为原词语所带来的词汇语义的改变完全无法被定类语素的意义所涵盖，也与定类语素所具有的"名词性"或"动词性"等语法范畴无关。实际上，由这些词缀组构的词语往往可以通过其他独立的词来体现，如 Marantz（2016）指出，英语前缀 re-的语义等同于 again，因此 John *re*painted the house = John painted the house *again*，其中 paint 和 repaint 之间的语义差异取决于动词的前缀。

第三，以往对词根和词缀的区分主要依据成分的形态音系特点。例如，由于 business 和 man 能够独立存在，因此 businessman 被界定为复合词；而-er 无法独立存在，因此 banker 被界定为派生词。语义的对比表明，词根 man 与词缀-er 均具有表示"人"的词汇意义，但只是由于-er 无法独立存在，因此通常归为词缀范畴。可见，在对词缀进行界定时，形态音系属性起到了重要作用。然而，根据我们前面对构词语素和词项的区分，如果严格遵循 DM 的晚插入原则，我们就没有理由仅根据-er，-ee，-ist 的粘着性特征就将其归为功能语素，因为这些成分只是词项列表中的词项，而非构词语素本身，还需要考虑其所体现的句法功能和语义表达。

除了英语，在汉语词汇研究中，尽管对汉语词缀所包含的成分并未达成共识，但也有学者提出不能仅考虑构词成分的粘着性特点，例如符淮青（2020）就指出，"酸性、中性、会员、队员、农夫、渔夫"中的"性、员、夫"并非"词根 + 词缀"的附加式构词，尽管"性、员、夫"在汉语中是粘着语素，但是在这些合成词中，"性、员、夫"是具有明确的、实在的意义的。"性"表达的是物质所具有的性能，或因含有某成分而产生的性质；"员"指工作或学习的人、团体或组织中的成员；"夫"指成年男子或从事体力劳动的人。对比汉语合成词的构成发现，仅根据构词成分的粘着性特点来判断合成词的类型也存

第八章　分布式形态学的构词手段　　　　　　　　　　　　　　　195

在一定的问题，如"民"和"夫"为粘着语素，但"渔民""农民"却为合成词，而"渔夫""农夫"却为派生词，这种分析方式明显存在矛盾。

综合上述问题与事实，我们提出将此类具有明确且实在词汇语义的词缀界定为插入词汇语素（l-morpheme）的词项，本质上是词根的音系表征，只不过有些词项的形态特征表现为粘着性。词项的粘着性与其作为实词语素音系表征的身份并不冲突，在英语中还存在其他许多粘着词项也是作为词根的音系表征，如前面提到的 circul-（circulate, circulation, circulatory, circular）和 simul-（simulant, simulate, simulation）等，尽管这些词语通常都是起源于拉丁语。另外，英语中的前缀通常也体现词汇语素的属性，如 de-、pre-、pro-、un-、-less、neo-等。这些词汇性词缀在合成词内提供了实在的词汇意义，并不表达语法意义和功能，与传统形态学中复合词的构成相同，只是最终在插入音系表征时，插入的词项可能是粘着的也可能是自由的。

需要强调的是，在 DM 理论内部，词根的概念和内涵发生了变化，构词过程中的词根并非传统语言学中能够独立使用的构词语素，而是不具有音系特征的表达概念意义的语素。此类成分的判断依据主要是其在构词过程中的语义贡献和句法功能，而非最终插入词项的形态音系属性。实际上，这一界定并不是对传统"词缀"概念的否定，因为词语的语义和形态并不具有对立性。从形态特征上来看，如果插入的词项具有粘着性，那么确实具有"缀"的特征。因此，为方便表述，在后文我们采用了 Creemers 等（2017）所提出的术语，统一将此类词缀称为 l(exical)-affix，即在构词过程中发挥构词功能（非语法功能）的具有实在词汇语义的词汇性词缀。这一术语既综合了其在句法构词过程中的作用，又体现了其作为"缀"的形态属性。那么，除了词汇性词缀外，（30）中的派生词缀又具有怎样的功能和意义？

（二）功能性词缀

除了词汇性词缀，我们根据词缀的语言功能，还区分了功能性词缀 f(unctional)-affix。这一类别的词缀具有两个特点：不表达词汇意义，具有语法功能。功能性词缀不具有或无法概括出统一且明确的词汇意义，而是决定或改变词语的语类属性和语义类型。功能性词缀在英语中通常以后缀的形式出现，而在汉语中通常表现为零形式∅，英语中常见的功能性词缀如下所示：

(32) 名词性后缀

    1) age   marriage, breakage, postage, leakage...

    2) al$_{[n]}$ arrival, denial...

    3) ance   appearance, annoyance, conveyance, ascendancy, buoyancy...

    4) dom   freedom, kingdom, wisdom...

    5) ence/ency   dependence, difference, effluence, sentience... currency, pungency, rugency, tendency...

    6) ion   attraction, calculation, decision, derivation, competition...

    7) ity   density, sincerity, acuity, brevity, unity, beauty, liberty, royalty, safety...

    8) ment   enjoyment, amazement, fragment, instrument, nutriment...

    9) ness   blackness, preparedness, carefulness, kindness, willingness...

    10) o(u)r   ardor, favor, labor, error, horror, terror...

    11) th   birth, mirth, length, coolth, growth, stealth...

(33) 形容词性后缀

    1) ous   advantageous, anxious, credulous, obvious, delicious...

    2) ive   attractive, imitative, decisive, native, talkative, creative...

    3) a. al$_{[adj]}$ national, industrial, mental, natural, educational...

第八章 分布式形态学的构词手段

    4）en   golden, woolen...
    5）ish   childish, foolish, girlish, reddish...
    6）y   healthy, noisy, crazy, funny, daily...

（34）动词性后缀
    1）en   sharpen, soften, strengthen, lengthen...
    2）fy   simplify, classify, beautify, purify, intensify, signify...
    3）ize   modernize, organize, criticize, capitalize, crystallize, civilize...
    4）ate   separate, operate, indicate...

    与词汇性词缀相比，功能性词缀的意义通常需要根据其所接词语的意义进行概括。通过观察，由功能性词缀构成的词语的语类属性通常与其语义类型具有相关性，因此我们认为词类词缀才是插入定类语素节点的词项。其中，（32）中的词缀是插入名词性定类语素的词项，构成的多为抽象名词，能够表达行为或行为的后果（如 marriage, breakage），行为的性质（如 buoyancy, conveyance），动作的过程、结果、状态（如 attraction, collection, competition），或动作的原因和手段（如 measurement, nutriment）；（33）中的词缀是插入形容词性定类语素的词项，所构成的词语多表达状态（如 stative, progressive）、与行为或事物有关的性质或倾向（如 wooden, different）等形容词性范畴的语义类型；（34）中的词缀是插入动词性定类语素的词项，表达的语义类型多为使动性语义（如 sharpen, soften）和事物的变化（如 crystallize, simplify）等。

    与词汇性词缀不同，功能性词缀主要表达的是抽象的语法意义，并不带有词汇意义，其主要功能是使词根在不同的语类范畴之间转换。例如，Marantz（2016：158）在对屈折和派生的词形变化表（paradigm）进行区分时就提到了后缀-ity/-ness 之间的关联。他指出，名词后缀-ness 的语义为"作为形容词的性质或属性（the quality or property of being *adjective*）"，而后缀-ity 也是同一语素的音系实现，只不过具有更为严格的实现环境。当词干的结尾是-able时，通常倾向于插入-ity，此时-ness受到阻断，因此 transferable 的名词形式为 transferability，而非 *transferableness。可见，如-ity 和-ness 等词缀表达的确为语法意义和功能。

功能性词缀能够规则性叠加，如 grammaticalization 是由词根 √GRAMMAR 分别与 ∅，-al，-ize，-ion 四个功能性词缀（定类语素）合并构成的，整个合成词的语义依然围绕词根 √GRAMMAR 展开，只是改变了语类属性。而词汇性词缀不具有这一特点，即使多个词汇性词缀共现，词语的语类属性也不会发生循环性改变，如 psychotherapist 中的 psycho-，-ist 等词汇性词缀的连用仅增加了词汇语义。我们认为，之所以词汇性词缀在词语内部无法存在多个，主要是由于受到了构词规则的限制，如果一个合成词内部的实义语素过多，对其词汇化的程度也有影响，因此最好以短语的形式来表现。

另外，两种类型的词缀均存在同形异义现象。功能性词缀中，national 和 arrival 中的后缀-al 虽然具有相同的表征形式，但二者分别是插入名词性定类语素与形容词性定类语素的不同词项；同为实词语素的-er 分别表达两种语义，即-er$_1$（人）和-er$_2$（工具）；词汇性词缀-er 和具有表达比较级意义的功能性词缀-er（如 bigger）之间也具有相同的音系表征。词缀之间广泛存在的同形异义现象更加表明，我们不能仅根据外在的形态表现来判断构词成分的属性与功能。

四、派生构词过程

由于定类语素有可能插入零形式词项，因此在 DM 框架下对词语之间派生关系的判断主要取决于词义之间的关联性。下面，我们将对 DM 框架下的派生构词的过程进行阐释。

（一）功能性词缀派生

根据前文，功能性词缀指的是插入定类语素节点的词项，这类成

第八章 分布式形态学的构词手段

分在英语中常见①，在汉语中多以零形式来体现。下面来分析典型的功能性词缀构词，如（35）所示：

(35)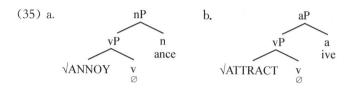

（35a）和（35b）分别为动词派生为名词和形容词的示例。两个无语类的词根√ANNOY 和√ATTRACT 先与动词性定类语素合并形成动词，而后再分别与名词性和形容词性定类语素合并。派生名词 annoyance 作为动词 annoy 的抽象名词形式，而形容词 attractive 则是表达具有动词 attract 这一属性特点，隐含了动词的行为。同样，其他语类属性之间也可以通过派生来构成相对应的形式，发生改变的只是名词、动词和形容词之间的范畴化意义，而非词汇意义。例如，形容词 modern 可以形成动词 mordenize，指"使变为 modern"，如（36a）；名词 gold 可以形成形容词 golden，指"具有 gold 性质的"，如（36b）：

(36)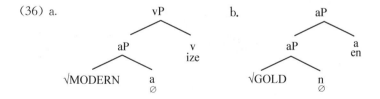

功能性词缀的派生还体现出循环性的特点，即可以进行多重派生，典型的如 grammaticalization。可见，功能性词缀作为插入定类语素的词项，由于其不表达词汇语义，是由派生构成，因此在理论上可以不断循环。相比之下，复合词的构成就受到构词成分的数量限制，如果复合词内词汇语素过多，一般都以短语形式出现。另外，根据定类语

---

① 英语中常见的功能性词缀已在前文展示，此处不再赘述。

素的功能，派生的主要作用是改变词语的范畴化意义，因此，一般不会出现同一语类属性之间的派生，即相邻的两个定类语素不会相同，否则这一过程并未改变词语的范畴化意义，起不到构词的作用。除了功能性词缀的派生，我们在单纯词的构成部分还提到了零形式派生（见本书第168页对 to tape 的分析）的情况，那么两者在结构上有何差异？零形式派生是否存在限制？

（二）零形式派生

除了对词汇性和功能性词缀的区分，前面我们提到，在 DM 理论中还存在许多插入构词语素的零形式词项。对于构词推导来讲，词汇语素一般不会以零形式词项作为音系表征，大多是功能语素在词项竞争时以零形式作为默认的词项插入。在以往的形态学研究中，零形式词项一般体现在转换（conversion）或零后缀（zero-suffixation）构词过程中，属于派生构词法。这种构词方式是指为词语添加语音为空的词缀形式，使其语类属性发生改变的同时却不改变词语的形态，如英语中 water (n/v)、walk (n/v) 和汉语中的"出版""到达"(n/v) 等。

对于零形式派生这一构词手段，由于不依靠显性的词缀形式来体现，因此在以往的研究中也受到过质疑，核心问题就在于语言中是否存在"有义无形"的成分。根据 Plag（2003），在语言中提出不具有显性形态的零形成分虽然难以被接受，但在语言的实际使用中，确实存在类似的现象，如：

(37) a. Jill has a car. Bob too.
  b. Jill promised Bob to buy him the book.
——Plag（2003：12）

(38) a. 我们不知道（#我们）什么时候可以拿到（#我们的）回乡证。
  b. 我不知道我女儿什么时候可以拿到（她儿子的）出生证明。
——石定栩（2020：4）

(37a)中第二个小句 Bob too. 实际上是 Bob (has a car) too. 的省略；(37b)中的动词 buy 也存在一个空语类 PRO 作为其逻辑主语。同样，例(38a)中将后面再次出现的"我们"省略或隐去才是符合汉语的常规表达；(38b)中也可以根据语境补充相应的词语。可见，无论是成分的省略还是空语类的出现，均表明语言中确实存在一些具有语义但却没有形态的成分。石定栩(2020)指出，如果空语类也属于语素范畴，那么将"最小的语音语义结合体"作为语素的判定标准自然也就无法涵盖此类成分，故将语素的定义修改为"有意义的最小单位"。

对于这一现象，Katamba(2006：57)则提出派生词中并不存在"零词缀"，否则会导致派生构词的矛盾。例如，对于 water 一词，无论其名词或动词都不具有一个显性的词缀。如果存在零形式词缀来表征其名词或动词的语类属性，那么意味着存在两个不同的零形式词缀。因此，Katamba(2006)倾向于将转换法视作一种特殊的构词机制(word-forming mechanism)，以此来限制零形式语素的使用。Katamba 的顾虑并非没有道理，尽管 Plag(2003)指出可以从词源、频率等多方面来考虑那些通过转换法所构成的词语哪一个是基础形式，哪一个又是派生形式。但是，在有些情况下，同一词形甚至具有两种以上的语类属性，如 present (n/v/adj) 等。

然而，在 DM 框架下，Katamba(2006)所提出的问题能够得到合理的解释。在 DM 内，无论是词内的定类语素还是其他功能语素（如 T，Num），词项之间的竞争都遵循子集原则，因此需要存在一个词项 ∅ 来满足默认情况。这就表明，插入 n，v，a 等定类语素节点的词项均有相对应的 ∅ 插入，而这并非是派生词独有的特点，屈折语素的词项竞争也具有这一特点，如动词 hurt 的过去式 hurt，名词 sheep 的复数 sheep，都是通过插入 ∅ 构成的。因此，传统形态学中的零形式派生词缀在 DM 中就是定类语素的零形式词项。现有的 DM 理论研究一般认为定类语素的提出就是为了解决词根的语类属性等问题而提出的。因此，在理论内部，定类语素所具有的功能是语法功能，由其产生的零形式派生如下所示：

(39) a.　　　　　　　　　b.

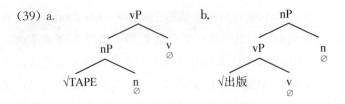

(39)分别为英语和汉语零派生的示例情况。(39a)中,词根√TAPE先于名词性定类语素合并,而后再与动词性定类语素合并,进而改变了其语类属性,因此,所生成的动词tape是基于对应的名词结构nP为基础,这也就解释了为什么动词tape的语义一定与名词tape相关。(39b)的词根"√出版"则先与v合并后再与n合并,因为对于"出版"这一抽象名词来讲,一定是基于动词"出版"所表达的动作,而后转换为该动作所产生的结果。此外,根据我们的观察发现,在进行零形式派生时,与词根合并的定类语素,最终不会连续插入超过两个零形式词项。我们认为,产生这一限制的原因应该是语言的构词机制的限制造成的,因为派生是构词过程,既然是构词,就要在形态上有所体现。如果一个词语是同一词根通过三次零派生所产生的,就无法从形式上判断三个词语的逻辑关系,无法产生有效结果。

从语言的外在表征来分析,不同语言的词项列表存在差异,但英语和汉语中插入定类语素的词项至少都包括"∅"。前面提到的英语中的同形异义词的情况就表明,一定存在零形式定类语素使得同一词根最终形成具有不同语类的词语。相较于英语,由于汉语不具有严格意义上的形态变化,因此较难对构词成分进行界定。杨炎华(2021:165)在对句法构词的可行性进行分析时指出:"汉语传统语法中所讲的词缀在分布式形态学中基本应看作词根,即除了表示'体、数'等语法范畴的少数词缀外,如'着、了、过、们'等,在汉语的词项表中,功能语素尤其是具有语类指派功能的定类语素,基本都是空形式。"邓盾(2018)在对词缀"子"的研究中也指出,现代汉语构词的基本构件是词根,作为功能性范畴实现的词缀极少。这种观点也符合传统汉语语法研究所观察到的语言现象,如陆俭明(2019:53)就曾指出:"汉语的特点不表现在动词、形容词能作主语这一点上,而是表现在大量的零派生和大量的省略上。"实际上,以往所说的零派生在DM中就体现为插入句法终端的零形式词项∅。

第三节　分布式形态学框架下复合词的分类及构成

除了派生词以外,作为合成词的另一大类别,复合词(compound)在传统形态学研究中一般被认为是由两个或两个以上的词基(base)组合而成。因此,复合词是包含一个以上词基,在语法和语义功能上作为单一词项承担同一功能的词汇单位(Quirk等,1985)。

整体上看,复合词在英汉两种语言词汇中都占有较大比例。与派生词不同,复合词内包含更多的词汇语素。在结构主义形态学框架下,复合与派生的区分不存在明显问题,但结合前文中对词缀属性特征的讨论,在DM框架下对某些词的结构分析会得出与以往不同的结论。例如,由词根√ATOM和词根√IC合并而成的atomic就更倾向于复合词类别,而非派生词。因此,由于界定标准的改变,就会导致在分析合成词时出现混乱的情况。鉴于此,本节先从复合词的组构特点入手,进而对DM框架下复合词的基本类别及组构过程等相关研究进行梳理。

一、复合词的主要特点

通过对英语复合词的观察发现,复合词在音、形、义等方面均具有自身的特点,主要体现在以下四个方面:

第一,在语音层面,复合词的词内重音通常体现在第一个成分上;而在与其形态上相似的名词性短语中,如果只存在一个重音,那么重音产生在第二个成分上。两者的对比如(40)所示:

(40) 复合词　　　　短语
　　　a 'fathead　　　a fat 'head

a 'hothouse	a hot 'house
a 'dark horse	a dark 'horse
a 'greenroom	a green 'room

尽管（40）中词内重音与短语重音的分布特征存在差异，但复合词内的重音有时也会落在第二个成分上，如 ash-'blonde 和 bottle-'greend 等。因此，复合词的这一音系特征只是一个普遍的现象，并不具有绝对性的分布特征。

第二，复合词的语义通常固化。复合词是由两个或两个以上语素组合而成的一个词汇单位，每一个复合词在语义表达上都具有整体性。例如，英语 a greenhand 义为"新手"而非"一只绿色的手"；hotdog 义为"热狗"而非"热的狗"。复合词的语义无法只依靠词内两个成分语义的加减进行解读，而是具有一定的习语性。

第三，复合词整体需要占据一个语法位置，共同完成一个语法功能和意义。英语的复合名词在变为复数时，需要在整个复合词后添加屈折标记来表示其复数特征，例如 new-borns, footballs 等。但这种屈折词缀的添加也存在例外情况，如 brothers-in-law, lookers-on 等。尽管这类复合词的内部结构清晰，但其相应的屈折标记需要体现在复合词内部的名词上，而非附加在复合词的整体结构上，对于这一特殊现象还需进一步探索。

第四，复合词的拼写形式比较多样，包括固定性（housekeeping）、连字符连接（honey-bee）、分离式（tear gas）等三种形式。形式上的分开或者联结取决于词根之间复合程度的高低以及在合成过程中各个成分间保持原有个体成分性质的程度。这就表明，复合词的拼写形式在一定程度上也反映了两个词根的复合程度。

除了上述特点，通过复合手段所构成的新词涵盖多个语类，不仅能够形成词汇性复合词（如名词、动词和形容词），同时还存在复合介词（without, throughout）、复合连词（however, moreover）及复合代词（oneself, somebody）等具有功能性语类特征的复合词。总体来看，复合词中最多产的语类应该属于名词以及形容词，其次是动词。此外，即使语类属性相同的复合词，其内部成分关系也十分复杂，例如：

（41）名词性复合词
　　　N + N：moonwalk，end product
　　　N + V：toothache，frostbite
　　　V + N：crybaby，tell-tale
　　　A + N：deadline，blueprint
（42）形容词性复合词
　　　N + V-ing：law-abiding，record-breaking
　　　A + V-ing：easy-going，high-sounding
　　　N + A：war weary，thread-bare
　　　A + A：deaf-mute，bittersweet
　　　N + V-ed：custom-built，town-bred

尽管（41）和（42）中的复合词都为名词性和形容词性复合词，但其内部组成成分从形态上看却具有不同的语类特征，并且内部成分间的句法关系也涉及主谓、动宾、动补等，最终的复合词与内部成分之间的语义关系可以体现为偏义、转义、合取义等。基于复合词的上述特点，下面将对 DM 框架下复合词的相关研究进行简要概述。

二、复合词的分类及其生成

在 DM 框架下对复合词进行研究，就要从词根的角度入手对其内部结构进行分析。更具体地说，在 DM 框架下，复合词只涉及多个词汇语素的复合。根据复合词内构造成分的属性特征及词内的结构特点，Harley（2009）在 DM 框架下将复合词划分为基础复合词（primary compounds）（或称词根复合词）与合成复合词（synthetic compounds）两大类型。

（一）基础复合词

基础复合词是最简单的复合词类型（De Belder，2017），其不属于合成复合词且其左侧部分具有非短语性，有时也被称作词根复合词。Harley（2009）认为词根应该带有非语法的、给定信息的百科性的语义内容，同时她认为词根就是纯概念的词汇化形式。因此，复合词的形成得益于词根或包含词根的中心语的并入（incorporate）。目前来看，对基础复合词的生成主要存在两种分析方式：第一种是词根的并入；第二种则是词根的直接合并。

  首先来分析词根的并入。以复合名词为例，Harley（2009）指出，在词根复合词中，复合的名词是可以对任何词项开放的，百科知识和语用信息共同决定其语义，如 nurse shoes 和 alligator shoes。一般来说，词根复合词的关系仍然是修饰性的，修饰性的特征由语用来决定。nurse shoes 可以表达为 shoes for nurse；而 alligator shoes 则为 shoes of alligator skin。Harley（2009）认为，可以认为中心语 P 选择修饰性名词性的过程优先于词根并入（[[√SHOE]√[P[n[√NURSE]√]$_{nP}$]$_{PP}$]$_{√P}$]），这就为两个名词之间不详标的语义关系提供了位置。但 Harley（2009）却指出，这类复合词中，作为中心语名词的词根和修饰性名词在句法结构上属于姐妹关系。因此，只要中心词根自身不是多义的，那么对于复合名词的论元解读就不会存在，两个成分之间建构的关系完全取决于可解读意义的成分。构造的关键是修饰性名词作为姐妹节点需要被引入中心语的词根上，这一操作先于其与定类语素 n 的合并，如（43）所示：

(43)

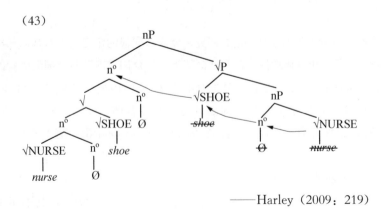

——Harley（2009：219）

第八章 分布式形态学的构词手段

在（43）中，词根 $\sqrt{}$ NURSE 与名词性定类语素 n^0 合并。根据 Siddiqi（2009）等学者对于节点并入的研究，词根需要并入 n^0 等待词项插入。随后词根 $\sqrt{}$ SHOE 参与推导，与 $\sqrt{}$ NURSE 形成的 nP 合并构成词根短语 $\sqrt{}$ P，再与第二个名词性定类语素 n^0 合并，整个词根短语 $\sqrt{}$ P 整体并入 n^0 节点，最终形成名词性复合词 nP。

这种分析方式在结构上展示 nurse 和 shoe 间修饰关系的同时，也为词根的的复合提供了方法。但这种方式也存在一定问题，比如词根 $\sqrt{}$ SHOE 与包含词根 $\sqrt{}$ NURSE 的 nP 之间的合并动因以及词根的最大投射属性等问题。在句法推导过程中，成分间的合并要受到语类选择（c-selection）和语义选择（s-selection）的限制，这样，我们才能避免不合语法的结构，如 *T + PP 或 *V + TP。然而，DM 框架下的词根不具有任何语法特征，那么作为中心语的 $\sqrt{}$ SHOE 所投射的结构 $\sqrt{}$ P 究竟具有什么句法属性？比较合理的解释就是 $\sqrt{}$ P 只体现词根的词汇属性，表明其并非功能语素，同时也意味着该短语在下一步需要与定类语素合并。尽管如此，我们仍然无法解释 $\sqrt{}$ SHOE 与 nP 的合并动因。由于不具有语类特征，词根自身投射所形成的结构都无法定性，也就更无法选择其他句法成分进行合并。在当下的句法分析过程中，一般只有功能中心语 D 会选择名词性成分作为其补足成分合并，而像词根这类不具有任何语类属性的成分是无法选择其补足成分的。因此，如果严格遵循句法理论，*"$\sqrt{}$ + nP"这种合并本身就存在很大问题。另外，这种分析方式也并不能算作词根的复合，因为词根 $\sqrt{}$ NURSE 在与 $\sqrt{}$ SHOE 合并之前已经被 n^0 定类，因此第二次的合并并不属于词根与词根之间的合并。

第二种针对词根复合词的分析方法没有采用上述 Harley（2009）的模式，而是直接将词根与词根进行合并。在 DM 中，词语的组成一定包含至少一个定类语素，而复合词又包含至少两个词根，因此，最简单的词根与词根的复合结构可以概括为（44）：

(44)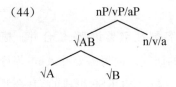

在（44）中，词根√A 和词根√B 的合并形成复合词根√AB，再通过与定类语素的合并形成具有相应语类特征的复合词。通过（44）所示的复合词结构，我们可以在语言中生成不同类型的复合词，如（45）和（46）所示：

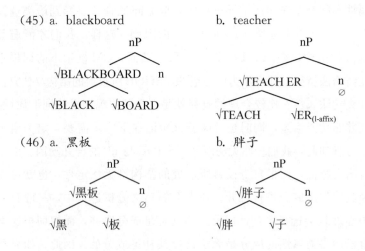

（45）和（46）分别为英语和汉语复合词的词内结构，其中（45b）和（46b）中的词根√ER 和"√子"都具有表"人"的词汇意义，属于词汇性词缀的范畴，因此也应归为复合词结构。然而，上述词根的复合方式还无法解决词语内部成分的句法结构关系，也无法区分不同的复合词结构类型。因此，Cheng & Liu（2020）将汉语复合词分为并列复合词（coordinate compounds）、偏正复合词（attributed compounds）、动结复合词（resultative compounds）以及从属复合词（subordinate compounds）等四种类型，并指出这四种类型的复合词分布于词与短语的连续统上。以汉语的并列式复合词为例，Cheng & Liu（2020：90）

认为汉语并列式复合词涉及两个词根之间的连接（concatenation），所形成的结构是扁平结构（flat structure）而非层级结构。这意味着参与复合的两个词根并不存在支配或成分统制的句法关系，如（47）（Cheng & Liu 2020：91）所示：

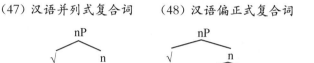

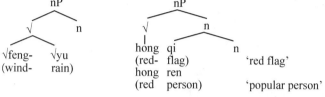

（47）中，两个词根首先组合形成一个复杂的词根，而后该复杂词根与定类语素合并。其他汉语并列式复合词也都采用相似的结构推导而成。然而，在对偏正式复合词以及动结式复合词进行分析时，Cheng & Liu（2020）却并未继续采取（47）的词根连接形式，而是采取了与Harley（2009）相同的"√ + xP"的合并方式，如（48）（Cheng & Liu，2020：93）所示。

（48）所示为复合词"红旗"的内部结构。这种分析方法同样是将词根与名词性成分合并，其所面临的问题与（43）相同，即无法为"√ + xP"的合并找到内在的动因。此外，（48）所示的生成过程并未采取并入操作，而是认为两个词根组成的复合词是由一个定类语素决定的，即"红旗"的偏正关系完全是靠两个词根的结构关系体现的。然而，这种结构关系却并不具有唯一性。汉语的主谓式复合词，如"地震、心疼、霜降"；述宾式复合词，如"出版、告别、讨厌"；述补式复合词，如"革新、改良、扩大"等，都可能与（48）具有相同的结构。这就表明，如果只依靠位置结构来区分词根之间的句法关系以及复合词的类型并不绝对准确。同时，如果（48）的生成过程合理，这就表明我们在对词根进行合并时，已经预设了√HONG是用来修饰包含√QI的nP。然而，由于词根不具有语法特征，在合并时我们无法决定词根之间应该建立何种句法语义关系，这也与DM的理论相矛盾。

这两种分析方式之所以出现问题，主要原因还是在于没有合理地解释词根与词根复合的动因。我们认为，词根之所以能够在没有语法特征的情况下还能够合并到一起，完全是受到短语规则的影响。根据镜像原则（Mirror Principle）（Baker，1985），形态结构要反映句法推导，反之亦然。因此，之所以存在"blackboard"这一名词性复合词，是因为形容词 black 和名词 board 能够形成名词短语 black board。也就是说，正是因为短语规则映射到词内结构，才使得词根之间有了复合的基础。因此，对于词根复合词的分析就没有必要采取不同的结构来展示词根与词根之间的句法关系。

概括来讲，我们认为词根复合词的构成是受到短语规则的映射影响，由词根与词根直接联结形成复杂的词根，再通过与定类语素的合并决定其语类特征，进而构成完整的词根复合词。由于复合词词根是在短语规则的映射作用下复合而成，因此最终能够表现出内部具有并列、偏正等不同句法关系的复合词。

除了技术上的问题，在 DM 框架下对于词根复合词的研究还有一个较为普遍的问题，那就是目前的研究均缺少对其他非词汇性复合词生成过程的探讨。DM 将词和句的推导初始成分划分为实词语素和功能语素两类。目前来看，现有研究大多集中于词汇性复合词如名词、动词和形容词等词语的构成。然而，英语和汉语中都普遍存在许多功能性复合词，如英语中的 however，without 等；汉语中的"然而、自从、并且"等。这些功能性复合词都无法通过词根与词根的复合进行解释，因为这类复合词中的复合成分在以往的研究中都被界定为功能语素。因此，无论是在理论还是事实上，DM 框架下的基础复合词还有许多待考证的问题。

（二）合成复合词

尽管词根复合词是最基础的复合词类别，但其构造成分及内部结构依然存在许多问题。而合成复合词因其内部构成成分间存在论元结构关系，其生成过程则更为复杂。下面我们也将从两种分析方法来阐释合成复合词的生成过程。第一种依然是 Harley（2009）的并入式。

Harley（2009：213）指出，合成复合词的构词是指一个名词化或者形容词化的动词与其内论元出现在 N-N 或 N-A 结构中而形成的复合词，如 truck-driver 和 drug-pusher 等。这类复合词的构成是由作为补足语的名词和词根先于词根与定类语素进行合并。补足语自身作为一个名词，内部已具有定类语素 n。在这种模式下，truck-driver 的结构如（49）（Harley，2009：214）所示：

(49)

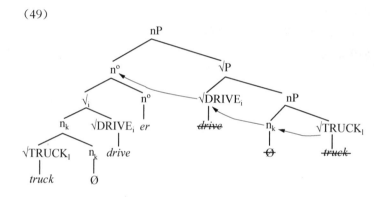

在（49）中，词根√DRIVE 的补足成分是由√TRUCK 和一个名词性定类语素合并形成的 nP。在继续合并之前，词根√TRUCK 并入定类语素 n，随后这个结构作为√DRIVE 的论元进行合并，进而整体移位至下一个名词性中心语 n⁰，形成 [[[√TRUCK]√n]ₙₚ√DRIVE]√P n]ₙₚ 这一结构，再通过词汇项插入成为 truck-driver，最终形成复合词。如果词根√DRIVE 的论元不是名词 truck，而是一个 DP，如 the truck, trucks，那么便不会存在词根的并入，论元就会搁置在中心语右侧，形成 driver of the truck 或 driver of trucks，而非 [the-truck]-driver 或者 trucks-driver。

需要注意的是，对比（43）和（49）可以发现，合成复合词最后的生成过程是通过中心语移位来完成，而非词根的并入。带有论元的合成复合词进一步证明了一个词根短语√P中的词根成分首先在其内部合并之后并入了定类语素 n 或 a。由于词根不具有语类特征,因此为了形成名词或动词,必须与定类语素合并。

这种分析方式产生的问题依然是词根与 xP 合并的问题,甚至在合成复合词中更为明显。(49)中的词根√DRIVE 带有论元,这与词根不具有语类属性的理论假设相矛盾。即使认为词根作为实词类语素能够带有论元,那么应该携带的论元数量又是多少?又是由什么决定的?这些问题都没有得到合理的解释。

针对上述问题,Marantz(1997a)认为,V 应该被无语类的词根取代,但词根不会直接跟 DP 合并,还要一个引入内论元的功能中心语 TRANS(Siddiqi 2009)。基于该假设,胡伟(2012:56)提出了(50)所示的生成过程:

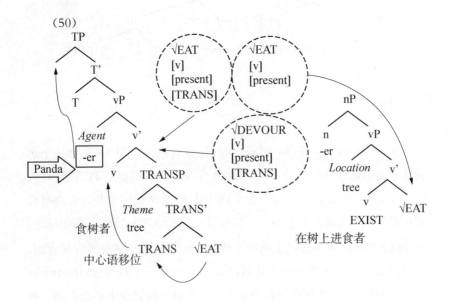

(50)所示为 tree-eater 两种解读的不同句法结构。左侧为"食树者",右侧为"在树上进食者"。该分析方式也将含有处所、时间、工具等语义的名词视作复合词。这类复合词的结构都表现为[[[tree]ₙ [eat]ᵥ er]ₙ。根据复合词所拥有的句法结构,胡伟(2012)将复合词定义为"担任各题元角色（除施事外）的名词均在 vP 之内的复合词"。从结构上看，"食树者"是一个完整的双层及物 vP，含有 TRANS 及其最大投射；客体（内论元）tree 位于 TRANS 的指示语，-er 为施事，位于 vP 的指示语；如果 -er 为自由语素，那么就会向上移位至 TP 的指示语位置，形成完整的及物性小句。相比之下，"在树上进食者"是不及物 vP，不含 TRANS 或 TRANSP，处所角色的 tree 占据 vP 指示语位置，-er 则成为上层 nP 中心语。

随后是合并操作。(50) 中词根 √EAT 与 TRANS 和 v 依次合并，进而形成了包含复杂特征的中心语。实际上，这一过程类似于 Harley (2009) 的并入操作，因此在词项插入时，在词项列表中存在两个词项能够插入 √EAT，一个是带有 TRANS 特征的词项，另一个是不带 TRANS 的词项。右侧 vP 的中心语是轻动词 EXIST，因此指示语的题元角色被确定为处所（location），右侧 tree eater 的语义可以被预测。

综合来看，Harley (2009) 的分析方式认为无语类词根在与定类语素 v 合并之前就能选择（内）论元，这种论元选择的观点已经背离了 DM 的基本假设。相比之下，Siddiqi (2009) 提出的论元选择方式是认为词根先与功能性成分 TRANS 合并才具有了选择论元的功能，进而才能构成其他复杂结构。然而，在理论层面，我们还需要进一步论证 TRANS 这一功能性成分的合理性。在以往的生成语法框架下，轻动词的提出就是为了解决动词及物性的问题，动词移位至 v 来核查其及物性特征，进而决定所带论元的数量。而 TRANS 的提出虽然似乎解决了词根携带论元的问题，但自身的句法地位以及所具有的属性特征仍然需要深入的论证。

（三）修饰性合成复合词

除了带有论元结构的合成复合词类别外，还存在一类修饰性合成复合词（modificational synthetic compounds）。从外在表现来看，此类复合词内参与复合的成分并非词根的论元，而是由一个动词派生的形容词与另外一个形容词所组成，二者为修饰关系。Roeper & Siegel (1978) 曾指出这种复合词只能通过"动词-修饰语"这一组对方式构成。因此，在结构上与之对应的动词短语中，修饰语与动词在句法结构中是姐妹节点的关系，即中间没有动词的内部论元阻碍。这类合成复合词如（51）所示：

(51) a. quick-acting baking powder　　(It acts quickly)
　　 b. fast-falling snow　　　　　　　(It falls fast)
　　 c. snappy-looking horse　　　　　 (It looks snappy)
　　 d. light-stepping horse　　　　　 (It steps lightly)
　　 e. odd-seeming sentence　　　　　 (It seems odd)
　　　　　　　　　　　　　　　　——Harley（2009：216）

当动词具有内部论元时，如下面（52a）中的及物动词 grow 所示，其形成的复合形容词只能与内部论元发生并入，如（52b），而与其他形容词性成分的并入是不合语法的，如（52c）。当在动词内不存在显性内论元时，如（52d），副词就能够与动词并入，形成修饰性合成复合词，如（52e）。

(52) a. The farmer grows wheat quickly
　　 b. a wheat-growing farmer
　　 c. *a quick-growing farmer
　　 d. The wheat grows quickly
　　 e. quick-growing wheat

鉴于对并入这一操作的理解，发生并入的成分在结构上的限制条件可能与其"姐妹节点"具有密切关联。可以假设只有受到支配的节点才能够发生并入现象，这一点也与 Chomsky（1995b）提出的光杆短语结构（Bare Phrase Structure，BPS）的假设相符合。Harley（2009）认为，复合词内的论元成分只能在第一次合并时引入，与选择它们的词根合并；而由于修饰性附加语为非论元成分，因此需要在第二次合并时被引入，附加到词根投射的结构上。因此，在不存在内论元的情况下，修饰性成分会是第一个与词根合并的成分。因此，Harley（2009）提出，修饰语在与词根第一次合并时，可能也会发生并入现象，进而产生一个复合词，词内结构如（53）所示：

（53）
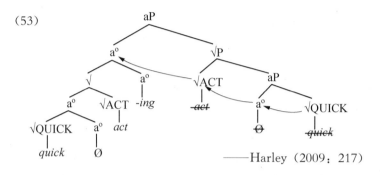

——Harley（2009：217）

可见，此类复合词的词内结构与生成过程与带有论元的合成复合词相同。然而，这种生成方式所产生的问题仍然是前面提到的词根与 xP 的语类选择问题。另外，Harley（2009）也指出，一般来讲，后缀 -ing 只能附加到动词上。这样一来，-ing 就与-er/-or 等名词性后缀有所不同，因为这些名词性后缀能够与粘着性词根合并①。因此，Harley 进一步提出了-ing 后缀的允准限制，即其只能在由定类语素中心语 v^0 投射的结构中被插入。这样，（53）中词根√ACT 上可能包含一个中心语 v^0。然而，这种在中间插入动词性定类语素的方法可能会在英语中产生错误的动词并入。复杂中心语 [[[√QUICK]√ a]ₐ√ACT]√ 可能会通过移位至 v^0 的方式被优先定类为动词，就会导致 *to quick-act 成为一个可能的英语复合词。可见，无论此类复合词是否与内部带有论元的复合词具有相同结构，其内部成分的组构方式都需要再做深入探讨。

---

① 尽管我们也不赞同这种分析方式，但同样也不认为作为定类语素出现的后缀性成分能够具有识别词根形态属性的功能，因为在 NS 部分，词根并没有语法特征和语音内容，在词项未被插入前，我们无法确定词根是粘着的还是自由的。

第四节　小结

通过对 DM 框架下构词问题的梳理可见，尽管 DM 取消了词库的地位，并认为所有的词都是通过句法推导生成的，但单纯词和合成词的构成都存在一定问题。整体来看，现有的构词研究主要有以下问题：

第一，对构词成分的界定问题。无论是单纯词、派生词还是合成词，其组构的基础均离不开实词语素与功能语素两类。然而，到目前为止，对于词内成分的界定仍然不明确，对于词根和词缀等构词成分仍然无法给出明确的定义。例如，词缀这一概念源自结构主义，但在 DM 理论中，所有词缀均为词项列表中的词项，是句法终端的音系表征。既然如此，在句法后阶段插入的词缀在概念上与 NS 阶段操作的句法构词成分之间是否相关？

第二，术语的混用问题。在对构词过程进行分析时，DM 理论所采用的术语依然沿用了结构主义语言学的相关术语。然而，由于二者的理论框架不同，因此相关术语的内涵也并不相同。例如，传统的单纯词是由一个"语素"构成，但在 DM 理论下，即使是单纯词最少也是由两个"语素"构成，这里体现的不仅是数量的差异，更体现了完全不同的"语素"的内涵。再如，一些以往被界定的派生词，在 DM 的分析模式下更倾向于被划定为复合词类别，如 teacher。

第三，词内结构的组构方式。这一问题主要表现在合成词中，尤其以复合词的构成为主。首先需要解决的就是词根自身的投射问题，由于 NS 阶段的词根不具有任何语法特征，那么由词根投射的 $\sqrt{P}$ 应该具有什么属性特征？其次，由于词根不带有语法特征，理论上不应该具有语类和语义选择性，因此在合成过程中，词根能够携带论元这一点也需要做进一步的理论阐释；第三，在词根复合词内部，由于词根尚未与定类语素合并，因此在结构上无法对成分间的句法关系进行区分，而无论最后形成的是主谓、动宾，还是偏正式复合词，其最初的内部构造差异是如何区分的？最后，既然 DM 遵循词项晚插入规则，也就表明 NS 阶段的终端节点不具有音系表征，那么需要结合词项粘着性特征而进行的合并和移位操作又是如何发生的？上述问题都是分布式形态学理论亟待解决的问题。

第九章 分布式形态学对汉语研究的启示

现代汉语对于词语的研究基本沿袭了西方语言学的形态分类方法，并通过结构主义的构词法来进一步分析汉语的构词结构。然而，由于汉语缺乏印欧语言的词语形态变化，语法学界在汉语词语的定义、词性归属以及词语范畴界定等方面遇到了很多问题，这些问题也是汉语词语相关研究争论的焦点。同时，这些问题不但影响了汉语词语的深入研究，也为汉语句子结构的相关研究带来许多困难。

分布式形态学是关于形态与句法结构研究的通用理论，主张在句法理论的框架下，将词的结构及生成纳入句法辖域内进行统一阐释，并通过连续的句法推导来建构不同层级的句法结构单位。因此，词的相关问题均要在句法辖域中得以体现。该理论弱化了词的独立地位，模糊了词和短语的界限，注重词语推导的过程性，这对汉语词相关问题的研究具有重要的启示。

本章简要综述目前汉语词语核心问题的研究概况以及分布式形态学理论对于汉语词语研究的适切性及对汉语相关语言事实解释的有效性。

第一节 词的界定问题

汉语词的界定是汉语学界长期争论且悬而未决的问题。目前汉语

第九章 分布式形态学对汉语研究的启示

学界对于词的界定主要有两种观点：一种认为汉语中存在词这一语言层级单位，并主要从语法和韵律两个层面对汉语的词进行了定义；另一种则不赞同把词看作语言结构的基本单位，而主张把汉字作为汉语句法结构的基本单位，而把"词"搁置于其他层面或者汉语中根本不存在"词"这一概念。

众所周知，印欧语言可以通过形态确定词的独立性，即通过不同字母组合构成词，词与词之间存在明显界限。但汉语和大多数印欧语言不同，由于汉字的书写方式以及汉语缺乏形态变化，难以与印欧语言中词的划分建立完全对等关系，进而无法仿效印欧语言来界定汉语词的地位。正如吕叔湘（1980：45）指出的："汉语里的'词'之所以不容易归纳出一个令人满意的结论，就是因为本来没有这样一种现成的东西。"

"词"本位说主张汉语中存在"词"这一语言层级单位。这一观点主要参照印欧语的研究范式，通过语素—词—短语—句子的层级结构来确定汉语词的语言结构地位。汉语"词"自然也在这一体系中明确了其自身的概念。陆志韦（1957）就曾探讨过汉语词的界定问题。他指出词是语言片段中自由活动的最小单元。这一表述是从"自由性"的角度定义了词的概念，在方法上也是通过能否独立运用来区分词。然而，由于汉语中缺少"印欧语的窄义形态成分"（陆志韦，1957：1），词的提取并不容易。此外，陆志韦（1957）还指出汉语虚词根据"自由度"来定义可能会存在问题，并从形式上以"和"为例，指出该词与"笔"等其他类型的词不同，不具有独立性，但在语言结构中却能够独立使用，如"笔和墨"。这样，虚词便在汉语的实词被界定后，被统归为"剩余的词"，它们也可以充当句子的主要成分。可见，陆志韦（1957）第一个意识到汉语虚词在界定过程中所要面对的困难以及虚词究竟是否能够作为独立的词等问题。

胡裕树（1979：214）把词定义为语言中最小能够独立运用的单位。"词是构成词汇的基本要素，它在语言中代表一定的意义，具有固定的语音形式，可以独立运用。因此，在掌握和运用语言的时候也都是以一个个的词来作为意义解释和语法分析的基本单位。"胡裕树（1979）在给词下定义的同时，还考虑到了词的语音和语义两个方面，并进一步从意义、形式和功能上明确了词的特点，以区别于其他的语言结构单位。首先，在意义上，实词的词汇意义明确，每个词都具有明确、完整并与其他词相对立的概念。例如，"母亲"在意义上表示"有子女的妇女"，它既区别于语素"母"和"亲"，同时也区别于短语"感谢母亲"。前者在意义上并不完整，需要组合在一起表达完整的意义；后者的概念意义更为复杂，包括了"感谢"和"母亲"。这表明词在意义层面与语素以及短语有明显差别。

其次，词在形式上具有完整性和固定性，不会改变自身的语音结构。在语音结构中，词的末尾允许停顿。因此，可以通过语音上的停顿区分词和短语。语素在构成词的过程中，其语音形式并不固定，比如"西瓜"和"瓜子"，同样在形式上表现为"瓜"，但前者可以表现为轻声，后者则为阴平，语素之间不可以停顿。同时，短语的语音形式也并不是固定的，其内部允许停顿，比如"东西"（东方和西方）（短语）和"东西"（物件）（词）明显体现出了短语和词的区别。

最后，词的结构功能和语素、短语具有明显的差异。词是句子结构的组成要素，实词作为主要成分与虚词搭配一起充当句子成分。每个词都能够独立地在句子中充当不同的成分，如"我""应该""感谢""母亲"中，每一个词都在句中充当了不同的成分。可是，语素在句子中不能作为独立的成分，而短语在句子中不是最小的单一结构单位，可以进一步拆分为词。

朱德熙（1982）也指出词是能够独立使用的最小的有意义的语言成分。那么，这里"能够独立使用"的范围和条件是什么？独立使用的程度是什么？是能够独立书写还是独立成句？事实上，朱德熙（1982）也意识到，如果仅从能否独立成句的角度来定义词，的确存在较多困难，毕竟大部分汉语词是自由形式，但同时也存在非自由形式的词，如汉语中的虚词，多数虚词都具有粘着性特点。另外，如果仅以能否自由使用作为标准，那么有些词，特别是合成词，比如"铁路""牛肉""大学"等将会被视为短语。为此，朱德熙（1982）从自由性和意义两个方面对词的概念进行了定义，并进一步指出汉语词的界定面临两大难题,即虚词与合成词的定位问题。虚词究竟是否为词,争议一直不断。如果按照上述标准,虚词由于不具有独立使用的能力,只能依附于实词而存在,这样,虚词只能归为语素。但从汉语虚词的实际使用情况来看,虚词更偏向于词而非语素。因此,仅以能否独立使用作为词的判定标准,虚的地位将受到挑战。合成词特别是复合词的定位问题更为复杂。复合词一般由自由语素构成,这些构成复合词的自由语素基本能够独立成词,这样,汉语这类复合词在形式上表现为"词词"组合。然而,如果把汉语这类由自由语素组合而成的复合词视为词与词的组合,那么这类复合词就与短语没有区别了。然而,在汉语词汇体系中,复合词归为词,而非短语。但如果把这类词视为"词与词"之间的组合,势必与语言事实相矛盾。可见,汉语中的虚词和合成词对于词的界定也带来了较大的挑战。

黄伯荣、廖序东(2011)基本沿袭了胡裕树(1979)和朱德熙(1982)等学者的定义,认为词是语言中最小的能够独立运用的语言单位。他们特别指出,所谓"独立运用"是指能够充当句法成分、表达语法功能或单独成句。例如,"他又来送信了"一句中,"他""来""送""信"都可以作为单独的句法成分来使用,并与句子成分,如主语、谓语和宾语等对应。同时,剩余的"又"可作为单独的句法成分,"了"具有单独的语法作用,两者均可作为词,而非语素。黄伯荣、廖序东(2011)通过上述方法把虚词也算作词。"句子中的成词语素只要不与其他语素组词,便都是能够独立运用的单位——词。"(黄伯荣、廖序东,2011:208)这一标准的提出,从概念上解决了汉语虚词是否能够作为词的问题。此外,所谓"最小"主要指词不能进一步拓展。这一点和胡裕树(1979)的观点相同,即词内无法插入其他成分,一般也不能够添加新的成分,例如"新娘"一词无法在中间插入"的",否则"新的娘"会导致意义发生变化。此外,针对短语和词的界限问题,黄伯荣、廖序东(2011)也通过这种插入成分和拆解的办法来鉴定词和短语的差别。因此,在汉语词的鉴别上,黄伯荣、廖序东(2011)主要通过能否"独立运用"来鉴别词和语素;而在词和短语的鉴别上,则通过"最小"来进一步区分。除上述研究外,其他现行的汉语教材（如刑福义，2015）对于汉语词的定义都与以上研究持有类似的观点，也把"独立使用"和"最小"作为重要的标准，对词以及包括语素、短语在内的其他语言单位进行鉴别。

然而，邓盾（2020）指出，把"独立使用"和"最小"作为判定"词"的标准仍然存在问题。首先，如果把"独立使用"作为标准，那么该如何解释虚词和虚义成分的不独立性呢？邓盾（2020）还对前文所提到的"剩余法"提出了质疑。虽然所谓的包括虚词在内的"剩余词"能够通过该方法划归为词，但其他具有实际意义的粘着成分也会在该方法的框架下被划归为词。邓盾（2020：174）以"吃头"和"吃的"为例来说明"剩余法"的不足之处。如果将具有实词成分的"吃"去掉，那么"头"和"的"都会被划归虚词的范畴，但实际上，它们都属于粘着性的成分。同时，"独立使用"的标准还存在方法论和认识论的冲突，主要表现为词法和句法之间的矛盾。词的内部结构属于词法范围，鉴定单纯词和合成词的过程按照当前构词理论都应该属于词法范围，但在实际过程中，都是在以句法标准对词的具体构成进行解释。这就造成了在认识论上通过词法研究构词，但在方法论上却以句法手段来解释构词的局面。因此，如果采用词法和句法分治的思想来界定汉语词，必然会带来问题。

其次，以"最小"作为标准也存在问题。多语素词，特别是那些在构词上表现为"自由语素+自由语素"的词会给"最小"这一标准带来挑战。由于自由语素能够独立成词，那么汉语中由自由语素组合而成的语言单位内部究竟是"语素+语素"的结构关系，还是"词+词"的结构关系，这关系到自由语素组合究竟构成新词还是短语的问题。因此，仅通过"最小"作为判定标准，无法对词和短语进行鉴别。前面提到，在鉴别合成词和短语的过程中，借助扩展法能够有效解决二者间的界限问题，即"合成词"无法扩展自身的语言片段，而短语能够实现扩展。但邓盾（2020）认为这种扩展法缺少精确的定义，比如"生肉"能够扩展为"生的肉"，那"生肉"根据现有的理论就会被称为短语，这显然又与语言事实不符。

可见，目前主流汉语构词理论把词定义为"最小的能够独立活动的有意义的语言成分"这种描述会带来很多争议。争议焦点主要在于以下两个方面：

一是对汉语的虚词和虚义成分无法进行解释。虚词和虚义成分不具有独立活动的能力，必须依附于实词成分才能够表达自身的语法功能。然而，在属性认定上，虚词和虚义成分又必须划归词的范围，因为这些成分表现出的不独立性与"语素"的概念有本质差别。二是汉语合成词与短语之间的界限无法通过现有的对词的界定加以区分。现有理论无法对有些合成词究竟是词还是短语进行系统全面的解释，无论界定为词还是短语，在语言中总能找到相关的语言事实对其进行反驳。

除以上研究外，有学者还从韵律层面试图给出汉语词的界定标准。冯胜利（1996）根据韵律构词法理论提出了汉语韵律词的概念。他指出汉语标准韵律词有两个音节，最大的韵律词只有三个音节。在这种韵律规则的限制下，词的标准界限和最大界限在语音层面得到了确认。同时，这种韵律上的特点打破了词和短语的界限，使得词和短语都能够被纳入韵律词的范围，"'韵律词'正是汉语里所谓自由独立运用的最小'单位'的形式标志"（冯胜利，1996：175）。韵律词的提出实际上是从汉语韵律切分的角度，对汉语构词进行的重新思考，也从语音层面明确了汉语韵律词的一般界限，更好地解决了以往从语法角度难以解释的词和短语的界限问题。在此基础上，冯胜利（2001a）指出汉语的词存在多维性，韵律结构同样参与到汉语构词之中。而后，冯胜利（2001b）根据四种汉语动补结构（verb-complement）的形式又指出只有双音节的VC（元音和辅音）能够成词，三音节以上的动补形式均为短语。因此，汉语中词和短语的界限不只表现在语法层面，还体现在韵律层面，语法理论必须把韵律因素考虑在内。庄会彬（2015：68）指出，"词"是一个跨越层级的韵律单位，可以是一个或多个韵律词，也可以是一个具有粘附性的词，但最大只能是韵律短语。

韵律构词研究实际上是在原有构词理论基础上，从韵律层面尝试界定汉语词的概念。上述研究均主张研究汉语的构词还需考虑韵律因素，因为使用汉语的人在韵律上对于词和短语之间的界限有着更为清晰的认识，即存在所谓的"语感"。随着韵律构词理论的发展，汉语词中的一些粘着性成分在韵律结构中获得了解释。因此，韵律构词研究从语音形式和韵律切分的角度对词进行了界定。这些研究实际上是从韵律角度对原有构词体系进行了补充，试图解决以往研究中难以界定的有关词和短语之间的界限问题，还试图从韵律的角度解释汉语中的粘着性成分，以此来明确以往研究中存在的争议性问题。

无论是主流语法构词研究还是韵律构词研究，这些研究均承认汉语中存在词的概念。但也有一部分学者认为汉语中不存在"词"的概念。这一观点始于赵元任（1975）对词的探讨："印欧系语言中 word 这一级单位就是这一类的概念，他在汉语里没有确切的对应物……如果我们观察用某一种语言说出的大量话语，例如英语，考虑一下这些话语中小片段的情况，并拿它们跟汉语中同样的小片段做个比较，我想，'字'这个名称（这样说是因为我希望先避免把 word 这个词用于汉语）将和 word 这个词在英语中的角色相当。"（赵元任，1975：233）可以看出，早期汉语和印欧语之间的对比研究已经关注到汉语中"字"所具有的独特地位，同时对词的概念产生了质疑，但也意识到"字"的结构特性与印欧语的 word 并不等同，二者在语言系统中具有不同的地位。徐通锵（1994a）提出应把词置于一边或者次要地位，这样语法的基本单位就从"词"变成了"字"。这一观点的提出，改变了原有的语法层级体系和汉语词的地位，按照"字—字组—句子—句群"（徐通锵，1994a）的语法层级结构建构，这样汉语中就不再有"词"的概念了。徐通锵（1994b）又进一步指出，词是印欧语的基本结构单位，汉语之所以会有词的概念，主要原因在于从印欧语的角度来衡量汉语。这一做法虽然能够在汉语中找到相当于词的基本单位，但它们并非汉语的基本单位。此外，潘文国（1997、2002）、陈保亚（1999）、王洪君（2000）和鲁川（2001）等也对汉语"字"的语法地位持赞成态度，并把"字"确立为汉语语法体系中的重要成分。

综合以上研究，对汉语词的争议主要体现在以下几个方面：

一是汉语中是否存在词的概念。现行的主流观点认为汉语中存在"词"这一语法单位。词由语素构成，并且词与词之间的组合能够构成短语，而另一类观点认为，汉语中并不存在词。这一研究主要从词（字）形构造入手。从字形上看，汉语的方块字与西方的字母文字不同，"字"才是汉语的基本单位，因此，汉语能够与印欧语中的 word 对应的语言单位应该是字而非词。从书写单位的独立性来看，汉字与印欧语言中 word 地位等同，然而，从词的表义以及句法功能来看，两者不存在对应关系。

二是对于词和语素、词和短语之间的界限问题存在争议。主流观点承认汉语中的词具有实际的语言地位。但是，词和语素之间的关系又该如何界定？词汇性成分相对来讲容易解决，符合"最小"和"独立运用"的标准，可是虚词和其他的粘附性成分的界定较为困难。显然，它们拥有词的属性，但却不符合词的一般性概念。因此，对于这类成分与词之间的界定，目前还没有定论。另外，汉语词是一个动态性的应用成分，对于词和短语之间的关系，特别是合成词的鉴别存在争议。一般情况下，合成词是由自由语素构成，自由语素本身又能成词，那么合成词究竟是"自由语素＋自由语素"还是"词＋词"的结构关系？这些都会给词和短语之间的界定造成困难。如果按照前者，合成词具有词的地位；但如果按照后者，合成词就变成了短语。

三是韵律词的提出实际上是从另一个角度探讨汉语的构词问题。韵律规则的参与弥补了词和短语之间所面临的界限问题，通过韵律规则的参与，短语和词之间不再有明显的界限，只要满足韵律上构词的要求即可。另外，韵律规则还能够解释汉语中的粘附性成分，这些成分在满足构韵条件的情况下即可使用。然而，韵律完全是音系上的体现，对于词的结构和形态无法起到决定性作用，只能从音系上判断词的相对独立地位，并不能从结构上区分词的构成以及构成成分的属性。

第二节 汉语词类划分问题

汉语词的界定存在一定的难度，基于词概念基础上的词类划分必然也存在难以克服的问题。汉语词类划分曾使用意义、结构形态、语法功能等多种手段,也采用过单一标准及多标准综合等划类方法。然而,直到目前,汉语学界仍未就汉语词类问题的划分标准达成共识。

汉语学界最初对于词类的理解也来自形态较为丰富的印欧语言的相关研究。与汉语不同,印欧语言中的词具有形态标记,当词进入句子后会根据句法结构条件产生各自的形态变化,比如当动词作主语或者宾语的时候,会有不定式或者后缀等词形上的变化;同时,词类与语法功能之间也存在一定的对应关系,主语和宾语一般由名词来充当,谓语一般由动词来充当。与之相比,汉语则表现出很大的差异。汉语词语没有形态标记,同时,也缺少形态变化。词类与语法功能之间也不像印欧语言那样存在较为严格的对应关系,而是存在一对多的错综复杂关系,如汉语中动词和形容词作主语和宾语的语言现象比较常见。

因此,汉语的词是否有类别差异?汉语的词如何进行归类?汉语词类的划分标准是什么?一直是汉语学界关注且仍没有得到妥善解决的问题。

一、以意义为标准的词类划分

在19世纪末20世纪初,受西方传统语法理论的影响,汉语词类的研究主要参照印欧语语法体系。这一时期,汉语的词类划分基本是以意义作为标准进行分类的,即按照词的概念意义来划分词类,如名词代表事物,动词代表动作和行为等。最具代表性的汉语语法学著作有《马氏文通》(马建忠,1898)、《中国文法要略》(吕叔湘,1942)、《中国语法理论》(王力,1944)和《中国现代语法》(王力,1954)等。在这些早期的汉语语法学著作中,虽然也提及按照句法成分来对词进行分类,但其本质仍是按照词的意义对词进行的分类。

《马氏文通》是汉语语法学的开山之作,同时也标志着汉语正式开始了词类研究。作为我国第一部对汉语进行系统性研究的汉语语法学著作,该著作的主要任务如下:首先,对汉语的字(词)分类给予了肯定;其次,将划分字(词)的依据确定为意义标准,同时辅之以句法功能;最后,对于字类和句子成分在对应关系上的矛盾,提出了字类假借说来进行调和。鉴于上述语言研究思想，该书汉语的字（词）划分为名字、代名字、动字、静字、状字、介字、连字、助字和叹字九个类别。与《马氏文通》的词类观基本一致，作为我国第一部现代汉语语法研究著作的《新著国语文法》（黎锦熙，1924）将现代汉语的词类分为名词、代词、动词、形容词、副词、介词、连词、助词和叹词九个类别，其划分依据是以意义为基础，兼顾了句法功能。并且，该书还指出一个词只要充当句子不同成分，它的归类就会发生变化。

这一时期，吕叔湘（1942）和王力（1944、1954）等在他们的汉语语法研究著作中，对于词类划分均采用意义作为主要标准。吕叔湘（1942）将词进一步分为实义词和辅助词两大类别。其中，实义词类有名词、动词和形容词等词语小类；而辅助词则包含限制词（副词）、指称词（称代词）以及关系词和语气词等小类。王力（1944、1954）的两部语法研究著作均提出根据意义来确定实词，根据语法作用可以确定虚词，同时，分别将实词和虚词划定为理解成分和语法成分。理解成分主要指名词、数词、形容词、动词等；而语法成分则有半实词、半虚词和虚词等。

根据语义判定词类有着很大的主观性和随意性，它不是作为判断词语类别同一性的标准，以意义为依据的词类划分会产生词无定类的结果。

二、以形态结构为主要标准的词类划分

20世纪30年代，汉语词类研究受到结构主义语言学的影响，由初始向深化发展。由于汉语词类的复杂性，以及意义标准对于词类区分的局限性，1938—1943年间汉语学界展开了关于词类划分标准问题以及词类和句法之间关系问题的大讨论。参与此次大讨论的学者不提倡单纯以意义为标准进行词类划分，而提倡以结构功能为标准进行词类划分。

作为最早将结构主义语法理论运用到汉语词类研究的学者之一，陆志韦（1938）在其《国语单音节词词汇》中把词类划分建立在短语

结构关系的基础上，通过两种不同结构关系的构词格式来判定名词、动词、形容词的词类。该分类方法首次摆脱了传统语法学的意义标准和"依句辨品"思想的束缚，是词类研究的突破，但如果严格执行这种分类标准，又会回到以成分定词类的方式。因此，这种结构关系的划分方法并不彻底，是一种折中式的结构主义。

高名凯（1963）提出汉语存在词类这一语法范畴，但实词不存在分类这一说法，这便是著名的实词不分类说。高名凯（1963）主张以狭义形态的原则对实词进行分类，可是汉语又没有标志性的词类形态区别手段，因此，按照狭义的形态标准，汉语的词类一说便无从谈起。从形态的标准来划分汉语词类，一方面是从词与词之间的句法关系来确定词汇属性，另一方面也是建立在句法功能基础上的分类标准。这种划分标准和方法无法脱离语言环境，是一种语境依存式的词类判定方法。这在一定程度上可以实现对词语属性的认识，但这种方法基本是以词语功能为标准。经过初期的讨论，学者们认识到汉语的词没有严格意义上形态标记，词类的划分和归类需要参照汉语自身的特点，走汉语特色的词类研究之路。

三、以功能为主要标准的词类划分

陈望道（1978）在其《文法简论》中认为词的分类是词的文法上的分类，因此，词类区分的依据应该是词在具体使用中所体现出的功能。这里的功能包括与其他成分的结合功能以及在句子中担任某一成分的句法功能。

根据这一标准，汉语词语可以分为实词和虚词两大类。实词由体词（包括名词、代词）、用词（包括动词、形容词、判词、衡词）以及配合体词、用词的点词（附单位词）、副词等构成；虚词包括介词、连词、助词，以及感词（包括呼词和叹词）等。

吕叔湘（1979）在其语法研究著作《汉语语法分析问题》中兼容了传统语法学和结构主义语言学的长处，认为划分词类的目的是为了语句结构的实现。汉语词类划分标准应以词在句子中的具体分布作为衡量标准，其中要考虑词在句子中充当的成分功能以及词与词之间的组合关系。需要注意的是，从句法功能进行的词类划分只是词类划分的主要标准之一，同时还要结合其他标准整体考量。

朱德熙（1982、1985）延续了其前期的功能标准来划分汉语词类。他认为汉语词的分类只能根据词在句中的语法功能，而形态标准和意义标准均不能系统全面地确定词语的属性特征。语法功能体现在词和词的结合能力上面，这种结合能力不仅仅是句法功能，因为汉语的词和句法成分不是一一对应的关系。他同时还对语法功能做了进一步的解释，即一个词的语法功能指它所占据的语法位置的总和，也就是词的（语法）分布特征。这一词类划分标准是当时最为彻底的语法功能观，形态只是功能实现的标志特征，意义不再具有词类划分作用。汉语词类划分的标准只能依据词的语法功能，即词的语法分布是划分和确定汉语词类的根本标准。这一词类功能观对汉语词类研究产生了深刻的影响。

在结构主义引领下，词类划分研究一直致力于寻找对内具有普遍性，对外具有排他性的分类标准。但由于汉语的复杂性，语法功能泾渭分明的词类划分标准在汉语词类划分的具体操作过程中仍面临很多现实困难，如存在大量兼类活用现象。

四、认知视角下的词类划分

鉴于结构功能的分类方法在具体操作上的困境，汉语学者们将新理论、新方法引入词类研究中，以期解决功能标准过于严苛而产生的分类难的问题。

相对于结构主义的特征范畴，原型理论认为汉语的词类不是特征范畴而是原型范畴。原型范畴理论认为，属性的边界是模糊的；原型是非原型事物的参照点；范畴内部不平等，非原型成员较之于原型成员共有的属性较少。袁毓林（1995、2000）等的系列论文与著作基于原型理论，提出汉语词类系统具有家族相似性，从而积聚成类。

不同于结构主义离散的观点，认知语言学提出的连续统的观点认为某种句法和语义性质为若干类词所共有,但其中的差别在程度上有所不同,从而表现出强弱有序的连续统。张伯江(1994)将空间性和时间性确定为连续统的两极,分析了名词—非谓形容词—形容词—不及物动词—及物动词的连续统构成。张国宪(1995)也运用这种分析方法对形容词内部构成类别进行了再分类,即形容词内部表现为"动态形容词—准动态形容词—静态形容词"这一由动到静的连续统构成。此外,李宇明(1996)和张谊生(1998)等也从不同的连续统上对汉语词类划分进行了论述。

沈家煊(2007、2009、2012a、2012b、2013、2015a、2015b)等系列研究指出,汉语的词类系统与印欧语系词类系统的"分立模式"是相对立的,汉语实词词类之间属于"包含模式",也就是说汉语名词、动词和形容词三种词类之间互为包含关系,即名词包含动词,动词包含形容词。该理论的主要观点是印欧语言的语用范畴已经演化成了抽象的句法范畴,而汉语尚未形成抽象范畴;汉语动词的不同在于它具有指称性;而英、汉语中动词名用现象的差异也体现了两种语言认知上的差异。

认知视角下的语言观认为词类的边界是模糊的,词类划分只能按照其倾向性进行划分。因此,汉语词类划分也没有整齐划一的体系。

在传统语法理论指引下的词类研究,将意义作为词类研究的主要手段,但始终无法避免词无定类的问题。在结构主义影响下,词类研究经历了漫长的探索过程,形成了相当可观的研究成果,达成了对汉语词类本质区分的共识,即通过语法功能来明确属性。对于结构主义界限分明的词类划分标准所带来的挑战,研究者开始转而从认知视角对词类划分问题提出了词类边界具有模糊性及倾向性的观点。为解决边界模糊的问题,分布式形态学的理论被引入词类研究中,根据其句法运算生成词的观点,避免了词类划分不清的问题,并可以将汉语同印欧语言纳入统一框架内分析。新理论和新方法的运用,使汉语词汇研究拓宽了视野,取得了突破,但仍存在很多尚未解决的问题,需要今后更进一步的研究。

第三节　汉语词和短语的界限问题

汉语词和短语的界限问题主要体现在合成词与成语上，具体表现为词的内部结构和词长（size）与短语构成结构及长度两个方面。由于汉语词和短语在结构和词长上具有普遍的交叉重叠现象，这成为汉语区分词和短语的主要障碍。为此，汉语学界对于词和短语之间的交叉和转化现象极为关注，但目前难以找出一个行之有效的一致标准来区分两者的界限。

一、汉语词和短语区分研究

汉语词和短语间的跨类重叠主要在于汉语词语构成单位的书写方式以及词形独特形式。汉字是汉语的书写单位，大多数汉字代表语素，其中自由语素可以独立构成词。汉语复合词由不同语素构成，其中自由语素构成的复合词与词构成的短语在词形上存在同形异构现象，例如作为词的"要饭"表达"乞讨"之义；而作为短语的"要饭"则表达"索要米饭"之义。对于词和短语之间的区分，汉语语法学家做过大量的讨论。

陆志韦（1951）提出了"同形替代法"来区分词和短语，即在同一个句子结构中用同类词语进行替换，能够替换的是词，不能替换的便不是词。这种方法体现出相同或相近成分之间具有聚合关系，但对于词的地位的判断并不具有科学依据。例如"我要买红花"中，"红花"作为药材是一个词，但考虑颜色，"红花"则是一个短语。那么如果采用替换法，我们只能整体替换"红花"，如"我要买黄花"。但是，这种替换结果依然无法从形式上判断"红花"是词还是短语，因为词和短语有时具有同样的句法功能。如果只部分替代"花"，也只能判断"花"可以作为词存在，但依然无法判断"红花"（药材）的词汇属性。

王力（1979）提出了"隔开法"来判定词的属性地位，就是根据一个组合结构，如果能够通过其他成分隔开，则是短语；不能隔开，便是词。隔开法的基础原理在于首先肯定了词结构的整体性特点。但是，隔开法采用的具体手段是什么？因为汉语合成词结构构成关系复杂，单纯从结构来看待词的属性地位并不充分，还要考虑意义变化。以"要饭"为例，作为短语，"要"和"饭"语义清晰，"要饭"具有组合性意义。然而，作为词的"要饭"表达"乞讨"之义，其语义并不是组合而来，这也从意义上明确了"要饭"（乞讨）作为词的属性地位。但在具体使用中，"要饭"（乞讨）同样可以隔开使用，例如："张三好吃懒做，结果后来要了饭。"在这个例句中，所有人的理解都是"张三成了乞丐"，而与"索要饭食"这一具体行为没有关系。那么"要饭"为什么可以说"要了饭"，"了"隔开了"要饭"，但没有影响"要饭"作为词的属性。可见，单从形式上将某个组合隔开，并不能区分词和短语的地位。另外，很多词语组合，如"牛肉""狗肉"等，均可以在中间加"的"隔开，但"牛的肉"与"狗的肉"与"牛肉""狗肉"并不相同，前者是特指意义，后者是类属意义。那么隔开就能够说明"牛肉"和"狗肉"不是词而是短语吗？更何况，我们又是如何得知"牛的肉"就是"牛肉"的扩展，而不是"牛"和"肉"之间的组合呢？可见，除了形式上的分隔，还要考虑功能和意义上是否产生了变化。

随着汉语词类研究的深入发展，陆志韦（1956）放弃了"同形替代法"，并进一步提出了"扩展法"。"扩展法"与"隔开法"相似，通过在一个组合形式中插入相应的成分来进一步确定该组合结构的紧密程度。如果不能插入某一相应成分，说明这一组合结构具有整体性，体现出其内部结构的紧密性特点，那么，这个组合形式就是词而不是短语；如果能够插入其他成分，则表明该组合结构松散，那么这个组合便是短语而不是词。显然，"扩展法"与"隔开法"均从结构形式上对词和短语加以区分。我们说汉语合成词和短语具有重叠的特点，就是在于两个结构存在同形异构的问题，这种方法很容易造成外在结构上的变化只反映出其中一种结构特点，如将短语的特点泛化给了词，造成了对"词"的误判。

胡裕树（1979）指出汉语词的界定需要与词组区分开来。由于汉语中由两个词根合成而来的词在数量上占据了绝大部分,并且多数合成词的词根如果进行拆分,也能够作为词独立存在。另外,在结构组成上,这些词又与短语具有类似的构成模式,这就造成了词和短语的界定不清问题。对此,胡裕树(1979)认为合成词和短语要从组合关系上来区别。合成词的各成分之间联系紧密,不容许进一步拆分,也不允许其他成分的插入,比如"长短"可以指"不测之事"或"是非"。如果在词内插入其他成分,比如"和",变成"长和短",或者把"长短"拆分为"长"和"短",会导致整个词的意思发生变化。因此,从组合关系上看,合成词无法实现拆解或插入新的成分,但短语"长短"却能够拆解。这说明"词"和"短语"之间存在界限,二者能够相互鉴别。然而,在特定语境下,似乎这种方法也不可靠,例如:"他和我没关系了,我不在乎他的长与短。"这里的"长与短"与"长短"可以替换,语义和功能几乎相同。

二、词和短语混淆的原因

总体来看,汉语词和短语界限不清,主要有以下原因:

第一,成词语素与词长。汉语单语素词不存在词和短语辨别不清的问题,如单语素词"山""河""葡萄""朦胧"等,无论单音节还是双音节语素词均体现出这些语言单位作为词的属性地位。然而,合成词必然由两个或两个以上的语素构成,语素数量和词长均成为影响判断词属性地位的因素。

第二,汉语语素的跨类性。汉语成词语素,特别是单音节语素均以汉字为书写单位,这些语素兼跨语素和词两个范畴。尤其是在双音节词语中,由于内部的两个语素具有跨范畴特点,可以看做两个语素,也可以看做两个词。语素可以构成词,词可以构成短语,这使得双音节词语具备了成词和成短语的条件,如"春秋",在指"年份"时为词;而在指"季节"时则为短语。

第三,汉语词和短语的构造规则具有平行性。词和短语遵循着相同的构造规则,分别实现结构自身的建构。这些规则包括偏正式,如短语"新楼"和词"草图";联合式,如短语"好坏"和词"聪明";动宾式,如短语"吃饭"和词"管家";主谓式,如短语"山高"和词"地震";中补式,如短语"讲好"和词"证明"等。另外,汉语合成词与短语结构存在衍生关系,因此,两者自然具有同构异质特点。判断两者差异最关键的是语义的改变,但语义变化又是一个渐变过程,因此,汉语短语和词的界限并非泾渭分明,这也是汉语词和短语界限模糊的主要原因。

第四,词义透明度的多元化特征。"词义的透明度"(李晋霞、李宇明,2008)是指"词义可从构成要素的意义上推知的难易度"。根据词义透明度,短语含义的透明度清晰,而词的语义透明度隐晦。因此,词和短语不会产生混淆问题。词内语素不具备完整表义和自由运用的能力,因此,词义不具有组合性特点。事实上,虽然词义的非组合性是词义透明度弱的主要原因,但对于词义衍生的基础,似乎难以脱离组合性意义。例如"要饭"作为"乞讨"意义,无法完全脱离内部构成要素的语义,其意义来源与组合性意义有直接关系。另外,由于语义与结构都具有演变性特点,对于有些词义完全透明或比较透明的词,由于这些词的词义在凝固性、整体性以及抽象性等方面表现不够强烈,单纯从词义角度有时也很容易将词和短语混淆。

第五,短语的词汇化过程具有渐变性的词语演变特征。词汇的发展具有历史不平行性,并且词语进化存在阶段性差异。董秀芳(2000)曾指出:"汉语的复合词最初是由短语演变而来的,其形成发展的过程就是一个不断词化的过程。因此,汉语中短语和词的划界才困难重重。"例如"妻子"一词在古汉语中为并列结构的短语,义为"妻子和孩子",但在现代汉语中,其语义发生了删减,所指内涵减少,专指"老婆"。

第四节 分布式形态学对汉语词语研究的优势

正如前文所述,汉语由于缺乏形态变化,汉语词的界定、词性分类以及词和短语界限不清等问题一直是困扰学界的难题。不仅如此，汉语句法结构也受到形态匮乏的影响，使得句子结构灵活多变，语义变化难测。汉语句子成分之间的句法语义关系主要靠语序来决定，如"老虎吃狮子"和"狮子吃老虎"这两个句子的语义受到内部成分的语序制约。这一点毋庸置疑。但对于"鸡不吃了"这样的句子，其语义则无法仅通过句子成分的排序来决定。这些问题的存在原因主要是由汉语成分序列以及词语缺少形态变化所导致的。

分布式形态学理论在不接受词库作为独立语法模块的前提下，提出所有语言单位的推导均由句法机制来完成，句法是语法体系中唯一具有生成能力的语法模块。由于词是具有句法结构的语言实体单位，因此，词内结构和短语结构均由句法推导生成。为了回避"词"这一语言单位在汉语中引起的理解差异，林巧丽、韩景泉（2011）将词类称为语类，认为语类的性质取决于其句法构造过程中的句法环境，即统领词根的功能语素的性质，也就是说同一个词根可以通过不同的功能语素形成不同语类的词。这一观点同汉语学界把词类的本质确定归因于词的语法功能的观点是一致的。分布式形态学理论对构词过程的分析，如对词无定类、名物化、词类转换以及词语兼类等复杂语言现象均可以给出合理的解释。总体来讲，分布式形态学是基于语言共性思想的一种普遍语法理论，该理论所秉承的分离主义思想及过程性句法推导方法对于汉语词语研究有如下的优势：

第一，分布式形态学理论为汉语研究提供了全新的分析理论和研究视角。现代汉语研究主要受到西方语法理论，特别是结构主义语法理论的影响，将语法分为词法和句法两个部分。这样，汉语词法研究必须要解决的问题就是前文提到的词的界定、词的分类以及词和短语的区分等问题。然而，由于汉语缺乏形态变化，我们无法套用结构主义语言学理论对汉语词语展开系统性研究，进而在词法研究中面临许多难以解决的问题，存在很多争议。不仅如此，汉语句法研究也面临同样的问题。印欧语言词的词性和语法功能存在对应关系，因此，词除了可以依据形态标准外，还可以通过句法分布及其体现的语法功能加以认定，例如名词充当主语或宾语，这也是名词的基本功能。同时，不同词语要结合语法功能及语义表达需要，发生一定的形态变化，才能满足结构要求。例如，如果动词进入名词的语法位置，必须在形式上改变其语法属性，使其符合句法对词类的要求。

由于词具有独立的语法地位，并且句子也可以是由词构成的，那么句子成分以及词的属性和功能等相关问题便会因为词自身研究存在的问题而进一步在句子研究中引发新的问题。例如："我喜欢劳动""劳动是一件光荣的事情""我每天都劳动"三个句子中的"劳动"的属性认定是存在差异的。可见，汉语在词性认定方面存在很多不确定因素。汉语词类与句法功能的不对应也是汉语学界对词类划分以及词类转换存在争议的主要原因。词类划分的主要目的还是为进一步论证词的功能做准备。朱德熙（1985）认为词的分类对于语法研究具有基础性作用，但汉语词类的分类标准一直是一个难题。范晓（2005）指出汉语界对汉语词类分类标准争议较大，其中意义、形态、功能是分类的主要标准，也有主张将三者结合到一起来进行分类的观点。这些问题均是结构主义语言学理论在解释汉语语言事实的过程中带来并遗留的问题。导致汉语存在上述问题的主要原因并非完全在于汉语构词特性，我们所采取的理论的适切性也具有一定的因素。分布式形态学的"词句同构"主张模糊了词与短语的界限，由此为汉语语法研究提供了新的思路。

第二，分布式形态学理论对于许多汉语语言现象具有较强的解释力。汉语合成词与短语基本遵循相同的构造规则，这也为汉语区分词与短语带来了困难。事实上，汉语合成词与短语同构异质现象正符合语言结构的演化规律以及语言单位的生成过程。汉语短语的基本语序规则与汉语句子的基本语序规则相似，这是"镜像规则"（mirror principle）（Baker，1985）的具体体现和应用，而这种结构镜像性又进一步体现在汉语词内。汉语这一现象正是汉语缺少形态束缚才具有的独特特点，同时也是语言构造规则的共性体现。这一语言事实可以为分布式形态学理论的"词句同构"主张提供强有力的支撑。同时，分布式形态学理论可以为汉语语言单位的结构性提供合理的解释。分布式形态学理论将词的生成置于句法推导中，突出了词的过程性生成特点。这样，对于词性的认定，必须结合具体推导语境，基于功能而决定属性特征。这对于汉语缺乏形态标准而开展词性确定具有一定的指导意义。汉语词的属性判断必须将相应成分置于句法环境中，结合句法分布和语法功能来决定词的属性特征。而处于静态的语言单位，则无法判定其属性特征。例如，汉语动补式组构规则具有很高的能产性，该规则在词、短语甚至是句子组构中均有体现。然而，如"说明""压缩""放大""抓紧"等结构一般被认定为词，而"抓住""拴牢""学会""唱红"等则被认为是短语。对于这些问题，结构主义语法和传统生成语法理论均无法给出答案。但由于分布式形态学理论没有词库这一语法模块，也不必要特别强调词的地位，自然不存在词和短语之争的问题。

第三，分布式形态学理论为汉语词语研究提供了技术手段。该理论本质上是句法理论，并将以往词的生成纳入句法中。因此，形态完全是句法推导的副产品。这种研究思路完全不必受到形态问题干扰，聚焦句子结构研究即可。分布式形态学动态性推导解决了词性变化等问题，词性完全是句法环境对词根的特定要求，其结果是句法推导过程性对于功能变化的最终展示。这种运算操作手段正符合汉语词无定类、依句辨品的说法。正如李红兵（2006）指出的，在分布式形态学理论框架下，传统语法采用的名词、动词以及形容词等词类分类方法并不具有实际意义。在分布式形态学理论中，词类范畴是由不同语素类型推导而来的，这一过程具有句法规定性（王奇，2008）。词所表现出的具体词类属性不是词固有的形态句法属性，而是在句法推导过程中，在一定句法关系区域内，语素或词根与具有范畴属性的功能语素合并而成的句法综合体所表现出的形态句法特征。至于那些表现出固定的传统意义上的词类归属特征则与分布式形态学理论中的后句法运算规则有关，如特征缺损、词项插入等形态操作一定程度上造成了某些词类的语言特征相对固定和独立。

在分布式形态理论框架下，汉语词类划分界限模糊不清的问题可以得到有效合理的解决。同时，汉语和有形态标记的印欧语言的词类分析也可以纳入同一个理论框架下进行统一的解释。虽然，分布式形态学理论内部仍有很多问题需要解决,但为汉语词类研究提供了更为广阔的思路。

分布式形态学理论将词的音、形、义三个部分分散到语法的各个模块。词的构成是一个由句法结构到语言表征再到意义解读的过程性组构过程。在词的推导过程中,任何阶段的变化,如规则使用或添加成分均可以导致整个结构形式的变化。另外,分布式形态学注重功能性成分对于词语属性的确定,同时,也允许零形态功能成分的存在,这为分析汉语词类兼类活用现象提供了理论基础。

第十章 结语

分布式形态学理论（Distributed Morphology，DM）（Halle & Marantz，1993、1994）至今已经走过了三十年的发展历程，该理论主要是在对词位形态学（lexeme-based morphology）以及语素形态学（morpheme-based morphology）扬弃的基础上建立起来的形态学理论。由于分布式形态学主张"词句同构"的思想，该理论逐渐发展成为一种形态句法理论，很多学者也开始尝试使用这一理论用以解决一些句法问题。

词位形态学理论也被称为无词缀形态学理论（affixless theory）或无形态变化理论（a-morphous theory）（Beard，1966、1991；Aronoff，1976、1992；Anderson，1992）。这一理论认为词缀等形态变化均为形态音位规则的副产品，不具有实际的语言地位。构词规则（WFRs）只对实词语类，如N，V，A等词汇性语类敏感，而那些传统意义上的词形变化只是同一词位的不同变体形式，如work，works，worked，working等变化形式均为词位WORK的不同变体形式，这些变体形式受到具体语境的制约而采取相应的形式。词位具有高度抽象的特征，其不同词形变化均为同一词位的语境变体形式。因此，词位不是声音与意义的结合形式。从中可以看出，词位形态学采取的是声音与意义相分离的语言研究思想。

语素形态学理论主要基于结构主义语言学，认为词形变化体现出了构词的组构性特征。因此，不同词形变化形式均被视为语素，其本质为词缀。这样，词缀与词干本质相同，均为语素组件（piece）。词缀与词干在构词中表现为不同的词项（lexical item），均为句法操作的基本单位，即语素（Lieber，1992）。

词位形态学把词形变化解释为同一词位的语境变体形式。然而，这种分析方法如果解释词语的不同语法范畴词形变化形式似乎还行得通，但是对于派生构词的解释并不适合。因为派生词缀可以引起词性或词汇意义变化，这些成分及语义变化均不是语境所能决定的。例如，teach 和 teacher 两个词之间存在派生关系，但是，不能简单地将这两个词归为同一词位的不同变体来进行解释。因此，词位形态学无法把构词和构形变化统一处理。分布式形态学理论一方面赞同词位形态学理论所秉承的音义分离思想，注重词语构成的过程性分析手段，但不同意将不同词形变化归为同一词位的不同变体形式；另一方面吸取了语素形态学对于词缀的语素地位的认同，以及词的组构性及结构性的构造特征，但却不认可对于语素作为"音义结合体"的定义。

基于此，Halle & Marantz（1993）综合了词位形态学和语素形态学部分理论思想，创立了分布式形态学理论。分布式形态学提出：所有的构词形式或词形变化均体现了结构性特征；词的构造与短语结构相同，均为句法操作的结果；语素是构词成分，具有高度抽象性，是句法操作的基本成分或末端成分，但不具有语音内容；构词过程即为词的形、音、义的组构过程，三者是分开的，并分布于不同的语法模块中；句法终端的语音实现由词项（vocabulary item）来完成的，这些词项在一系列音系特征与句法终端的形态句法特征之间建立了匹配联系，并最终由百科知识列表负责对词义进行解读。

"管约论"（Government and Binding）时期，词语的构建在整个推导过程中是先于句法在词库（Lexicon）中完成的。词库在整个生成语法理论模型中就是独立于句法的构词模块，其主要作用之一就是为句法推导提供初始元素。词汇主义假说认为，无论是简单词还是多语素词，在进入句法模块时，都已在词库中完全形成。也就是说，在传统的生成语法模型中，存在句法和形态两个生成性模块。然而，分布式形态学拒绝了词汇主义假设中生成性词库的存在，在其语法模型中，

第十章 结语

只存在句法这一唯一的生成性模块,并将构词(或形态)过程分布到了整个语法模型中。

分布式形态学是在"原则与参数"(Principle & Parameter)框架下发展而来的形态句法理论,因此,语法推导模型遵循了生成语法理论的Y-模型,并随着最简方案的发展采用最新的演变模型。分布式形态学将词的构成视作句法操作的结果,词语结构是在句法推导移交后交给了PF和LF,分别负责词项插入和语义解读。分布式形态学理论提出的三个列表分别指向句法推导、PF和LF,如(1)(Embick,2015:20)所示。

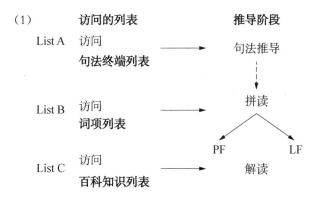

分布式形态学依托生成语法理论的Y-模型架构,引入了句法终端列表、词项列表以及百科知识列表,进一步发展了该模型,并将词的推导与短语结构推导纳入统一的句法推导模式下进行。该理论主要对上述三个列表以及对应的结构层面进行了系统性的解释和说明。

句法终端列表中的成分是句法操作的基本单位,最终构成终端成分的结构表征形式。这些基本单位均为语素,包括实词语素(词根)和功能语素(定类语素),两者共同负责构词。通过句法手段合并而成的句法终端成分是词的结构表征形式,是一组形态句法特征束(feature bundle),并无语音内容。这样一来,即使是在最简方案框架下的语段推导过程中,运算式(Numeration)中的成分也只能是抽象的形态句法特征，而非实际的词语（音义结合体）。而对于句法推导模块的具体操作，分布式形态学沿用了生成语法的合并和移位（或内合并）等句法操作方式来对句法终端列表中提取的成分进行操作，以创建语义上可以解读的句法结构。

词项列表负责为终端节点提供语音内容，通过不同的词条（lexical entry）将形态句法特征束与音系特征复合体联结起来，即词项插入。对于分布式形态学而言，音系表征被指派给相应的形态句法特征束是在句法之后进行的，不产生也不决定由句法操作而来的终端成分。在词项插入之前，句法终端成分还要经历形态结构（Morphological Structure, MS）阶段的一些操作，例如融合、分裂、删除、降位等操作手段，以此为词项插入的结构做最后的准备。由于 MS 和 PF 模块的操作均发生在句法推导拼读后，因此不能改变句法操作推导出来的终端成分的属性及特征，但可以对终端成分的结构关系进行微调，并可以适度增添一些新的形态特征。最终，词汇列表中的某一词项与句法终端建立匹配关系，为词项顺利插入创造必要条件。在 PF 阶段为句法终端插入音系表征的工作（即词项插入）需要遵循子集原则，即词项所携带的特征数量只需是句法终端所携带特征的子集即可。

经过句法推导和形态调整后的句法终端结构，通过词项插入获得相应的语音内容。但对于词语意义的解读，是通过语法模型中的百科知识列表来完成的。分布式形态学理论认为所有具有非组合意义的句法单位均可视为习语，均需百科知识列表才可以合理解释。那么，传统意义上的单纯词就获得了与习语同等的地位，具有习语性。这些非组合性成分可以为组合性成分的结构推导以及意义解读提供基础条件，这种方法具有一定的解释力。

上述三个列表在语法模型中的分布也反映了分布式形态学理论的基本特点。首先，句法终端列表的存在表明语素的"音义分离"属性，同时，词汇列表为句法终端所提供的词项体现的正是"晚插入"特点；其次，词项竞争过程中所遵循的子集原则，导致词项自身的"特征不详标"；最后，词语结构的生成主要由句法来生成，这体现的是分布式形态学理论的"单引擎假说"（或"词句同构"）。

第十章 结语

分布式形态学理论秉承分离主义思想，该理论将词的构成看作是一个由句法结构到语音表征和意义解读的分阶段的词语组构过程。在词结构的推导过程中，任何阶段使用不同规则或添加任何成分均可导致整个结构的变化。另外，分布式形态学特别注重功能性成分对于词结构属性的决定作用，允许零形态功能性成分的存在和使用，并用以解决词汇属性问题。在分布式形态学理论中，构词语素主要分为词汇语素（词根）和功能语素（定类语素）两类。基于分离主义这一核心思想，我们认为，在具体实践中应该严格根据构词成分的功能和意义来对其本质属性进行判定，而不能简单地依据其外在的形态属性。根据现有研究，我们认为句法终端列表中的词根不具有语类属性和音系表征（即遵循晚插入），但是具有概念意义，这也是其作为句法终端参与构词推导的基础和词根间相互区分的依据。而构词过程中的功能语素（与短语结构层面的 C 和 T 等功能性中心语不同）主要是指定类语素，如 v，n，a 等，主要是负责确定词根的语类范畴。这样，按照分布式形态学理论，所有的词至少由一个词根和一个定类语素构成，进而不存在无结构形式的词语，即传统意义上的单纯词可分析为一个词根和一个零形态的定类语素所构成的句法单位。

尽管分布式形态学理论提出之初采用的是 GB 时期的理论模型，但其紧跟生成语法理论思想的发展，逐渐转为最简方案（MP）的理论模型假设。分布式形态学理论与最简方案的契合主要体现在以下几个方面。首先，在分布式形态学近期的理论建构中（Embick & Noyer, 2007; Siddiqi, 2010）也取消了深层、表层结构，只保留了狭义句法部分，与 MP 一致；其次，在分布式形态学的句法运算部分，合并操作得以在词内延伸；最后，分布式形态学理论也体现了"最简思想"，它统一了词与句子的生成，最大程度地减少了整个语言运算的负担。另外，Marantz（2001）指出定类语素也有作为语段中心语的可能，并在构词层面，将词根与定类语素的第一次合并界定为内部区域，之外的合并界定为外部区域，如（2）所示：

(2)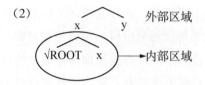

对于词语内部结构的这一区分主要体现在功能性中心语与不同成分的合并上。从结构上看,内部区域中,词根的语义具有规约性和特质性,并无组合性意义;而外部区域主要表现在定类语素所处的结构上体现为具有组合性意义的表达。两者之间的差异体现的就是语段理论的"语段不可渗透"(PIC)原则,即语段内部的补足语成分对外部操作不可视。这两个区域都可以通过循环移交的方式将合并组构好的结构移交至界面,这一过程就融入了语段推导的思想。这样,(2)中内部区域合并的结构具有与语段相符的特征,分布式形态学将其视作"构词语段"。然而,从目前生成语法理论最新的发展来看,在词语推导过程中,这些句法操作都应释放不可解读特征,但受限于词语结构的复杂程度,最简方案背景下分布式形态学理论与语段理论的结合还需要深入研究。

在现行的理论框架中,由句法生成的词语结构需要向 PF 和 LF 移交来插入音系表征和语义解读。我们知道,语言中经常会出现形态语义的错配现象,因此,在最终的词项插入之前还会涉及对词内结构的调整,而这一过程就发生在 PF 分支层面。在向 PF 移交句法结构的过程中,分布式形态学理论假设存在一个 MS 模块,通过特征的融合、分裂和删除等操作,对词语结构进行微调,以输出正确结果。融合的最终目的是使不同句法终端的特征通过一个词项来实现,如英语中动词的屈折后缀可以同时标示多个特征就是融合操作的结果。分裂与融合相反,是将一个句法终端拆分成两个或多个,使得不同节点最终插入不同词项,如 Siddiqi(2010)就将 Agr 节点上的人称、性、数特征分裂为三个不同的节点。删除是在 MS 阶段,根据语言的特殊要求,将句法终端上的某些特征去除,以保证在 PF 进行词项插入时,使原本能够满足该节点的词项无法插入,转而插入某些不详标的特征。

第十章 结语

除了形态层面的调整和词项插入，在 PF 模块还涉及装饰性形态的添加、词项插入、降位和局域换位等操作手段。由于语言中经常会出现实际的表征形式与句法推导结构不匹配的情况，因此，分布式形态学理论提出了装饰性形态这一概念，是指词语在狭义句法操作完成后，应语言的特有要求而插入词结构的节点或特征。由于这一操作是在后句法阶段进行，因此不影响词语的结构及语义解读。在结构调整完成后，就会进行词项插入操作，即对最终的句法终端进行音系内容的填充。根据分布式形态学理论的特征不详标原则，PF 模块的词项插入遵循子集原则，插入的词项具有最多且不超过终端节点总体特征数量。在词项顺利插入后，已经完成的词语层级结构需要进行线性化操作，排列成线性成分，并在线性化后通过局域换位机制或重新调整规则来对词语的语音表征进行最后的调整。可以看到，在分布式形态学理论框架下，一个词的形成由 NS 负责生成结构，再交至 MS 进行调整，最终由 PF 负责实现，多个模块共同协作完成。

当然，除了结构和语音外，LF 模块对于词语的构成也同等重要。无论是组合意义还是非组合意义，都是在 LF 通过百科知识列表来实现词语意义的解读。对于一般的语言结构，其语义解读通常具有组合性特点，无论是复杂词、短语还是小句，其语义内容基本为组构元素的语义以及形态句法规则所包含的意义，因此，分布式形态学理论对此类结构的语义解读与生成语法相同。需要注意的是，分布式形态学认为单纯词（即一个词根和一个定类语素合并的结构）的语义解读具有特质性，表现出习语的特点，也体现非组合意义。若只考虑语义，那么单个词语本身的语义解读与习语的语义解读并无不同，都无法从结构中预测，需要我们单独记忆。例如，动词 kick 和习语 kick the bucket 的词汇意义都是人脑语言知识中的一部分，具有"踢"和"死"的词汇意义。分布式形态学理论将这类语义的解读也归为百科知识列表负责，该列表不仅存储了语言中的组合性语义成分，同时也涵盖了所有非组合性的意义。这样，通过将 LF 模块纳入整个词语生成过程中，一个具有完整"音形义"的词语就得以生成，而这体现的正是分布式形态学中"分布式"的内涵。

整体来看，分布式形态学理论在"句法构词"这一路径上提出了新的理论见解，即使是单纯词，其内部结构也至少包括一个词根和一个定类语素。这样，以往的单纯词、派生词和复合词都可以通过词内结构来区分：

(3) a. 单纯词：一个词根，一个定类语素。
    b. 派生词：一个词根，多个定类语素。
    c. 复合词：多个词根，一个定类语素。

可见，在分布式形态学理论框架下，词语类型的确定主要是根据词内组构成分的属性和数量。然而，尽管单纯词和复合词中的词根比较容易确定，但目前分布式形态学的一些研究未能完全遵循分离主义思想，其对一些派生词内部成分的界定存在问题。例如，在传统形态学中，由于 man 为自由语素，而-er 为粘着语素，因此可以将 businessman 和 teacher 分别为复合词和派生词，即 man 为词根，-er 为词缀。在分布式形态学理论中，虽然考虑到词项晚插入的原则，但仍然将形态上粘着的词项（如-er）归为插入功能性中心语（定类语素）的词项，而将形态自由的词项 man 界定为词根，却并未考虑二者除了形态上的差异，实则具有相同的功能（构词）和相似的词汇意义（表"人"义）。换言之，目前分布式形态学的相关研究倾向于将形态粘着的词项界定为功能语素的音系表征，并未充分考虑其本质属性和语言功能。

基于此，我们根据分布式形态学的分离主义思想，指出对构词成分的界定应综合分析其在构词过程中的功能和所表达的意义，因此将传统的派生词缀分为词汇性词缀和功能性词缀两类，分别对应句法结构中的词根和功能语素。例如，英语中表"人"词缀-er，-ee，-ist 等以及许多词汇性前缀均属于词汇性词缀范畴，具有词汇意义，而非插入功能语素的词项；而-age，-ive，-ize 等不具有词汇意义的词缀才是插入定类语素节点的功能性词缀。虽然这一观点与传统语法和以往的分布式形态学分析具有一定差异，但综合考量分布式形态学理论的内涵以及此类成分的本质属性，我们认为这种区分完全契合分布式形态学理

第十章　结语

论的核心思想,并且也使我们能在分布式形态学框架下重新认识词语的组构过程。

　　目前来看,分布式形态学理论对于汉语词汇研究的启示主要体现在以下三个方面:词的界定、词类的划分以及词与短语的界限。首先,在理论视角上,分布式形态学理论的"单引擎假说"主张模糊了词与短语的界限,能够为汉语词汇研究提供新的思路;其次,在理论方法上,分布式形态学取消了词库的地位,采取动态的句法构词过程,可以很好地解释汉语复合词的形成,也无需特别强调词与短语的区别;最后,在技术手段上,零形式定类语素的提出解决了汉语的词语兼类问题,同时,其他句法操作手段对于解释汉语中特殊语言单位也有一定的启发。

参考文献

[1] Acquaviva, P. 2009. Roots and lexicality in Distributed Morphology. *York Papers in Linguistics Series* 2: 1-21.

[2] Acquaviva, P. 2014. Distributing Roots: Listemes across components in Distributed Morphology. *Theoretical Linguistics* 40 (3/4): 277-286.

[3] Anagnostopoulou, E. & Y. Samioti. 2013. Allosemy, idioms, and their domains: Evidence from adjectival participles. In Folli, R., C. Sevdali & R. Truswell (eds.), 2013, *Syntax and its Limits*. Oxford: Oxford University Press, 218-250.

[4] Anderson, S. 1982. Where's morphology? *Linguistic Inquiry* 13 (4): 571-612.

[5] Anderson, S. 1984. On representations in morphology: Case, agreement, and inversion in Georgian. *Natural Language and Linguistic Theory* 2: 157-218.

[6] Anderson, S. 1992. *A-morphous Morphology*. Cambridge, MA: Cambridge University Press.

[7] Arad, M. 2003. Locality constraints on the interpretation of roots: the case of Hebrew denominal verbs. *Natural Language and Linguistic Theory* 21: 737-778.

[8] Aronoff, M. & K. Fudeman. 2011. *What is Morphology* (2nd edition). Chichester, Blackwell: Wiley-Blackwell Press.

[9] Aronoff, M. 1976. *Word Formation in Generative Grammar*. Cambridge, MA: The MIT Press.

[10] Aronoff, M. 1994. *Morphology by Itself: Stems and Inflectional Classes*. Cambridge, MA: The MIT Press.

[11] Arregi, K. & A. Nevins. 2008. Agreement and clitic restrictions in Basque. In D'Alessandro, R. , S. Fischer & G. Hrafnbjargarson (eds.), *Agreement Restrictions*. Berlin, New York: De Gruyter Mouton, 49 - 86.

[12] Baker, M. 1985. The mirror principle and morphosyntactic explanation. *Linguistic Inquiry* 16 (3): 373 - 416.

[13] Baker, M. 1988. *Incorporation: A Theory of Grammatical Function Changing*. Chicago: University of Chicago Press.

[14] Bauer, L. 1983. *English Word-formation*. Cambridge, MA: Cambridge University Press.

[15] Beard, R. 1966. The affixation of adjectives in contemporary literary serbo-croatian. Doctoral dissertation, University of Michigan.

[16] Beard, R. 1987. Morpheme order in a lexeme/morpheme based morphology. *Lingua* 72 (1): 73 - 116.

[17] Beard, R. 1991. *Lexeme-Morpheme Base Morphology*. Ms. , Bucknell University.

[18] Beard, R. 1995. *Lexeme-Morpheme Based Morphology: A general Theory of Inflection and Word Formation*. Albany, NY: State University of New York Press.

[19] Belletti, A. 2017. (Past) participle agreement. In Martin, E. & H. van Riemsdijk (eds), *The Blackwell Companion to Syntax* Vol III. Oxford: Blackwell, 493 - 521.

[20] Bloomfield, L. 1933. *Language*. New York: Henry Holt.

[21] Bobaljik, J. 1994. What does adjacency do? In Harley, H. & C. Phillips (eds.), *MITPWPL 22: The Morphology-Syntax Connection*. Cambridge, MA: MIT, 1 - 32.

[22] Bonet, E. 1991. Morphology after syntax: Pronominal clitics in Romance. Doctoral dissertation, MIT.

[23] Booij, G. 2005. *The Grammar of Words: An Introduction to Morphology*. Oxford: Oxford University Press.

[24] Booij, G. 2007. *The Grammar of Words: An Introduction to Morphology* (2nd edition). Oxford: Oxford University Press.

[25] Borer, H. 2009. *Roots and Categories*. Ms. , University of Southern California.

[26] Bošković, Ž. & H. Lasnik. 1999. How strict is the cycle. *Linguistic Inquiry* 30 (4): 691 - 703.

[27] Bresnan, J. & S. A. Mchombo. 1995. The lexical integrity principle: evidence from Bantu. *Natural Language & Linguistic Theory* 13: 181 -

254.
[28] Bresnan, J. 1982. The passive in lexical theory. In J. Bresnan (ed.), *The Mental Representation of Grammatical Relations*. Cambridge, MA: The MIT Press, 3-86.
[29] Bussmann, H. 1996. *Routledge Dictionary of Language and Linguistics*. London: Routledge Press.
[30] Cacciari, C. & S. Glucksberg. 1991. Understanding idiomatic expressions: The contribution of word meanings. In G. B. Simpson (ed.), *Understanding Word and Sentence*. Amsterdam: North-Holland, 217-240.
[31] Caink, A. 2000. In favour of a "clitic cluster" in the Bulgarian and Macedonian DP. In *Trondheim Working Papers in Linguistics 34: Third Conference on Formal Approaches to South Slavic and Balkan Languages*. Department of Linguistics, University of Trondheim, 170-182.
[32] Calabrese, A. 1994. Syncretism phenomena in the clitic systems of Italian and Sardinian dialects and the notion or morphological change. In Beckman, J. N. (ed.), *Proceedings of NELS 25: 2*. Amherst: University of Massachusetts, 151-174.
[33] Calabrese, A. 1995. A constraint-based theory of phonological markedness and simplification procedures. *Linguistic Inquiry* 26 (3): 373-463.
[34] Carstairs-McCarthy, A. 2002. *An Introduction to English Morphology*. Edinburgh: Edinburgh University Press.
[35] Carter, R. 1998. *Vocabulary: Applied Linguistic Perspectives*. London: Routledge.
[36] Cheng, G. & Y. Liu. 2020. A root-and-pattern approach to word-formation in Chinese. *Asian Languages & Linguistics* 1 (1): 77-106.
[37] Chomsky, N. & M. Halle. 1968. *The Sound Pattern of English*. New York: Harper and Row.
[38] Chomsky, N. 1957. *Syntactic Structures*. The Hague: Muonton.
[39] Chomsky, N. 1965. *Aspects of the Theory of Syntax*. Cambridge, MA: The MIT Press.
[40] Chomsky, N. 1970. Remarks on nominalization. In Roderick. J. & P. Rosenbaum (eds.), *Readings in English Transformational Grammar*. Waltham, MA: Ginn, 184-221.
[41] Chomsky, N. 1973. Conditions on transformations. In S. Anderson & P. Kiparsky (eds.), *A festschrift for Morris Halle*. New York: Holt, Renehart and Winston, 232-286.
[42] Chomsky, N. 1993. A minimalist program for linguistic theory. In Hale, H.

& S. J. Keyser (eds.), *The View from Building 20: Essays in Linguistics in Honor of Sylvain Bromberger*. Cambridge, MA: The MIT Press, 1-52.

[43] Chomsky, N. 1995a. *The Minimalist Program*. Cambridge, MA: The MIT Press.

[44] Chomsky, N. 1995b. Bare phrase structure. In Webelhurt, G. (ed.), *Government and Binding Theory and the Minimalist Program*. Oxford: Blackwell Press, 383-439.

[45] Chomsky, N. 2000. Minimalist inquiries: the framework. In Roger M., D. Michaels & J. Uriagerek (eds.), *Step by Step*. Cambridge, MA: The MIT Press, 89-155.

[46] Chomsky, N. 2001. Derivation by phase. In M. Kenstowicz (ed.), *Ken Hale: A Life in Language*. Cambridge, MA: The MIT Press, 1-50.

[47] Chomsky, N. 2004. Beyond explanatory adequacy. In Belletti, A. (ed.), *Structures and Beyond: The Cartography of Syntactic Structures*. Oxford, NY: Oxford University Press, 104-131.

[48] Chomsky, N. 2005. Three factors in language design. *Linguistic Inquiry* 36 (1): 1-22.

[49] Chomsky, N. 2007. Approaching UG from below. In Sauerland, U. & H-M. Gärtner (eds.), *Interfaces + Recursion = Language? Chomsky's Minimalism and the View from Syntax-semantics*. Berlin: Mouton de Gruyter, 1-30.

[50] Chomsky, N. 2008. On phases. In Robert, F., C. P. Otero & M. L. Zubizarreta (eds.), *Foundational Issues in Linguistic Theory: Essays in Honor of Jean-Roger Vergnaud*. Cambridge, MA: The MIT Press, 134-166.

[51] Chomsky, N. 2013. Problems of projection. *Lingua* 130: 33-49.

[52] Chomsky, N., M. Halle & F. Lukoff. 1956. On Accent and Juncture in English. In Halle, H., H. Lunt & H. MacLean (eds.), *For Roman Jakobson*. The Hague: Mouton & Co, 65-80.

[53] Citko, B. 2014. *Phase Theory: An Introduction*. Cambridge: Cambridge University Press.

[54] Creemers, A., D. Jan. & F. Paula. 2018. Some affixes are roots, others are heads. *Natural Language & Linguistic Theory* 36: 45-84.

[55] Cutler, A. 1982. *Slips of the Tongue and Language Production*. Amsterdam: Mouton.

[56] De Belder, M. & J. van Craenenbroeck. 2015. How to merge a root. *Linguistic Inquiry* 46 (4): 625-655.

[57] De Belder, M. 2011. Roots and Affixes: Eliminating Lexical Categories from Syntax. Utrecht: University Utrecht.

[58] De Belder, M. 2017. The root and nothing but the root: Primary compounds in Dutch. *Syntax* 20 (2): 138-169.

[59] Di Sciullo, A. & E. Williams. 1987. *On the Definition of Word*. Cambridge, MA: The MIT Press.

[60] Dubinsky, S. & S. R. Simango. 1996. Passive and stative in Chichewa: Evidence for modular distinctions in grammar. *Language* 72: 749-781.

[61] Elson, M. 1976. The definite article in Bulgarian and Macedonian. *Slavic and East European Journal* 20: 273-279.

[62] Embick, D. & A. Marantz. 2008. Architecture and blocking. *Linguistic Inquiry* 39 (1): 1-53.

[63] Embick, D. & M. Halle. 2005. On the status of stems in morphological theory. In T. Geerts & H. Jacobs (eds.), *Proceedings of Going Romance 2003*. Amsterdam: John Benjamins, 59-88.

[64] Embick, D. & R. Noyer. 2001. Movement operations after syntax. *Linguistic Inquiry* 32 (4): 555-595.

[65] Embick, D. & R. Noyer. 2007. Distributed Morphology and the syntax-morphology interface. In Ramchand, G. & R. Charles (eds.), *The Oxford Handbook of Linguistic Interface*. Oxford: Oxford University Press, 289-324.

[66] Embick, D. 1997. Voice and the interfaces of syntax. Doctoral dissertation, University of Pennsylvania.

[67] Embick, D. 1998. Voice systems and the syntax/morphology interface. In Harley, H. (ed.), *MITWPL 32: Papers from the UPenn/MIT Roundtable on Argument Structure and Aspect*. Cambridge, MA: MIT, 41-72.

[68] Embick, D. 2000. Features, syntax, and categories in the Latin perfect. *Linguistic Inquiry* 31: 185-230.

[69] Embick, D. 2003. Locality, listedness, and morphological identity. *Studia Linguistica* 57: 143-169.

[70] Embick, D. 2004. On the structure of resultative participles in English. *Linguistic Inquiry* 35: 355-392.

[71] Embick, D. 2007a. Blocking effects and analytic/synthetic alternations. *Natural Language & Linguistic Theory* 25: 1-37.

[72] Embick D. 2007b. Linearization and local dislocation: Derivational mechanics and interactions. *Linguistic Analysis*, 33 (3-4): 303-336.

[73] Embick, D. 2008. Variation and morphosyntactic theory: Competition fractionated. *Language and Linguistics Compass* 2: 59 - 78.

[74] Embick, D. 2010. *Localism versus Globalism in Morphology and Phonology*. Cambridge, MA: The MIT Press.

[75] Embick, D. 2015. *The Morpheme: A Theoretical Introduction*. Berlin: De Gruyter.

[76] Emonds, J. 1978. The verbal complex V'-V in French. *Linguistic Inquiry* (9): 151 - 175.

[77] Falk, Y. 2001. *Lexical-Functional Grammar: An Introduction to Parallel Constraint-Based Syntax*. Stanford, CA: CSLI Publications.

[78] Fillmore, C. J., P. Key & M. C. O'Connor. 1988. Regularity and idiomaticity in grammatical con-structions: The case of let alone. *Language* 64 (3): 501 - 538.

[79] Frampton, J. & S. Gutmann. 2002. Crash-proof syntax. In Epstein, S. D. & T. D. Seely (eds.), *Derivation and Explanation in the Minimalist Program*. Malden, MA: Blackwell, 90 - 105.

[80] Frampton, J. 2002. Syncretism, impoverishment, and the structure of person features. In M. Andronis, C. Ball, H. Elston & S. Neuval (eds.), *The 37th Meeting of the Chicago Linguistics Society*. Chicago: Chicago Linguistics Society 38: 207 - 222.

[81] Franks, S. 2001. The internal structure of Slavic noun phrases, with special reference to Bulgarian. Ms., Bloomington: Indiana University.

[82] Fraser, B. 1970. Idioms within a transformational grammar. *Foundations of Language* (6): 22 - 42.

[83] Freidin, R. 1978. Cyclicity and the theory of Grammar. *Linguistic Inquiry* (9): 529 - 549.

[84] Gallego, Á. J. 2010. *Phase Theory*. Amsterdam and Philadelphia: John Benjamins.

[85] Gallego, Ángel J. 2012. *Phases: Developing the Framework*. Berlin/Boston: De Gruyter Mouton.

[86] Geeraerts, D. 1995. Specialization and reinterpretation in idioms. In Everaert, M., E. v. Linden, A. Schenk & R. Schreuder (eds.), *Idioms: Structural and Psychological Perspectives*. Hillsdale, NJ: Lawrence Erlbaum Associates.

[87] Gibbs, R. W., N. P. Nayak & C. Cutting. 1989. How to kick the bucket and not decompose: Analyzability and idiom processing. *Journal of Memory and Language*, 28 (5): 576 - 593.

[88] Giegerich, H. 1999. *Lexical strata in English: Morphological causes, phonological effects*. Cambridge: Cambridge University Press.

[89] Glucksberg, S. 1993. Idiom meanings and allusional content. In Cacciari, C. & P. Tabossi (eds.), *Idioms: Processing, Structure, and Interpretation*. Hillsdale, NJ: Erlbaum, 3-26.

[90] Glucksberg, S. 2001. *Understanding of Figurative Language: From Metaphors to Idioms*. Oxford: Oxford University Press.

[91] Goldberg, A. E. 1995. *Constructions: A Construction Grammar Approach to Argument Structure*. Chicago: University of Chicago Press.

[92] Goldsmith, J. 1990. *Autosegmental and Metrical Phonology*. Oxford: Blackwell.

[93] Hale, K. & S. J. Keyser. 1993. On argument structure and the lexical representation. In Hale, K. & S. J. Keyser (eds.), *The View From Building 20: Linguistics Essays in Honor of Sylvain Bromberger*. Cambridge, MA: The MIT Press, 53-110.

[94] Hale, K. & S. J. Keyser. 2002. *Prolegomenon to a Theory of Argument Structure*. Cambridge, MA: The MIT Press.

[95] Halle, M. & A. Marantz. 1993. Distributed Morphology and the pieces of inflection. In Hale, K. & S. J. Keyser (eds.), *The View From Building 20: Linguistics Essays in Honor of Sylvain Bromberger*, Cambridge, MA: The MIT Press, 111-176.

[96] Halle, M. & A. Marantz. 1994. Some key features of Distributed Morphology. In Carnie, A., H. Harley & T. Bures (eds.), *MITWPL 21: Papers on Phonology and Morphology*. Cambridge, MA: MIT, 275-288.

[97] Halle, M. & J. R. Vergnaud. 1987b. *An Essay on Stress*. Cambridge, MA: The MIT Press.

[98] Halle, M. 1973. Prolegomena to a theory of word formation. *Linguistic Inquiry* 4 (1): 3-16.

[99] Halle, M. 1990. An approach to morphology. *Northeast Linguistics Society* 20 (1): 12.

[100] Halle, M. 1992. Latvian Declension. In Booij, G. & J. van der Marle (eds.), *Morphology Yearbook 1991*. Dordrecht: Springer, 33-47.

[101] Halle, M. 1997. Distributed morphology: Impoverishment and fission. In Bruening, B., Y. Kang & M. McGinnis (eds.), *MITWPL 30: Papers at the Interface*. Cambridge, MA: MIT, 425-449.

[102] Hankamer, J. & L. Mikkelsen. 2005. When movement must be

[103] Hankamer, J. & L. Mikkelsen. 2018. Structure, architecture, and blocking. *Linguistic Inquiry* (49) 1: 61–84.

[104] Harley, H. & R. Noyer. 1998. Licensing in the non-lexicalist lexicon: Nominalizations, vocabulary items, and the encyclopedia. In Harley, H. (ed.). *MITWPL 32: Papers from the UPenn/MIT Roundtable on Argument Structure and Aspect*. Cambridge, MA: MIT, 119–137.

[105] Harley, H. & R. Noyer. 1999. State-of-the-article: Distributed morphology. *Glot International* 4 (4): 3–9.

[106] Harley, H. & R. Noyer. 2000. Fromal versus encyclopedic properties of vocabulary: Evidence from nominalizations. In Peeters, B. (ed.), *The Lexicon-Encyclopedia Interface*. Oxford: Elsevier Science Ltd, 349–375.

[107] Harley, H. 1994. Hug a tree: Deriving the morphosyntactic feature hierarchy. In Carnie, A. & H. Harley (eds.), *MIT Working Papers in Linguistics 21: Papers on Phonology and Morphology*. Cambridge, MA: MIT, 275–288.

[108] Harley, H. 2006. *English Words: A Linguistic Introduction*. Oxford: Blackwell Publishing Ltd.

[109] Harley, H. 2008. On the causative construction. In Miyagawa, S. (ed.), *The Oxford Handbook of Japanese Linguistics*. Oxford: Oxford University Press, 1–48.

[110] Harley, H. 2009. Compounding in Distributed Morphology. In Lieber, R. & P. Stekauer (eds.), *The Oxford Handbook of Compounding*. Oxford: Oxford University Press, 129–144.

[111] Harley, H. 2014. On the identity of roots. *Theoretical Linguistics* 40 (3/4): 225–276.

[112] Haspelmath, M. & Sims, A. 2010. *Understanding Morphology* (2nd edition). London: Hodder.

[113] Haspelmath, M. 2002. *Understanding Morphology*. Oxford: Oxford University Press.

[114] Hockett, C. F. 1954. Two models of grammatical description. *Word* 10: 210–131.

[115] Hockett, C. F. 1978. In search of Jove's brow. *American Speech* 53 (4): 243–313.

[116] Jackendoff, R. 1975. Morphological and semantic regularities in the lexicon. *Language* 51: 639–671.

[117] Jackendoff, R. 1977. *X-Bar Syntax: A Study of Phrase Structure*. Cambridge, MA: The MIT Press.

[118] Jackendoff, R. 1997. *The Architecture of the Language Faculty*. Cambridge, MA: The MIT Press.

[119] Jackson, H. & E. Z. Amvela. 2000. *Words, Meaning and Vocabulary*. London: Cassell.

[120] Julien, M. 2002. *Syntactic Heads and Word Formation*. Oxford: Oxford University Press.

[121] Katamba, F. 1993. *Morphology*. London: Macmillan.

[122] Kiparsky, P. 1982a. From cyclic phonology to lexical phonology. In van der Hulst, H. & N. Smith (eds.), *The Structure of Phonological Representations*. Dordrecht: Foris, 130 – 175.

[123] Kiparsky, P. 1982b. Word-formation and the lexicon. In Ingemann, F. (ed.), *Proceedings of the 1982 Mid-America Linguistics Conference*. University of Kansas.

[124] Kiparsky, P. 1985. Some consequences of lexical phonology. *Phonology Yearbook* 2: 85 – 138.

[125] Kiparsky, P. 1997. Remarks on denominal verbs. In Alsina, A., J. Bresnan & P. Sells (eds.), *Complex Predicates*. Stanford: CSLI Publications, 473 – 499.

[126] Kratzer, A. 1996. Severing the external argument from its verb. In Rooryck, J. & Z. Laurie (eds.), *Phrase Structure and the Lexicon*. Dordrecht: Kluwer, 109 – 138.

[127] Langacker, R. W. 1987. *Foundations of Cognitive Grammar* (Vol. 1). Stanford, CA: Stanford University Press.

[128] Langlotz, A. 2006. *Idiomatic Creativity*. Amsterdam/Philadelphia: John Benjamins Publishing Company.

[129] Lapointe, S. G. 1980. A theory of grammatical agreement. Doctoral dissertation, University of Massachusetts.

[130] Larson, R. 1988. On the double object construction. *Linguistic Inquiry* 3: 335 – 391.

[131] Lasnik, H. 2006. Minimalism. In Brown, K. (ed.), *Encyclopedia of Language & Linguistics*. Oxford: Elsevier Science Ltd, 149 – 156.

[132] Lees, R. B. 1960. *The Grammar of English Nominalizations*. The Hague: Mouton.

[133] Levin, B. & M. Rappaport. 1986. The formation of adjectival passives. *Linguistic Inquiry* 17: 623 – 661.

[134] Levinson, L. 2010. Arguments for pseudo-resultative predicates. *Natural Language & Linguistic Theory* 28: 135–182.

[135] Lieber, R. 1981. Morphological conversion within a restricted theory of the lexicon. In Moortgat, M., H. van der Hulst & T. Hoekstra (eds.), *The Scope of Lexical Rules*. Dordrecht: Foris, 161–200.

[136] Lieber, R. 1992. *Deconstructing Morphology*. Chicago: University of Chicago Press.

[137] Lieber, R. 2009. *Introducing Morphology*. Cambridge: Cambridge University Press.

[138] Lomashvili, L. & H. Harley. 2011. Phases and templates in Georgian agreement. *Studia Linguistica* 65 (3): 233–267.

[139] Lowenstamm, J. 2015. Derivational affixes as roots: Phasal spell-out meets English stress shift. In Alexiadou, A., H. Borer & F. Schafer (eds.), *The Syntax of Roots and the Roots of Syntax*. Oxford: Oxford University Press, 230–259.

[140] Löbner, S. 2002. *Understanding Semantics*. New York: Oxford University Press.

[141] Marantz, A. 1984. *On the Nature of Grammatical Relations*. Cambridge, MA: The MIT Press.

[142] Marantz, A. 1988. Clitics, morphological merger, and the mapping to phonological structure. In Hammond, M. & M. Noonan (eds.), *Theoretical Morphology*. San Diego, Calif.: Academic Press, 253–270.

[143] Marantz, A. 1997a. No escape from syntax: Don't try morphological analysis in the privacy of your own lexicon. In Dimitriadis, A., L. Siegel, C. Surek-Clark & A. Williams (eds.). *Proceedings of the 21st Penn Linguistics Colloquium*, UPenn Working Papers in Linguistics, 201–225.

[144] Marantz, A. 1997b. Stem suppletion, or the arbitrariness of the sign. Talk given at the university de Paris VIII.

[145] Marantz, A. 2000. Roots: The universality of root and pattern morphology. *Paper presented at the Conference on Afro-Asiatic Languages*. Université de Paris VII.

[146] Marantz, A. 2001. Words and things. Handout, MIT.

[147] Marantz, A. 2007. Phases and words. In Choe, S-H. (ed.), *Phases in the Theory of Grammar*. Seoul: Dong In Publisher, 199–222.

[148] Marantz, A. 2010. Locality domains for contextual allosemy in words. Handout, New York University.

[149] Marantz, A. 2013. No escape from morphemes in morphological processing. *Language and Cognitive Processes* 28: 905 - 916.

[150] Marvin, T. 2002. Topics in the stress and syntax of words. Doctoral dissertation, MIT.

[151] Marvin, T. 2013. Is word structure relevant for stress assignment? In Matushansky, O. & A. Marantz (eds.), *Distributed Morphology Today*. Cambridge, MA: The MIT Press, 79 - 94.

[152] Mascaró, J. 1976. Catalan phonology and the phonological cycle. Doctoral dissertation, MIT.

[153] Matthews, P. H. 1974. *Morphology*. Cambridge: Cambridge University Press.

[154] Matthews, P. H. 1991. *Morphology* (2nd edition). Cambridge: Cambridge University Press.

[155] McGinnis, M. 2002. On the systematic aspect of idioms. *Linguistic Inquiry* 33: 665 - 72.

[156] McGinnis, M. 2013. Agree and fission in Georgian plurals. In Matushansky, O. & A. Marantz (eds.), *Distributed Morphology Today*. Cambridge, MA: The MIT Press, 39 - 58.

[157] Mohanan, K. P. 1982. Lexical Phonology. Doctoral dissertation, MIT.

[158] Morris H. & J. Vergnaud. 1987. Stress and the cycle. *Linguistic Inquiry* 18 (1): 45 - 84.

[159] Myler, N. 2009. Linearization and post-syntactic operations in the Quechua DP. *Cambridge Occasional Papers in Linguistics* 5: 46 - 66.

[160] Nespor, M. & I. Vogel. 1986. *Prosodic Phonology*. Dordrech-Holland/Riverton: Foris Publications.

[161] Nevins, A. 2011. Phonologically conditioned allomorph selection. In van Oostendorp, M. , C. J. Ewen, E. Hume & K. Rice (eds.), *The Blackwell Companion to Phonology*. Oxford: Blackwell Press, 2357 - 2382.

[162] Newell, H. 2008. Aspects of the morphology and phonology of phases. Doctoral dissertation, McGill University.

[163] Nida, E. 1949. *Morphology* (2nd edition). Ann Arbor: University of Michigan Press.

[164] Noyer, R. 1992. Features, positions, and affixes in autonomous morphological structure. Doctoral dissertation, MIT.

[165] Noyer, R. 1997. Features, positions, and affixes in autonomous morphological structure. New York: Garland. Revised version of 1992

MIT Doctoral dissertation.
[166] Noyer, R. 2001. Clitic sequences in nunggubuyu and PF convergence. *Natural Language & Linguistic Theory* 19 (4): 751-826.
[167] Nunberg, G. 1978. *The Pragmatics of Reference*. Bloomington: Indiana University Linguistics Club.
[168] Nunberg, G., I. Sag & T. Wasow. 1994. Idioms. *Language* 70: 491-538.
[169] Oltra-Massuet, I. & K. Arregi. 2005. Stress-by-structure in Spanish. *Linguistic Inquiry* 36 (1): 43-84.
[170] Pfau, R. 2000. Features and categories in language production. Doctoral dissertation, Pennsylvania: University of Frankfurt.
[171] Plag, I. 2003. *Word-Formation in English*. Cambridge: Cambridge University Press.
[172] Pollock, J. Y. 1989. Verb movement, Universal Grammar, and the structure of IP. *Linguistic Inquiry* 20: 365-424.
[173] Poot, A. G. & M. McGinnis. 2006. Local versus long-distance fission in distributed morphology. In Gurski, C. (ed.), *Proceedings of the 2005 Canadian Linguistics Association Annual Conference*.
[174] Poser, W. J. 1992. Blocking of phrasal constructions by lexical items. In Sag, I. & A. Szabolsci (eds.), *Lexical Matters*. Stanford, CA: CSLI Publications, 111-113
[175] Prince, A. & P. Smolensky. 1993. *Optimality Theory: Constraint Interaction in Generative Grammar*. New Brunswick, NJ: Rutgers University Center for Cognitive Science.
[176] Quirk, R., S. Greenbaum, G. Leech. & J. Svartvik. 1985. *A Comprehensive Grammar of the English Language*. London: Longman.
[177] Radford, A. 2004. *Minimalist Syntax: Exploring the Structure of Syntax*. New York: Cambridge University Press.
[178] Ramchand, G. 2006. *Verb Meaning and the Lexicon: A First-phase Syntax*. Cambridge: Cambridge University Press.
[179] Raymond, W. G., N. P. Nayak, J. L. Bolton & M. E. Keppel. 1989. Speakers' assumptions about the lexical flexibility of idioms. *Memory & Cognition* 17: 58-68
[180] Richards, N. 2002. Why there is an EPP. *Paper presented at Movement and Interpretation Workshop*. Meikai University, 221-256.
[181] Ritter, E. & H. Harley. 1998. Sorting out you, me, and the rest of the world: A feature-geometric analysis of person and number. *Paper*

presented at the 21st Meeting of Generative Linguistics of the Old World. Tilburg, The Netherlands.
[182] Rizzi, L. 1990. *Relativized Minimality*. Cambridge, MA: The MIT Press.
[183] Rizzi, L. 2009. Movement and concepts of locality. In Piattelli-Palmarini, M. , J. Uriagereka & P. Salaburu. (eds.), *Of Minds and Language — The Basque Country Encounter with Noam Chomsky*. Oxford: Oxford University Press, 155-168.
[184] Roeper, T. & M. Siegel. 1978. A lexical transformation for verbal compounds. *Linguistic Inquiry* 9 (2): 199-260.
[185] Sadock, J. 1991. *Autolexical Syntax: A Theory of Parallel Grammatical Representations*. Chicago: University of Chicago Press.
[186] Scatton, E. 1980. The shape of the Bulgarian definite article. In Chvany, C. & R. Brecht (eds.), *Morphosyntax in Slavic*. Columbus, Ohio: Slavica, 204-211.
[187] Selkirk, E. O. 1982. *The Syntax of Words*. Cambridge, MA: The MIT Press.
[188] Siddiqi, D. 2006. Minimize exponence: Economy effects on a model of the morphosyntactic component of the grammar. Doctoral dissertation, University of Arizona.
[189] Siddiqi, D. 2009. *Syntax Within the Word. Economy, Allomorphy, and Argument Selection in Distributed Morphology*. Amsterdam: John Benjamins Publishing Company.
[190] Siddiqi, D. 2010. Distributed Morphology. *Language and Linguistics Compass* 4/7: 524-542.
[191] Siddiqi, D. 2014. The morphology-syntax interface. In Carnie, A. , Y. Sato & D. Siddiqi (eds.), *The Routledge Handbook of Syntax*. Hoboken, NJ: Taylor and Francis, 345-364.
[192] Siegel, D. 1974. Topics in English morphology. Doctoral dissertation, MIT.
[193] Spencer, A. 1991. *Morphological Theory: An Introduction to Word Structure in Generative Grammar*. Oxford: Basil Blackwell.
[194] Sproat, R. 1985. On deriving the lexicon. Doctoral dissertation, MIT.
[195] Stockwell, R. & D. Minkova. 2001. *English Words*. Cambridge, MA: Cambridge University Press.
[196] Tomić, O. M. 1996. The Balkan Slavic clausal clitics. *Natural Language & Linguist Theory* 14: 811-872.
[197] Uriagereka, J. 2008. *Syntactic Anchors*. Cambridge: CUP.

[198] Uriagereka, J. 2011. Derivational cycles. In Boeckx, C. (ed.), *The Oxford Handbook of Linguistic Minimalism*. Oxford: Oxford University Press, 239-259.

[199] van Lancker, D. & G. Rallon. 2004. Tracking the incidence of formulaic expressions in everyday speech: Methods for classification and verification. *Language & Communication* 24: 207-240.

[200] Wasow, T. 1977. Transformations and the Lexicon. In Culicover, P., T. Wasow & J. Bresnan (eds.), *Formal Syntax*. New York: Academic Press, 327-360.

[201] Watanabe, A. 2013. Person-number interaction: Impoverishment and natural classes. *Linguistic Inquiry* 44: 169-492.

[202] 卞觉非. 1983. 略论语素、词、短语的分辨及其区分方法.《语文研究》(01): 4-12+15.

[203] 陈保亚. 1999.《20世纪中国语言学方法论（1898—1998）》. 济南: 山东教育出版社.

[204] 陈光磊. 2001.《汉语词法论》. 上海: 学林出版社.

[205] 陈望道. 1978.《文法简论》. 上海: 上海教育出版社.

[206] 程工. 1999. 名物化与向心结构理论新探.《现代外语》84 (2): 128-144.

[207] 程工. 2018. 词库应该是什么样的？——基于生物语言学的思考.《外国语》41 (01): 23-30.

[208] 程工. 2019. 句法构词理论中的语素和词.《语言学研究》(1): 60-70.

[209] 程工、李海. 2016. 分布式形态学的最新进展.《当代语言学》18 (01): 97-119.

[210] 程工、熊建国、周光磊. 2015. 分布式形态学框架下的汉语准定语句研究.《语言科学》14 (03): 225-236.

[211] 程工、周光磊. 2015. 分布式形态学框架下的汉语动宾复合词研究.《外语教学与研究》47 (2): 163-175+319.

[212] 邓盾. 2018. 构词中的语段：以现代汉语后缀"-子"的构词为例.《外语教学与研究》50 (06): 873-884+960.

[213] 邓盾. 2020. 词为何物：对现代汉语"词"的一种重新界定.《世界汉语教学》34 (2): 172-184.

[214] 董秀芳. 2000. 动词性并列式复合词的历时发展特点与词化程度的等级.《河北师范大学学报（哲学社会科学版）》(1): 57-63.

[215] 范晓. 2005. 关于汉语词类的研究.《汉语学习》(6): 3-12.

[216] 冯胜利. 1996. 论汉语的"韵律词".《中国社会科学》(1): 161-176.

[217] 冯胜利. 2001a. 论汉语"词"的"多维性".《当代语言学》(3): 161-174+237.

[218] 冯胜利. 2001b. 从韵律看汉语"词""语"分流之大界.《中国语文》(1): 27-37+95.

[219] 高名凯. 1963. 汉语语法研究中的词类问题.《安徽大学学报》(01): 35-52.

[220] 胡伟. 2012. 英语合成复合词构词:从词库论到分布形态学.《外语与外语教学》(05): 53-58.

[221] 胡裕树. 1979.《现代汉语》. 上海:上海教育出版社.

[222] 胡裕树. 2018.《现代汉语(重订本)》. 上海:上海教育出版社.

[223] 黄伯荣、廖序东. 2011.《现代汉语(增订五版)》. 北京:高等教育出版社.

[224] 李丹弟. 2015. 语用化视域下英汉构词缀化对比研究.《中国外语》12(04): 38-44.

[225] 李红兵. 2006. 分布形态理论:一种新的句法形态接口理论.《解放军外国语学院学报》29(5): 6-12.

[226] 李晋霞、李宇明. 2008. 论词义的透明度.《语言研究》(3): 60-65.

[227] 李宇明. 1996. 非谓形容词的词类地位.《中国语文》(01): 1-9.

[228] 林承璋. 1997.《英语词汇学引论》. 武汉:武汉大学出版社.

[229] 林巧莉、韩景泉. 2011. 从"分布形态理论"看汉语的词类.《外国语(上海外国语大学学报)》34(02): 47-55.

[230] 鲁川. 2001.《汉语语法的意合网络》. 北京:商务印书馆.

[231] 陆俭明. 2019.《现代汉语语法研究教程》. 北京:北京大学出版社.

[232] 陆志韦. 1938.《国语单音词词汇》. 北京:燕京大学.

[233] 陆志韦. 1951.《北京话单音词词汇》. 北京:人民出版社.

[234] 陆志韦. 1957.《汉语的构词法》. 北京:科学出版社.

[235] 吕叔湘. 1942.《中国文法要略》. 北京:商务印书馆.

[236] 吕叔湘. 1979.《汉语语法分析问题》. 北京:商务印书馆.

[237] 吕叔湘. 1980.《语文常谈》. 北京:生活·读书·新知三联书店.

[238] 宁春岩. 2011.《什么是生成语法》. 上海:上海外语教育出版社.

[239] 马建忠. 1898.《马氏文通》. 北京:商务印书馆.

[240] 潘文国. 1997.《汉英语对比纲要》. 北京:北京语言文化大学出版社.

[241] 潘文国. 2002.《字本位与汉语研究》. 上海:华东师范大学出版社.

[242] 邵炳军. 2001. 现代汉语形容词的词缀与附加式构词法.《新疆大学学报(哲学社会科学版)》(02): 119-123.

[243] 邵敬敏. 2016.《现代汉语通论(第三版)》. 上海:上海教育出版社.

[244] 沈家煊. 2007. 汉语里的名词和动词.《汉藏语学报》(1): 27-47.

[245] 沈家煊. 2009. 我看汉语的词类.《语言科学》(1)：1-12.
[246] 沈家煊. 2012a. "名动词"的反思：问题和对策.《世界汉语教学》(1)：3-17.
[247] 沈家煊. 2012b. 动词和名词：汉语、汤加语、拉丁语.《现代中国语研究》(日本)(14)：1-14.
[248] 沈家煊. 2013. 谓语的指称性.《外文研究》(1)：1-13+98.
[249] 沈家煊. 2015a. 词类的类型学和汉语的词类.《当代语言学》(2)：127-145+248-249.
[250] 沈家煊. 2015b. 形式类的分与合.《现代外语》(1)：1-14+145.
[251] 施春宏. 2018.《汉语纲要》. 北京：北京语言大学出版社.
[252] 孙维张. 1989. 文化流向与语言的扩散.《吉林大学社会科学学报》(01)：72-78.
[253] 王洪君. 2000. 汉语语法的基本单位与研究策略.《语言教学与研究》(2)：10-18.
[254] 王焕池. 2013. 试论分布形态学词根插入模式及相关汉语研究的得失.《当代外语研究》(05)：12-18+77.
[255] 王力. 1944.《中国语法理论》(上). 北京：商务印书馆.
[256] 王力. 1954.《中国语法理论》. 北京：中华书局.
[257] 王奇. 2008. 分布形态学.《当代语言学》10(1)：20-25.
[258] 王寅. 2005. 体验哲学与认知语言学对语言成因的解释力.《国外社会科学》(06)：20-25.
[259] 刑福义. 2015.《现代汉语》. 北京：高等教育出版社.
[260] 徐烈炯. 2019.《生成语法理论：标准理论到最简方案》. 上海：上海教育出版社.
[261] 徐通锵. 1994a. "字"和汉语的句法结构.《世界汉语教学》(2)：1-9.
[262] 徐通锵. 1994b. "字"和汉语研究的方法论——兼评汉语研究中的"印欧语的眼光".《世界汉语教学》(3)：1-14.
[263] 杨贺. 2009. 汉语词缀的形成及其特征.《山东大学学报(哲学社会科学版)》(04)：108-112.
[264] 杨锡彭. 2003. 关于词根与词缀的思考.《汉语学习》(02)：37-40.
[265] 杨炎华. 2015. "词缀少、语缀多"的内涵及其理论意义.《华中师范大学学报(人文社会科学版)》54(02)：97-108.
[266] 袁毓林. 1995. 词类范畴的家族相似性.《中国社会科学》(01)：154-170.
[267] 袁毓林. 2000. 一个汉语词类的准公理系统.《语言研究》(04)：1-28.

[268] 张伯江. 1994. 词类活用的功能解释.《中国语文》(05)：339-346.
[269] 张国宪. 1995. 现代汉语的动态形容词.《中国语文》(03)：221-229.
[270] 张辉、季锋. 2008. 对熟语语义结构解释模式的探讨.《外语与外语教学》(9)：1-7.
[271] 张辉、季锋. 2012. 成语组构性的认知语言学解读——熟语表征和理解的认知研究之二.《外语教学》(33) 2：1-7.
[272] 张辉. 2003.《熟语及其理解的认知语义学研究》. 北京：军事谊文出版社.
[273] 张谊生. 1998. 说"永远"——兼论汉语词类研究中的若干理论问题.《语言教学与研究》(02)：19-34.
[274] 赵元任. 1948.《国语入门》. 伦敦：哈佛大学出版社.
[275] 赵元任. 1975. 汉语词的概念机器结构和节奏. 载袁毓林主编《中国现代语言学的开拓和发展——赵元任语言学论文选》. 北京：清华大学出版社. 1992. 231-248.
[276] 赵元任著, 吕叔湘译. 1979.《汉语口语语法》. 北京：商务印书馆.
[277] 朱德熙. 1982.《语法讲义》. 北京：商务印书馆.
[278] 朱德熙. 1985.《语法答问》. 北京：商务印书馆.
[279] 朱宏一. 2004. 汉语词缀的定义、范围、特点和识别——兼析《汉语水平等级标准与语法等级大纲》的词缀问题.《语文研究》(04)：32-37.
[280] 庄会彬. 2015. 韵律语法视域下汉语"词"的界定问题.《华文教学与研究》(02)：61-69.

后记

  分布式形态学理论自提出以来,就展现出较为强大的解释力,吸引了众多学者的关注和深入研究。尽管该理论的提出已有 30 年,但目前为止,还没有相关专著对该理论展开系统性说明和论述。与此同时,分布式形态学理论在国内还没有得到广泛的关注。本书撰写的目的就是试图较为全面系统地介绍这一理论,一方面尝试阐释这一理论,另一方面也为读者梳理出一个宏观性概括性的理论框架。特别是向国内语言学界介绍这一理论,也希望能为对这一理论有兴趣的读者提供一点帮助,能为相关研究提供一些参考。

  本书的尝试,可以说有一种初生牛犊不怕虎的感觉。本书的成书过程对于我们来说也是不断更新知识、不断进行思考、不断树立信心的过程。从 2007 年开始接触分布式形态学理论,已过去 16 个年头。最初,只是出于对这一理论的好奇,最开始尝试阅读了 Halle & Marantz (1993) 对于这一理论的整体设想框架。说句实在话,那时对于该理论的理解的确存在困难,有一种云里雾里的感觉。阅读学习过程中,也多次产生了放弃学习这一理论的想法。然而,也许这一理论存在特有的魅力,总是吸引着我们坚持去探索这一理论的深奥之处。随着对这一理论理解的不断深入,同时,为了全方位领略这一理论要旨,在学习过程中,我们进行了拓展阅读,包括分布式形态学理论产生的理论背景及这一理论建构的相关语言学及形态学理论。同时,我们也不断查阅分布式形态学理论的最新研究成果,以丰富我们对这一理论的认识深度和广度。

经过前期的准备，我们在研究生教学和论文指导过程中，成立了分布式形态学理论学习兴趣小组。起初由三名硕士研究生和我一起共同学习讨论分布式形态学理论研究的相关文献。后来，队伍逐渐扩大，吸引了博士研究生和年轻教师参与进来。在学习讨论中，不断加深了对这一理论的理解，同时也不断发现了新问题。经过近三年的学习过程，逐渐对这一理论有了清晰的认识，明确了这一理论的整体架构。以此为基础，逐步形成了一个分布式形态学理论课程讲义框架，并在博士研究生"当代句法学理论"课程中尝试使用。在课程讲授过程中，采取了开放式的理论学习方式，不断融入最新研究成果，并根据讲授过程中发现的问题，不断完善讲义选定的主题。与此同时，在学习过程中，我们针对一些问题进行了深入讨论，也不断引起我们的思考。在此基础上，我们不断完善课程讲义内容，修正理解偏差内容。而对于争议较大的观点，我们也采取开放的态度，供学生全面参考，开展思辨分析，并讨论各种观点的合理可取之处。经过几年教学实践的打磨和不断完善，书稿框架和内容不断清晰。在阅读参考了大量相关研究的基础上，对一些相关研究进行分析论证，以分布式形态学整体理论思想为指导，合理吸收相关研究论述，最终得以完稿。

本书的工作任务主要体现在以下几个方面：

第一，较为全面系统地展示了分布式形态学理论的整体框架和理论内容。本书不是对分布式形态学理论的简单介绍，而是在分布式形态学理论思想指导下，根据分布式形态学的整体框架，系统地分析了该理论的发展背景、核心思想、理论模型、操作手段等核心内容，并对词语的句法推导过程所涉及的一些核心概念及操作进行了细致的分析。本书较全面地分析了词语推导过程、形态变化、音系表征以及语义解读等各部分内容。

第二，对于分布式形态学理论框架下的一些相关研究存在的完全对立的观点，本书没有选边站在任何一方，而是将两种对立的观点开放式展示出来，并尝试对不同观点的优缺点进行分析，同时也融入本书作者的个人观点并进一步分析论证，以供读者参考。在分析过程中，本书还引出了相关问题进行深入讨论，虽没有明确结论，但为读者提供了一个开放的视角和思考空间，便于开展进一步的研究。

第三，现有的关于分布式形态学理论的研究主要集中于句法结构的推导，对于词项以及语义解释部分的相关研究较为少见。本书则力求全面展示分布式形态学理论的整体面貌，依据分布式形态学理论整体架构，尽可能从语言的音、形、义三个方面展现分布式形态学理论的分离主义思想，从句法、语音和语义三个核心模块分析分布式形态学理论对于词汇研究的整体思考。

第四，本书在展示分布式形态学理论的同时，还将汉语词语研究的核心问题与该理论对应起来。分布式形态学强调词语构建的句法统一模型，这样，其操作的基本单位是那些抽象的语素。该理论强调了过程性句法推导对于语言结构建构的重要作用。这一理论对于汉语这样缺乏形态的语言来讲，对于词的地位、词性的分析以及词和短语界限模糊等问题具有重要的理论指导作用和实践研究上的借鉴意义。

由于目前还没有一部系统性阐释分布式形态学理论的书籍，很多相关理论思想和研究方法还分散在不同的研究文献中，这为研究者和学习者带来诸多不便。本书的目的是系统全面地展示这一理论，但由于编写者的水平以及对原文献和相关理论研究的理解可能存在的偏差，在理论阐释过程中难免会有所不足。这里，也恳请诸位前辈同人多多包容支持，多提宝贵意见和建议，以便于我们在今后的研究中，不断提升认识水平和理论水平，继续推动这一理论的相关研究工作。

图书在版编目(CIP)数据

分布式形态学理论研究/安丰存,赵磊著.—上海:复旦大学出版社,2023.8
ISBN 978-7-309-16530-2

Ⅰ.①分… Ⅱ.①安… ②赵… Ⅲ.①汉语-词汇-研究 Ⅳ.①H13

中国版本图书馆 CIP 数据核字(2022)第 197281 号

分布式形态学理论研究
安丰存 赵 磊 著
责任编辑/陈 军

复旦大学出版社有限公司出版发行
上海市国权路 579 号 邮编:200433
网址:fupnet@fudanpress.com http://www.fudanpress.com
门市零售:86-21-65102580 团体订购:86-21-65104505
出版部电话:86-21-65642845
常熟市华顺印刷有限公司

开本 787×960 1/16 印张 17.5 字数 252 千
2023 年 8 月第 1 版
2023 年 8 月第 1 版第 1 次印刷

ISBN 978-7-309-16530-2/H·3203
定价:78.00 元

如有印装质量问题,请向复旦大学出版社有限公司出版部调换。
版权所有 侵权必究